Wetterauer Geschichtsblätter

Beiträge zur Geschichte und Landeskunde

Band 18

Im Auftrag des Friedberger Geschichtsvereins, des Heimatvereins
Bad Nauheim und des Geschichtsvereins für Butzbach und Umgebung
herausgegeben von Fritz H. Herrmann

Verlag der Bindernagelschen Buchhandlung
Friedberg/Hessen 1969

Gedruckt mit Unterstützung des Landes Hessen

Für einen Druckkostenzuschuß danken wir dem Magistrat der Stadt Friedberg. Die Anzeigen der Inserenten in diesem Band, die durch deren Aufgabe unsere Bestrebungen unterstützen, bitten wir zu beachten.

ISBN 3 87076 000 1

Gesamtherstellung: Buchdruckerei Carl Bindernagel, Inh. Josef König, Friedberg/Hessen

INHALT

Dietwulf Baatz: Ausgrabungen im Limeskastell Echzell 1

Waldemar Küther: Der Bad Nauheimer Raum in Frühzeit und Mittelalter . . . 9

Friederun Friederichs: Das Lehenholz bei Klein-Karben. Ein Reichsgut vom frühen Mittelalter bis zur Neuzeit 57

Ludwig Hellriegel: Gabriel Biel in Butzbach 73

Friedrich Karl Azzola: Weitere mittelalterliche Scheibenkreuz-Grabsteine der Wetterau 83

Wilhelm Hans Braun: Die alten Grabsteine der Familie Löw von und zu Steinfurth 87

Gertrud Scheibel: Kindheit in Friedberg 1858—1876. Aus den Lebenserinnerungen des Konteradmirals Georg Friedrich Scheibel 97

Heinz Ritt: Neue Ortswappen im Landkreis Friedberg 107

Anita Braun: Fritz Usinger zum 75. Geburtstag 115

Hans Wolf: Namen- und Sachregister 121

DIE MITARBEITER DIESES BANDES

Dr. Friedrich Karl Azzola, 609 Rüsselsheim-Königstädten, Bensheimer Straße 91

Dr. Dietwulf Baatz, Direktor des Saalburgmuseums, 6381 Saalburgkastell über Bad Homburg

Anita Braun, 636 Friedberg, Burg 25^1/$_{10}$

Wilhelm Hans Braun, Oberstudienrat, 636 Friedberg, Burg 25^1/$_{10}$

Friederun Friederichs, cand. phil., 6 Frankfurt-Eschersheim, Dehnhardtstraße 32

Ludwig Hellriegel, Pfarrer, 6501 Schwabenheim, Faltenstraße 34

Waldemar Küther, Pfarrer i. R., 3554 Marburg-Cappel, Auf der Heide 8

Heinz Ritt, Wappenzeichner, 635 Bad Nauheim, Sprudelhof 6

Dr. Gertrud Scheibel, Oberstudienrätin i. R., 61 Darmstadt, Im Geissensee 1

Hans Wolf, Studienassessor, 636 Friedberg, Im Krämer 8

AUSGRABUNGEN IM LIMESKASTELL ECHZELL

VON DIETWULF BAATZ

Die alte römische Reichsgrenze, der Limes, schloß in einem großen Bogen die Wetterau ein (Abb. 1). Zum Schutz der Grenze diente eine Reihe von Kastellen; eines der größten unter ihnen war das Limeskastell Echzell (Abb. 2). Schon seit Jahrhunderten ist auch die letzte Spur des Bauwerks von der Oberfläche der Äcker und Gärten am nordwestlichen Rand des heutigen Dorfs verschwunden. Daher wird der Besucher enttäuscht werden: keine Mauerruine kündet von dem einst mächtigen Wehrbau, dessen Mauern abgerissen und dessen Erdwälle und Gräben verschleift und zugeschüttet sind. Nur das Auge des Fachmanns wird hier und da kleine Bruchstücke römischer Tongefäße in den Äckern liegen sehen. So war es auch nicht leicht, das Kastell überhaupt aufzufinden. Das Verdienst gebührt dem Darmstädter Hofrat Friedrich Kofler, der als Amateurarchäologe im Auftrag der damaligen Reichslimeskommission im Jahre 1897 den Umfang der Umwehrung durch Ausgrabungen in wenigen Wochen feststellte. Mit seinen Ergebnissen, die manche Irrtümer enthielten, mußte sich die Wissenschaft viele Jahrzehnte lang begnügen. Erst 1959 wurden die Untersuchungen in Echzell durch den damaligen Direktor des Saalburgmuseums Dr. H. Schönberger wieder aufgenommen. Ihm gelang vor allem der Nachweis, daß ein zweites Kastell, das Kofler ebenfalls in Echzell nachgewiesen zu haben glaubte, nie existiert hatte. Eine andere Ausgrabung begann bei der Renovierung der evangelischen Pfarrkirche im Jahre 1960 durch das Amt für Bodendenkmalpflege in Darmstadt unter der Leitung von Dr. W. Jorns. Als die Untersuchung 1962 beendet war, mußte man, daß die Kirche über den Fundamenten eines der größten römischen Kastellbäder unserer Gegend steht. In den Außenwänden des heutigen Gotteshauses steckt an einigen Stellen sogar noch aufgehendes Mauerwerk der antiken Thermen; unter dem Fußboden sind römische Mauern in einem Kellerraum sichtbar. Da die Militärthermen größer waren als die heutige Kirche, konnten die römischen Fundamente unter dem ehemaligen Friedhof noch über den Kirchengrundriß hinaus verfolgt werden.

Die Militärthermen gehörten zu dem großen Kastell, das Kofler 1897 aufgefunden hatte. Seit 1962 habe ich die Untersuchung mit Unterstützung der Deutschen Forschungsgemeinschaft weitergeführt. Wegen der Ausdehnung der Befestigung — sie hat über 5 Hektar Innenfläche — konnten die Ausgrabungen bisher noch nicht abgeschlossen werden. Sie sind auch technisch nicht einfach, da sich von den Bauten, wie schon gesagt, oberirdisch nichts mehr erkennen läßt. Außerdem waren die Innengebäude der Befestigung, von wenigen Ausnahmen abgesehen, aus Holz, das völlig vergangen ist. Nur Erdverfärbungen sind von den Hölzern im Boden zurückgeblieben. Aus ihnen müssen die Grundrisse der bis zu 70 m langen Gebäude mühsam zusammengesetzt werden. Inzwischen haben die Grabungen eine Reihe interessanter Ergebnisse gebracht, über die nun berichtet werden soll.

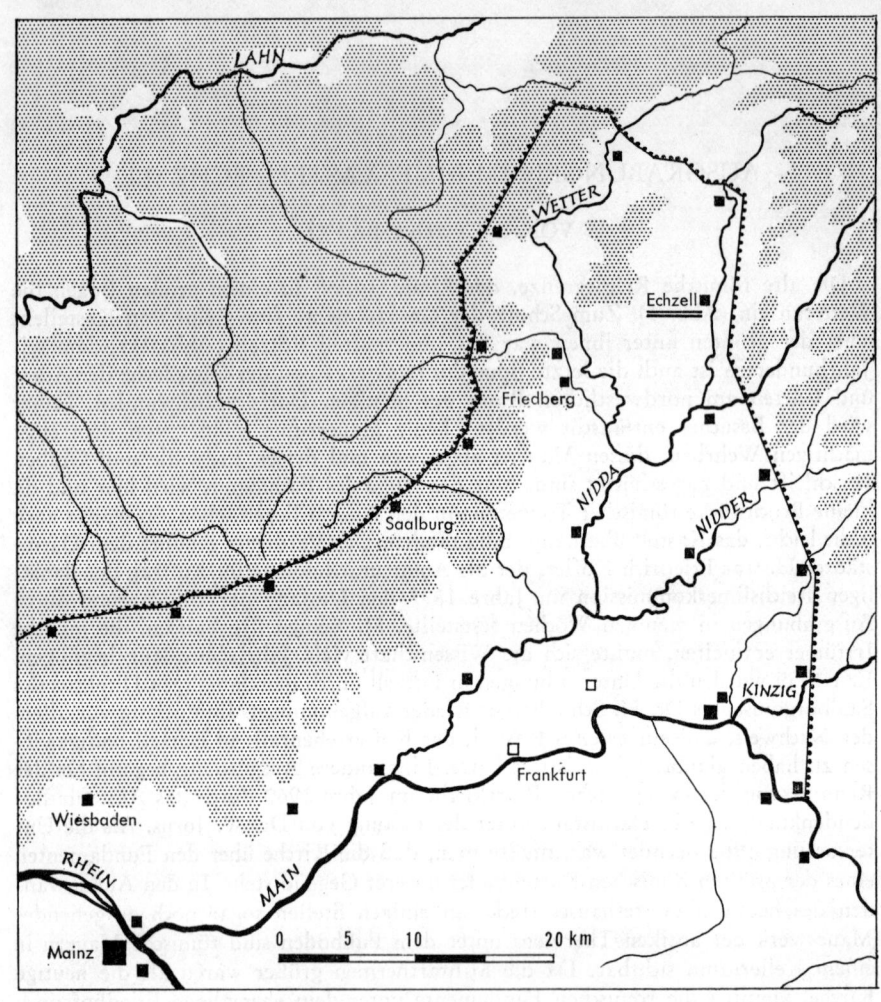

■ Legionslager   ■ Auxiliarkastell   Höhen über 200 m

Abbildung 1
Der Wetteraulimes im Vorfeld des Legionslagers Mainz.

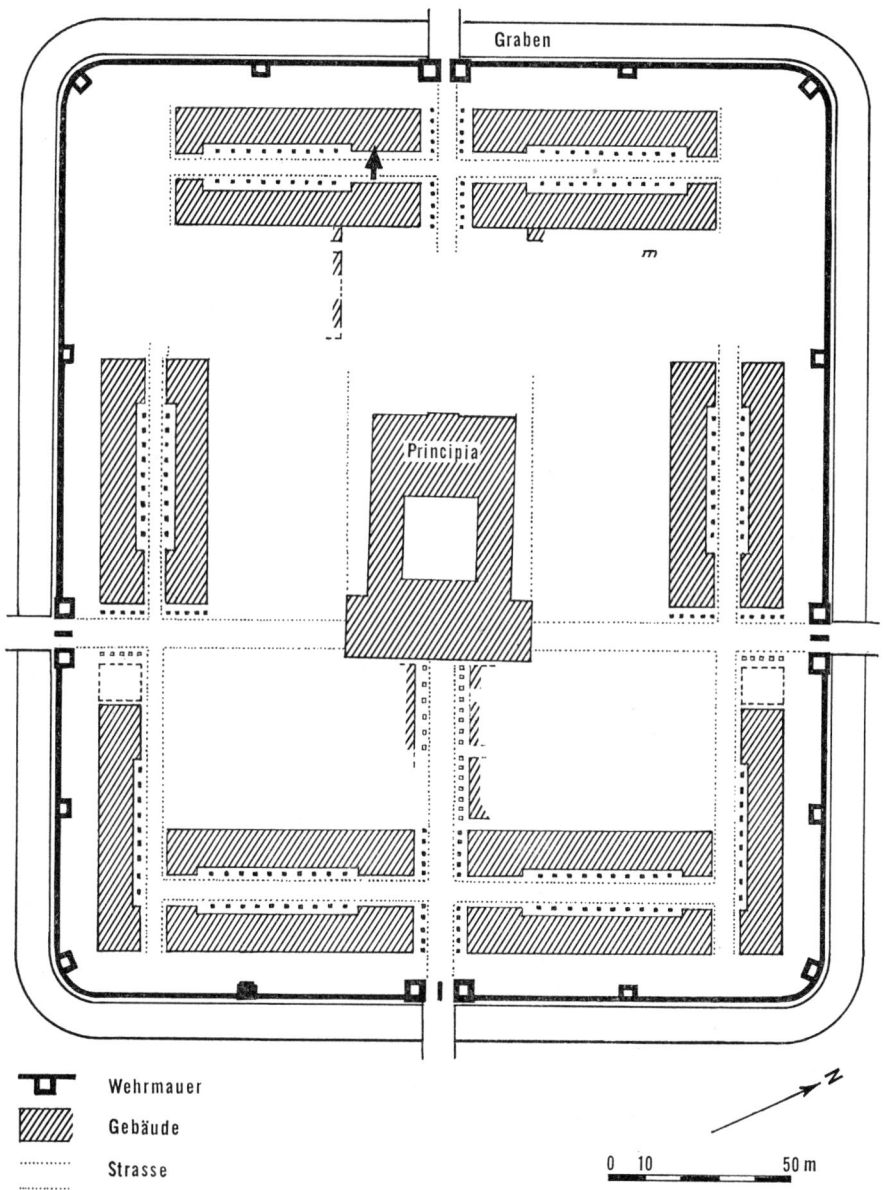

Abbildung 2
Kastell Echzell. Plan der Bauperiode 2a (ergänzt). Außer der Kommandantur (Principia) in der Kastellmitte sind bisher hauptsächlich Mannschaftsbaracken ausgegraben worden. Auf den jetzt weißen Stellen des Plans muß man sich weitere Gebäude vorstellen, die noch unbekannt sind. Der Pfeil links oben zeigt auf die Fundstelle der Wandmalereien.
Stand November 1967. Maßstab 1 : 2000.

Zunächst ergab sich, daß das große Kastell noch unter der Regierung des Kaisers entstanden ist, der die Wetterau während des Chattenkriegs 83—85 n. Chr. für das Römerreich gewonnen hatte; es war Kaiser Domitian, der von 81—96 regierte. Zur Zeitbestimmung des Kastells trugen die Funde von gestempelten Militärziegeln bei, ferner die Tatsache, daß es noch von den Geschirrlieferungen aus den südgallischen Werkstätten erreicht wurde, die nicht lange nach 100 n. Chr. durch die nähergelegenen mittel- und ostgallischen Manufakturen vom hiesigen Markt verdrängt worden sind. Aus den Funden ergibt sich, daß das Kastell bald nach 90 n. Chr. erbaut worden ist.

Die Errichtung des Kastells in dieser Zeit ist für die Geschichte des Wetteraulimes von Bedeutung. Nach den Grabungen Koflers hatte man zunächst angenommen, das Kastell sei unter Kaiser Hadrian (117—138) entstanden. Es herrschte allgemein die Auffassung, der größte Teil der Kohorten und Alen, die hier die römische Grenze zu schützen hatten, sei erst unter diesem Kaiser direkt an den Limes verlegt worden. Neuere Grabungsergebnisse haben diese ältere Ansicht der Forschung nicht bestätigt. Die Planung für die endgültige Organisation des Limes muß bald nach dem niedergeschlagenen Aufstand des obergermanischen Statthalters L. Antonius Saturninus (88—89) eingesetzt haben, noch unter Kaiser Domitian. Dem Aufstand folgte eine Revision der römischen Militärpolitik an der germanischen Grenze. Für das Römerreich waren an der Donau neue Gefahren entstanden; es begannen die langwierigen Kämpfe gegen die Daker. An größere Eroberungen in Germanien war nicht mehr zu denken, man benötigte nunmehr zusätzliche Truppen an der Donau. Die Grenze gegen die Germanen mußte gut gesichert zurückbleiben, damit sie während der Kriege gegen die Daker keine Gefahr im Rücken darstellen konnte. So sind noch in den letzten Regierungsjahren Domitians einige wichtige Punkte am Limes mit Truppen belegt worden, darunter Echzell. Unter Kaiser Trajan (98—117) erhielt der Limes an den meisten Kastellorten seine endgültigen Besatzungen. Zugleich hat der Kaiser im Hinterland des Limes stabilere Verhältnisse geschaffen, indem er einen Teil des kürzlich eroberten rechtsrheinischen Gebiets aus der Militäraufsicht in die zivile Selbstverwaltung entließ. Kaiser Hadrian hat den Aufbau des obergermanischen Limes lediglich zu einem Abschluß gebracht.

Das Kastell Echzell war anfangs ein reiner Holzbau. Die Umwehrung bestand aus Holz und Erde; sämtliche Innenbauten, die Kommandantur, Vorratsmagazine, Werkstätten, Ställe, die Mannschaftsbaracken und Offizierswohnungen waren Fachwerkbauten. Sie waren ohne Steinsockel ausgeführt und hatten infolgedessen keine allzuhohe Lebensdauer. Daher mußten sie schon in der ersten Hälfte des 2. Jahrhunderts erneuert oder repariert werden. In dieser Zeit ist auch die Holzumwehrung durch eine Steinmauer ersetzt worden.

In der zweiten Hälfte des Jahrhunderts vernichtete ein verheerender Brand das Kastell. Die Zerstörung kann mit jenen germanischen Angriffen zusammenhängen, die aus den sechziger Jahren des 2. Jahrhunderts überliefert sind; damals wurde der Limes durch die Chatten gefährdet. Es ist aber auch ein etwas späterer Zeitpunkt möglich. Jedenfalls aber wurde das Kastell sehr bald wieder aufgebaut. Es diente weiterhin seinem Zweck, bis es während des großen Alamanneneinfalls von 233 wiederum zerstört wurde. Nochmals bauten die Römer die Befestigung auf, wobei sie zerschlagene Inschrift- und Altarsteine aus dem zerstörten Kastell in den neuen Fundamenten verbauten. Von nun an werden die Funde spärlich, sodaß über das

Ende des Kastells genaue Angaben nicht möglich sind. Es hat jedenfalls den Zusammenbruch des Limes um 260 n. Chr. nicht überdauert.

Eine andere schwierige Frage ist die nach der Kastellbesatzung. Leider ist in Echzell keine Altar- oder Bauinschrift zutage gekommen, die den Namen der Garnisonstruppe nennt. Inschriften dieser Art kennt man aus vielen anderen Limeskastellen. Bei der Größe des Kastells Echzell wäre für eine große Kavallerieeinheit genügend Platz, und so hat man vermutet, daß eine Ala milliaria, ein tausend Mann starkes Reiterregiment, die Besatzung bildete. Einige Funde wiesen auch tatsächlich auf die Anwesenheit von Kavallerie in dem Kastell hin (Abb. 6). Aus den Truppenlisten, die auf den Militärdiplomen erhalten sind, schien die Ala I Flavia Gemina in Betracht zu kommen, eine Truppe, von der man annahm, sie sei tausend Mann stark gewesen. Kürzlich hat jedoch E. Birley, ein hervorragender Kenner des römischen Militärwesens, dargelegt, daß die Ala I Flavia Gemina wahrscheinlich nicht zu den tausend Mann starken Alen gehörte, sondern nur fünfhundert Mann umfaßte. Für eine solche Einheit ist das Kastell Echzell zu groß. Andererseits ergibt sich aus dem bisher bekannten Teil der Kastellbebauung, insbesondere aus der Zahl und Art der Mannschaftsbaracken, daß eine Ala milliaria nicht in Echzell gelegen haben kann. Diese Truppe benötigt nämlich 12 Baracken für ihre 24 Reiterzüge. Die Grabungen haben ergeben, daß wahrscheinlich 14 Mannschaftsbaracken vorhanden waren (Abb. 2), also zwei Baracken mehr als für eine Ala milliaria notwendig. Der verbleibende Platz im Kastell würde auch nicht ausreichen, die Ställe für tausend Pferde aufzunehmen, zumal man sich in den noch nicht ausgegrabenen Flächen noch Magazine, Werkstätten, Offizierswohnungen und wohl auch ein Lazarett vorstellen muß. Da wir zwei verschiedene Typen von Mannschaftsbaracken vorgefunden haben, ist es möglich, daß zwei kleinere Truppenkörper in dem Kastell gelegen haben, vielleicht eine Ala quingenaria und eine Cohors quingenaria peditata, also eine Kavallerie- und eine Infanterieeinheit von je 500 Mann Stärke. Da die Cohors quingenaria peditata sechs Baracken für ihre sechs Centurien, die Ala quingenaria für ihre 16 Reiterzüge acht Baracken benötigt, würde die Anzahl von 14 Baracken zu dieser Truppenbelegung stimmen. Doch müssen weitere Grabungen in Echzell abgewartet werden, bis in dieser Frage mehr Gewißheit herrschen wird.

Außer den üblichen Keramik- und Metallfunden haben die Grabungen einige außergewöhnliche Fundstücke zutage gebracht. An erster Stelle sind Wandmalereien zu nennen, die in solcher Qualität und Fülle noch nie in einem Limeskastell gefunden worden sind. Sie kamen unter einer Mannschaftsbaracke aus dem Boden (Abb. 2). Dort lagen sie in einem einstmals holzverschalten Keller unter dem „Kopfbau" der Baracke. Der Bauteil diente üblicherweise als Offizierswohnung. Einige Funde deuten darauf hin, daß Kavallerie in der Baracke lag, sodaß wohl ein Reiteroffizier, ein Decurio, seine Räume mit der Malerei hatte ausschmücken lassen. — Eine bemalte Wand hat sich ganz zusammensetzen lassen (Abb. 3). Sie ist nach der vorläufigen Fundauswertung in der Zeit zwischen 135 und 155 n. Chr. entstanden. Die Malereien befanden sich einst auf einem Mörtelverputz über Fachwerk, denn die Baracke war ein Holzbau. Als die Römer die baufällige Baracke abrissen, um eine neue zu errichten, schlugen sie den Verputz ab und warfen ihn unten in den Keller. Mit den Lehmfüllungen des Fachwerks schütteten sie den Keller vollends zu. Dadurch wurde der bemalte Verputz geschützt und blieb bis heute erhalten. Natürlich war er bei der Auffindung in tausende von Stücken zerbrochen, und es war keine leichte Arbeit, daraus die Wand wieder zusammenzusetzen.

Der obere Teil der Wand mit den bildlichen Darstellungen ist fast vollständig erhalten. Darunter befindet sich eine Sockelmalerei, deren unterer Abschluß nicht erhalten blieb. Die Sockelmalerei bestand aus einer grün-braun getupften Fläche, mit der eine entsprechend gefärbte Marmorplatte nachgeahmt werden sollte. Der obere Teil der Wand wird durch Säulen toskanischer Ordnung in drei Felder geteilt (Abb. 3). Die Dreiteilung von Bildwänden durch Architekturmalereien war in der römischen Kunst lange üblich; zahlreiche Beispiele gibt es in Pompeji, aber auch bei späteren Malereien, etwa in Ostia. Die Architektur ist allerdings recht flach dargestellt und dient fast nur der Unterteilung der Wand.

Die beiden Seitenfelder hat der Maler mit einer Darstellung von Marmorinkrustationen gefüllt. Wirkliche Marmorinkrustationen waren in aufwendigen öffentlichen Bauten oder reichen Privatwohnungen und Palästen üblich. Die gemalten Inkrustationen bilden einen Rahmen aus vier Bogenmustern, die ein kleines figürliches Bildfeld umgeben. Die Bogenmuster sind stilisierte Pelten (Amazonenschilde), die gerne für Ornamente verwendet wurden. Die verschiedenen Gesteinsarten der Inkrustationsmalerei sind teils naturalistisch, teils schematisch wiedergegeben, jedenfalls aber in kräftigen, kontrastreichen Farben, von denen Abb. 3 nur einen schwachen Eindruck geben kann.

Die beiden Bildfelder an den Seiten enthalten je eine Zweifigurenszene auf leuchtend blauem Grund. Links ist Theseus abgebildet, der den Minotaurus an den Hörnern packt und ihn mit dem Krummstab erschlägt, obgleich er das Schwert am Wehrgehänge mitführt (Abb. 4). Beide Gestalten erscheinen in heroischer Nacktheit, sie sind nur mit einem kurzen Mantel bekleidet. Die Komposition ist alt, sie erscheint in ähnlicher Form schon seit griechisch-archaischer Zeit, doch kämpft Theseus meist mit dem Schwert, gelegentlich auch mit einer leichten Keule, die gebogen sein kann. Ein Krummstab (Pedum) findet sich sonst nicht in den Händen des Theseus; ob der Maler damit eine bestimmte Absicht verfolgte oder ob es sich um ein Mißverständnis handelt, wird kaum zu klären sein.

Die rechte Bildszene zeigt Icarus und Dädalus (Abb. 3): gerade legt der Vater letzte Hand an einen Flügel seines Sohnes, bevor dieser zu dem verhängnisvollen Flug aufsteigt. Die beiden gegenüberliegenden Zweifigurenszenen in den Seitenfeldern bilden auch inhaltlich Pendants, denn beide beschäftigen sich mit dem kretischen Sagenkreis: Dädalus baute bekanntlich das Labyrinth, in dem der Minotaurus hauste.

Das Mittelfeld enthält ebenfalls eine Zweifigurenszene, es zeigt aber weder inhaltlich noch in der Art der Darstellung einen Zusammenhang mit den Seitenfeldern (Abb. 5). Fortuna und Hercules stehen ruhig einander zugewandt; sie sind durch ihre Attribute gekennzeichnet: Füllhorn und Rad der Glücksgöttin sowie Bogen, Keule und Fell des nemeïschen Löwen sind deutlich zu sehen. Die beiden Götter waren beim Militär beliebt, und so mag die Darstellung auf einen Wunsch des Auftraggebers zurückgehen.

Die Echzeller Malereien stellen keineswegs große Kunst dar, wohl aber gutes, gekonntes Handwerk. Den bisher bekannten, recht spärlichen Malereiresten der gleichen Zeit aus dem Römerreich stehen sie daher kaum nach. Das sichere Beherrschen der Maltechnik erfordert dauernde Übung, und so ist nicht anzunehmen, daß Soldaten der Echzeller Truppe die Bilder malten. Sicherlich hat eine berufsmäßige Malerwerkstatt die Arbeit ausgeführt; solche Werkstätten kann es in der Provinzhauptstadt Mainz, vielleicht auch in den Hauptorten der Civitates gegeben haben.

Gewisse Stileigentümlichkeiten lassen sich bei der gleichzeitigen Kunst Italiens finden; eine bemalte Wand mit verwandten Eigenheiten gibt es sogar im Palast Hadrians bei Tivoli. Die Provinzwerkstatt hat die Verbindung zur Kunst Italiens vielleicht ganz bewußt gepflegt. — Das Auftreten solcher Malereien in den Bauten der römischen Hilfstruppen, die weit im Norden das Reich verteidigten, mag erstaunlich erscheinen. Es zeigt, wie sehr diese Truppen im Rahmen ihrer Möglichkeiten romanisiert waren.

Davon zeugt auch ein weiterer Fund, der hier als letzter vorgestellt werden soll. Eine Vorratsgrube im Bereich einer Mannschaftsbaracke war mit den Resten des verbrannten Gebäudes gefüllt. Darunter befand sich ein großer Rostklumpen, den wir zunächst nicht recht deuten konnten. Eine Röntgenaufnahme des merkwürdigen Fundstücks, die das Römisch-Germanische Zentralmuseum in Mainz mit einem besonders dafür eingerichteten Röntgengerät ausführte, gab ein überraschendes Bild (Abb. 6). Aus dem Rostklumpen schien ein menschliches Gesicht zu blicken. Es handelt sich indessen um ein bekanntes Ausrüstungsstück der römischen Reiterei, um einen Parade-Gesichtshelm. Diese Helme wurden nicht zum Kampf getragen, sie dienten zur Zierde bei besonderen feierlichen Kampfspielen. Die Gesichtshelme sind nicht eben häufig gefunden worden; besonders selten sind die aus Eisen getriebenen Exemplare, zu denen das Echzeller Stück gehört. Seine lebendige, sprechende Ausführung erweist es als eine besonders qualitätvolle Arbeit. Weitere Untersuchungen an dem Fundstück haben ergeben, daß die beim Brand beschädigte Maske einst einen Silberblechüberzug besaß. Sie geriet in der zweiten Hälfte des 2. Jahrhunderts in den Boden, als das Kastell zerstört wurde, wohl bei einem Angriff der Germanen.

Literatur zum Limeskastell Echzell:

F. Kofler, ORL. B II 2 Nr. 18 Kastell Echzell (1903).
W. Barthel, 6. Ber. RGK. 1910—11, 150 Anm.
E. Fabricius, ORL. A II 1 Strecke 4—5 (1937) 135 ff.
H. Schönberger, Saalburg-Jahrb. 18, 1959/60, 35 ff.
H. Schönberger, Limesforsch. 2 (1962) 78, 84 ff., 91.
E. Birley, Corolla Memoriae Erich Swoboda dedicata. Röm. Forsch. in Niederösterreich 5, 1966, 66.
D. Baatz, Germania 41, 1963, 338 ff.; 46, 1968, 40 ff.; Saalburg-Jahrb. 21, 1963/64, 32 ff.; 22, 1965, 118 ff. 139 ff.; Gymnasium 75, 1968, 262 ff.
H. Schnorr — D. Baatz, Saalburg-Jahrb. 24, 1967, 33 ff.
H.-G. Simon — D. Baatz, Saalburg-Jahrb. 25, 1968, 193 ff., insbesondere 199 ff.

Bemerkungen zu den Abbildungen:

Die Klischees der Abb. 4—5 wurden in Germania 46, 1968, Taf. 7—8 bereits abgedruckt. Die Genehmigung zum erneuten Abdruck wird der Römisch-Germanischen Kommission, Frankfurt a. M., verdankt. Die Abb. 1—2 wurden in leicht veränderter Form in Gymnasium 75, 1968, 264 f. abgedruckt.

Abbildung 3

Kastell Echzell. Gesamtansicht einer bemalten Wand, teilweise rekonstruiert. Kopie nach dem Original: M. Schleiermacher. Foto: Deutsches Archäologisches Institut.

Abbildung 4
Kastell Echzell. Ausschnitt aus einer Wandmalerei: Theseus und Minotaurus
(nach einer Kopie von M. Schleiermacher). Maßstab 1 : 4.

Abbildung 5
Kastell Echzell. Ausschnitt aus einer Wandmalerei: Fortuna und Hercules
(nach einer Kopie von M. Schleiermacher). Maßstab 1 : 4.

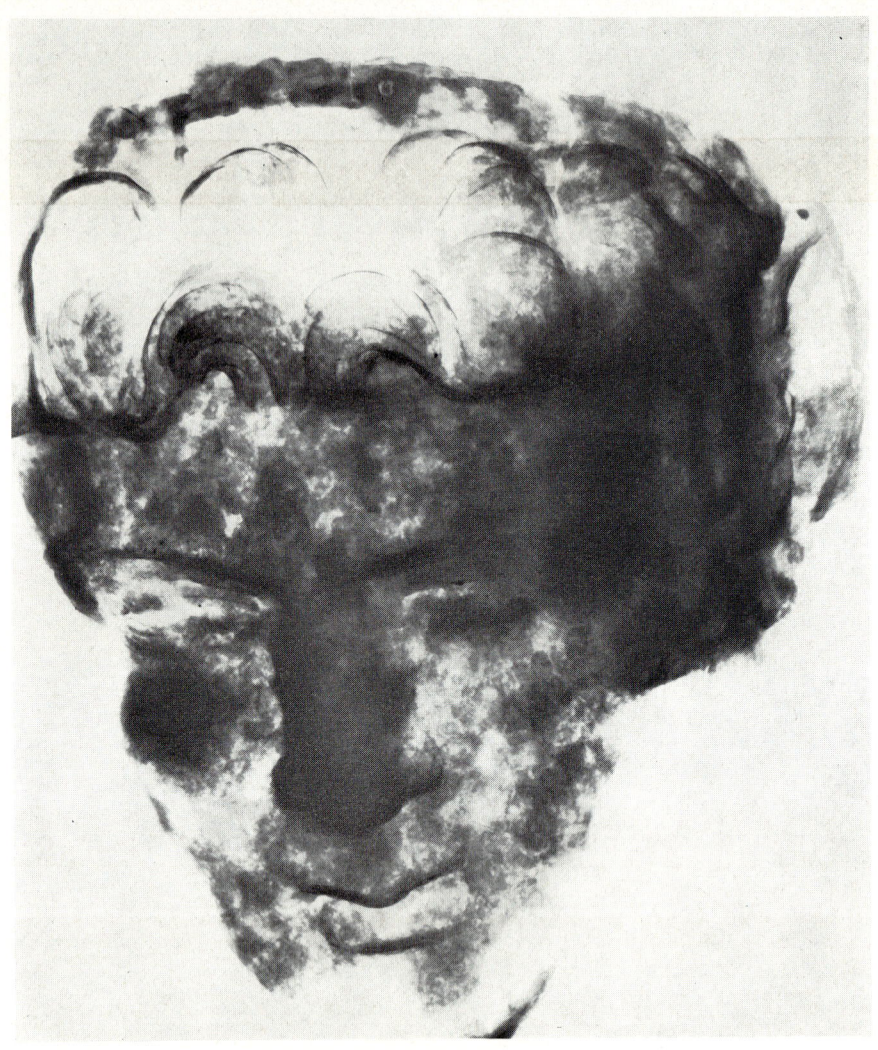

Abbildung 6
Kastell Echzell. Kavallerie-Paradegesichtsmaske aus getriebenem Eisen mit Resten einer Silberblechauflage. Röntgenaufnahme des Römisch-Germanischen Zentralmuseums, Mainz.

DER BAD NAUHEIMER RAUM IN FRÜHZEIT UND MITTELALTER

Von Waldemar Küther

Nördlich des Unterlaufes des Maines, wo dieser von Hanau ab seinen vielfach gewundenen Lauf zum letzten Mal bis zur Mündung in den Rhein bei Mainz in ost-westlicher Richtung nimmt, liegt die Wetterau. Sie ist durch mehrere Vorzüge gekennzeichnet: Ihre Böden, meist Löß, weisen einen hohen fruchtbaren Schwarzerdebestand auf, der Aussicht auf ertragreiche landwirtschaftliche Nutzung bietet; feuchte oder kalte Winde von Westen oder Osten her werden zudem durch die Höhen des Taunus und des Vogelsberges abgehalten. Diese geologische und klimatische Situation führte zu früher Besiedlung, das heißt, sie machte die Wetterau zum Altsiedelland. Sodann erstreckt sich die Wetterau als flache und breite Senke zwischen den genannten Gebirgen nach Norden zur Lahn hin bis an die niedrige Wasserscheide wenige Kilometer vor Gießen und stellt auf diese Weise ein höchst günstiges Durchgangsgebiet vom Mittelrhein- und Untermainraum nach Niederhessen und den anschließenden thüringischen und niedersächsischen Landschaften dar. Diese physikalischen, klimatischen, wirtschaftlichen und verkehrspolitischen Gegebenheiten haben zu allen Zeiten die Geschichte der Wetterau bestimmt.

Nahezu im geographischen Mittelpunkt der nördlichen Wetterau liegt das heute weltbekannte Bad Nauheim. Zu den soeben genannten allgemeinen Vorzügen der Wetterau kommen für den Raum um Nauheim und für zahlreiche andere Orte der Umgebung noch Salz- und Sauerquellen mannigfaltiger Art. Besonders erstere sind für den Menschen durch das aus ihnen ersiedete Salz als Würz- und Konservierungsmittel von unentbehrlichem Wert. Das Volksmärchen von der Königstochter, die ihren Vater für so kostbar wie das Salz erklärt, und der Kampf zwischen Chatten und Hermunduren um die Salzquellen an der Werra im Jahre 58 n. Chr. [1]) geben davon beredte Kunde.

Das Salz der Wetterau wird dem Zechsteinmeer der Permzeit verdankt. Es fließt unterirdisch vom Vogelsberg gegen das kristalline Gebirge des Taunus, und durch den großen Grabenbruch Oberrhein — Wetterau — niederhessische Senke steigen die Solequellen auf, die uns bei Bad Homburg, Bad Vilbel, Groß-Karben, Bad Nauheim, Wisselsheim, Ober-Hörgern und dem Seltersbrunnen bei Gießen begegnen [2]).

Fragen wir nach der oben herausgestellten frühen Besiedlung des Raumes um das spätere Bad Nauheim, so läßt sich eine Dauerbesiedlung des Usa-Tales feststellen. Sie beginnt — wenn man nicht die Quarzit-Einzelfunde aus der Altsteinzeit bei

---

1) C. Tacitus, Historiae annales Buch XIII Kap. 57.
2 H. Oßwald, Unsere heimische Landschaft, ihr Werden u. ihr Aufbau. In: Bad Nauheim. Von der Frühzeit bis z. Gegenwart ³1952 S. 7 f.

Steinfurth hinzurechnen will [3]) — in der Jungsteinzeit mit den Bandkeramikern [4]), Rössenern [5]), Michelsbergern [6]) und Glockenbecherleuten [7]), setzt sich in der Bronzezeit mit ihren Flachgräbern, Urnenfriedhöfen [8]) und der Höhensiedlung auf dem heutigen Johannisberg fort [9]) und führt über die Hügelgräber der älteren Eisenzeit [10]) zum keltischen Latène [11]). Diese Zeit ist in Bad Nauheim durch keltische Münzen [12]), zahlreiche andere Funde [13]) und eine keltische Stadtsiedlung [14]) nachgewiesen. In dieser Zeit stoßen wir zudem bereits auf eindeutige Grabungsfunde, durch welche keltische Salzgewinnung bewiesen wird [15]).

Entsprechend ihrer siedlungspolitischen Bedeutung war die Wetterau bereits in vorgeschichtlicher Zeit von einem Netz früher Verkehrswege durchzogen [16]), von

3) O. Uenze, Die hess. Senke in Karten 1953 Karte 2.
4: G. Behrens, Die Bad Nauheimer Gegend in Urzeit u. Frühgesch. 1939 S. 4; Uenze (Anm. 3) Karte 3; Fundberichte aus Hessen 3. Jg. 1963 S. 117; H. Schönberger, Augusteisches Lager Rödgen, Grabung 1963. In: Saalburg-Jb. 21, 1963/64 S. 96; Fundberichte aus Hessen 4. Jg. 1964 S. 177; M. Weis, Eine neue bandkeramische Siedlung in der Gemarkung Bad Nauheim. In: Wetterauer Gesch. Bll. Bd. 14, 1965 S. 107.
5) Uenze (Anm. 3) Karte 4; Schönberger (Anm. 4) S. 96.
6) Behrens (Anm. 4) S. 4; Uenze (Anm. 3) Karte 5; Schönberger (Anm. 4) S. 96; L. Süß, Neufunde der Michelsberger Kultur aus Bad Nauheim. In: Fundberichte aus Hessen 4. Jg. 1964 S. 62-69; Ders. Ein Fund der Michelsberger Kultur aus Bad Nauheim. In: Fundberichte aus Hessen 7. Jg. 1967 S. 103-107.
7) Uenze (Anm. 3) Karte 6; L. Süß, Ein Grab aus der Glockenbecherkultur aus Bad Nauheim. In: Fundberichte aus Hessen 7. Jg. 1967 S. 28-42.
8) Behrens (Anm. 4) S. 7; Fr.-R. Herrmann, Die Funde der Urnenfelderkultur in Mittel- u. Südhessen (= Röm.-Germ. Forsch. Bd. 27) 1966 Textbd. S. 109—112 Nr. 294—302 u. Tafelbd. Taf. 42 u. 103 f.
9) Behrens (Anm. 4) S. 17 f.; Uenze (Anm. 3) Karte 7 u. 8.
10) F. Quilling, Die Nauheimer Funde der Hallstatt- u. Latèneperiode in den Museen zu Frankfurt am Main u. Darmstadt 1903 S. 13 u. Taf. I u. II, 9—19; Behrens (Anm. 4) S. 8; Uenze (Anm. 3) Karte 9 u. 10.
11) Quilling (Anm. 10) S. 13—63 u. Taf. II, 20—XVI; Behrens (Anm. 4) S. 9; Uenze (Anm. 3) Karte 11 u. 12; Schönberger (Anm. 4) S. 96; Fundberichte aus Hessen 4. Bd. 1964 S. 186; L. Süß, Zur frühen Kaiserzeit u. zum Latène in Bad Nauheim. In: Fundberichte aus Hessen 5. u. 6. Jg. 1965/66 S. 26—39; Fundberichte aus Hessen 7. Jg. 1967 S. 127.
12) R. Ludwig, Die alten Salinen bei Bad Nauheim. In Arch. f. hess. Gesch. u. Altertumskde. Bd. 11, 1867 S. 56; A. Martin, Bad Nauheimer Funde u. Bad Nauheim betreffende Gegenstände in auswärt. Besitz. In: Bad Nauheimer Jb. 2. Jg. 1913 S. 5.
13) W. Schönberger, Die Spätlatènezeit i. d. Wetterau. In: Saalburg-Jb. 11, 1952 Funde Bad Nauheim S. 85—104.
14) Schönberger (Anm. 13) S. 100 umschreibt das Gebiet, das im Süden durch den Deutergraben, im Osten etwa durch den Solgraben, im Nordosten durch die Ludwigstr. u. von dort an dieser entlang nach Westen bis zum Kurhaus begrenzt wird u. dessen westl. Abschluß etwa die Linie Kurhaus — Homburger Str. bildet; Fr. Becker, Über die frühen dörfl. Schutzanlagen von Bad Nauheim. In Wetterauer Gesch. Bll. Bd. 11, 1962 S. 23.
15) W. Jorns, Zur Salzgewinnung in Bad Nauheim während d. Spätlatènezeit. In: Germania Jg. 38, 1960 S. 178—184; W. Jorns - L. Süß, Salzgewinnung in Bad Nauheim während d. karoling. Zeit. In: Fundberichte aus Hessen 1. Jg. 1961. Darin zur Salzgewinnung in der Latènezeit S. 117.
16) E. Fabricius, F. Hettner, O. v. Sarvey, Der obergerman.-raetische Limes des Römerreiches. Abt. A Bd. II, 2 1936 Strecke 3—5 Kartenbeilage 7.

denen uns für unseren Bearbeitungsraum zwei bedeutende Hauptstraßen und eine Verbindung zwischen ihnen interessieren: Von den ersteren zog eine von Höchst am Main über Bad Homburg — Gonzenheim — Holzhausen — Ober-Rosbach, ostwärts Friedberg, Bad Nauheim und Ober-Mörlen weiter über Ostheim nach Butzbach [17]), die andere, aus dem Raum Frankfurt kommend über Nieder-Erlenbach — Petterweil — Ober-Wöllstadt — Friedberg in das Wettertal bei Rödgen und dann wohl dieses aufwärts über Steinfurth — Oppershofen — Rockenberg, bis sie an eine nördlich der Wetter in Ober-Hörgern, Holzheim und Grüningen belegte und weiter nach Norden führende Straße Anschluß gewann [18]). Die Verbindungsstraße kam aus der Tiefe der Wetterau (Raum Södel) und überschritt bei Steinfurth die Wetter, wobei sie die letztgenannte Süd-Nord-Straße kreuzte. Bei ihrem weiteren Verlauf nach Westen wurde im Raum des heutigen Nauheim die obengenannte Straße Höchst — Butzbach gekreuzt, dann verlief sie am Südhang des Johannisberges [19]) auf den Platz der späteren Kapersburg zu, wo sie Anschluß an die Straße Frankfurt — Usinger Becken hatte [20]).

Während des 2. Jahrhunderts v. Chr. drangen von Osten her langsam und stetig germanische Stämme, zunächst Chatten, in den hessischen Raum [21]). Im ersten vorchristlichen Jahrhundert erreichten sie auch die Wetterau [22]), gefolgt von den Sueben, die hier zu beiden Seiten der Usa durch die Nauheimer Gemarkung eine große Siedlung von Norden nach Süden errichteten, die bis zum Solgraben, zur Homburger Straße und zum Johannisberg reichte [23]). Die Sueben sind auch zum Mittel- und Oberrhein vorgedrungen, wo im Jahre 58 v. Chr. ihr Heerfürst Ariovist von Caesar geschlagen wurde [24]). Die Römer hatten bekanntlich im letzten vorchristlichen Jahrhundert den Rhein erreicht. Caesar hat ihn zweimal überschritten, und in den beiden letzten Jahrzehnten vor Christus setzten unter Kaiser Augustus durch seinen Stiefsohn Drusus planmäßige Züge nach Germanien, darunter auch in den hessischen Raum ein, wobei am Taunus (Höchst oder Friedberg) ein großes Standlager errichtet

17) Ebd. II, 1 Textbd. S. 245.
18) Ebd. S. 248 u. 262.
19) Nicht *über* den Johannisberg; so W. A. Kropat, Reich, Adel u. Kirche in der Wetterau von der Karolinger- bis zur Stauferzeit (=Wetterauer Gesch. Bll. Bd. 13, 1964 S. 7. = Schr. d. hess. Landesamtes f. geschichtl. Landeskde. 28. Stück 1965).
20) Geschichtl. Atlas v. Hessen Karte 6b: Ringwälle u. Höhenwege. Bearb. v. W. Dehn u. W. Görich.
21) K. E. Demandt, Gesch. d. Landes Hessen 1959 S. 51.
22) R. v. Uslar, Westgerman. Bodenfunde des ersten bis dritten Jhdts. n. Chr. aus Mittel- u. Westdeutschland (= German. Denkmäler d. Frühzeit, hg. v. d. Röm.-germ. Kommission d. Deutschen Archäol. Instituts) 1938 S. 35 Anm. 13, S. 42 Anm. 65, S. 70 Anm. 122, S. 75 Anm. 157; Schönberger (Anm. 13) S. 73 Anm. 227. Zu den mattiakerzeitl. Funden s. Uenze (Anm. 3) Karte 13.
23) Behrens (Anm. 4) S. 11 f; Demandt (Anm. 21) S. 51; H. Görnert, Die Namen d. Bad Nauheimer Straßen in Verbindung mit der räuml. Entwicklung der Stadt. In: Wett. Gesch. Bll. Bd. 10, 1961 S. 68.
24) Ob Ariovist selbst Suebe war, ist fraglich; zumindest war es seine erste Frau. Er vereinigte in seinem Heer, dessen Kern zumindest suebisch war, germanische u. nichtgerman. Stämme (R. Hachmann, G. Kossack, H. Kuhn, Völker zw. Germanen u. Kelten 1962 S. 45, 64. f., 67 u. 120; R. Nierhaus, Das swebische Gräberfeld von Diersheim (= Röm.-germ. Forsch. Bd. 28) 1966 S. 216—223.

wurde [25]). Nach wechselvollen Kämpfen gegen die Chatten, in denen die Wetterau mehrfach Auf- und Durchmarschgebiet der römischen Legionen wurde, gelang es Kaiser Domitian in den achtziger Jahren des ersten Jahrhunderts n. Chr. die chattischen Taunusfestungen zu erobern und die Wetterau durch den Pfahlgraben in den römischen Herrschaftsbereich einzubeziehen [26]).

Gleich, ob wir in dieser Maßnahme die Absicht der Römer erkennen wollen, aus dieser verkehrsgünstigen und befestigten Situation heraus die sich anschließenden unbesetzten germanischen Gebiete unter Kontrolle zu halten und bei passender Gelegenheit auch zu besetzen oder den Verzicht der Römer auf die bisherigen Pläne der Eroberung Germaniens bis zur Elbe [27]), es gerät damit auch der Raum um Bad Nauheim für fast zwei Jahrhunderte unter römischen Einfluß [28]). Am Südostrand des alten Nauheim deuten zahlreiche Befestigungsreste auf römische Standortsicherung: Wehrgräben des 1. nachchristlichen Jahrhunderts, Erdlager einer Halblegion des Germanicus und Erdkastell aus der Zeit Domitians [29]). Die Bevölkerung der Wetterau dürfte sich in diesem Zeitraum allgemein aus einer alten keltischen Unter-, einer schwachen germanischen [30]) Mittel- und einer provinzialrömischen Oberschicht zusammengesetzt haben.

Die einheimische Bevölkerung hat die von den Kelten übernommene Salzgewinnung in begrenztem Rahmen fortgesetzt [31]). Von einer Salzproduktion der Römer aber, etwa auf fiskalischer Grundlage, wie es bei einem so durchorganisierten Staatswesen wie dem römischen zu erwarten wäre, konnten bisher keine Funde gemacht werden [32]). Schon das spätaugusteische Römerlager, das nach dem Verlauf seines Spitzgrabens etwa einer halben Legion Platz geboten haben muß [33]), war mitten in die spätlatènezeitlichen Salzgewinnungsanlagen hineingesetzt worden und hat deren Betrieb ein Ende gemacht [34]). Dasselbe war mit einem domitianischen Erdkastell der Fall [35]), bei dessen Errichtung sogar Salzsintersteine der spätlatènezeitlichen Salinen

25) Demandt (Anm. 21) S. 53.
26) L. Schmidt, Gesch. d. deutschen Stämme bis z. Ausgang d. Völkerwanderung. 2. Tl.: Die Westgermanen ²1940 S. 113; W. Schleiermacher, Der obergerm. Limes u. spätröm. Wehranlagen am Rhein. In: 33. Bericht d. Röm.-German. Kommission 1950 S. 137 Abb.1 nach K. Stade, Il Limes Romano in Germania. In: Quaderni dell'Impero Bd. III 1937 S. 14 Abb. 5.
27) Fabricius, Hettner, Sarvey (Anm. 16) Abt. A Bd. II, 2 1936 Strecke 4 u. 5: Die Wetteraulinie S. 17 u. 41 sowie Schmidt (Anm. 26) S. 113 schweigen zu dieser Fragestellung. Schleiermacher (Anm. 26) S. 136 sieht als Ursache der Entstehung des Limes den nachhaltigen Widerstand der Chatten u. die Vereitelung der Eroberungspläne in Germanien durch die Dakerkriege.
28) H. G. Simon. Röm. Funde aus Bad Nauheim. In: Saalburg-Jb. 18, 1959/60 S. 5—34 Abb. 1—21; G. Schell, Die röm. Besiedlung von Rheingau u. Wetterau. In: Nass. Annalen Bd. 75, 1964 S. 1—100. Darin Nauheim S. 61 u. 97.
29) W. Jorns in: Handbuch d. Hist. Stätten Deutschlands Bd. 4: Hessen ²1967 S. 26.
30) U. Fischer, Zur röm. Besetzung des Frankfurter Domhügels. In: Germania Bd. 39, 1961 S. 464.
31) Süß (Anm. 11) S. 32.
32) So schon vermerkt bei Ludwig (Anm. 12) S. 58; A. Martin, Gesch. d. Bad Nauheimer Mineralquellen (zu Nauheim u. Schwalheim) u. ihres Gebrauchs. In: Bad Nauheimer Jb. 4./5. Jg. 1926 S. 61; Görnert (Anm. 23) S. 68.
33) Süß (Anm. 11) S. 28 u. Kartenbeil. 1.
34) Ebd. S. 32 u. 34 m. Anm. 23.   35) Jorns (Anm. 15) S. 183.

als Baumaterial Verwendung fanden [36]). Bei den geringen Spuren einheimischer Salzgewinnung ist höchstens an eine auslaufende Produktion zu denken, bis das benötigte Salz durch Transport auf dem Handelswege (wohl vom Mittelmeer?) herangebracht wurde [37]). Damit entfällt auch die Überlegung, daß vielleicht die Salzproduktion eine der Ursachen für die Einbeziehung der Wetterau in das römische Reichsgebiet durch die immerhin bemerkenswerte Linienführung des Pfahlgrabens gewesen sein könnte.

Das römische Interesse in der Wetterau war vordringlich auf Verteidigung und Sicherung gerichtet. Dem diente ein technisch hochwertiges Straßensystem, das unter teilweiser Ausnützung und Verbesserung der vorgeschichtlichen Straßen geschaffen wurde [38]). In der Nähe von Nauheim sind zwei uns interessierende Römerstraßen bekannt geworden: eine, die vom Nordtor des Friedberger Burgkastells ausgehend, durch das sumpfige Gelände westlich der Usa bis zum ehemaligen Nauheimer Gaswerk (südostwärts des Friedrich-Ebert-Platzes) festgestellt ist [39]) und von dort, wohl durch die Ortsüberbauung bislang nicht festgestellt, in gerader Verlängerung weiter auf den Johannisberg zu verlief; ferner eine weitere, die von dem gleichen Ausgangsort Anschluß an eine Straße gewann, die von Süden her am Ostufer der Usa bis zum ostwärtigen Rand des Großen Nauheimer Teiches verlief und von hier geradlinig nach Nordwesten bis Butzbach zog [40]).

Pfahlgraben, Kastelle und verkehrstechnische Maßnahmen haben es aber nicht vermocht, die immer wieder anstürmenden Germanen von der Wetterau fernzuhalten. Zwar wurden sie zunächst nach jedem Einbruch, den sie erzielten, wieder zurückgeworfen und die Befestigungen erneuert und verstärkt, doch um die Mitte des 3. Jahrhunderts gelang es den Alamannen, den Pfahlgraben endgültig zu überschreiten [41]), und auch die Burgunder scheinen zu den germanischen Völkern gehört zu haben, die die Wetterau durchzogen, denn dieser Landschaftsname wird auf Grund der Endsilbe -eiba in seinen frühen Formen auf burgundische Prägung zurückgeführt [42]).

Im Gegensatz zu dem archäologischen Fundreichtum der keltischen und römischen Zeit überrascht die Wetterau im 4. und 5. Jahrhundert durch eine relative Fundleere. Dies darf jedoch nicht zu dem Schluß verleiten, als sei die Wetterau in diesen Jahrhunderten nahezu unbesiedelt gewesen. Es ist eine bekannte und einleuchtende Tatsache, daß seßhafte Völker archäologisch besser zu fassen sind als nomadisierende [43]). Bei aller Bewegung aber, in welche die germanischen Völker durch die Völkerwanderung geraten waren, haben die Siedlungsgunst der Wetterau und die durch die römische Zeit bewirkte zivilisatorische und agrarwirtschaftliche Hochstufe sicher

36) Frdl. Mitt. von Dr. W. Jorns - Darmstadt.
37) Martin (Anm. 32) u. Bestätigung durch Dr. W. Jorns - Darmstadt.
38) Fabricius, Hettner, Sarvey (Anm. 16) Abt. A Bd. II, 2 1936 Strecke 3—5 Kartenbeil. 7.
39) Ebd. Abt. B Bd. II, 3 1915 Nr. 26 S. 21 Buchst. M mit Kartenbeil.
40) Ebd. Buchst. N u. Abt. A Bd. II, 1 1936 Strecke 3—5 S. 260 f. Ziff. 9.
41) H. Schoppa, Die Besitzergreifung d. Limesgebietes durch die Alamannen. In: Nass. Annal. Bd. 67, 1956 S. 1—12.
42) K. Schumacher, Siedlungs- u. Kulturgesch. d. Rheinlande von der Urzeit bis z. Mittelalter Bd. 3, 1925 S. 14; P. v. Polenz, Landschafts- u. Bezirksnamen im frühmittelalterl. Deutschland 1. Bd. Namentypen u. Grundwortschatz 1961 S. 164 f.
43) Nierhaus (Anm. 24) S. 219.

ihren Einfluß auch auf die durchziehenden Völker und Völkerteile ausgeübt, so daß wir hier am Ausgang der Völkerwanderungszeit eine, wenn auch trümmerhafte gallo-römisch-germanische Mischbevölkerung voraussetzen dürfen [44]). Einzelne Funde in Reichelsheim [45]), Ilbenstadt [46]), Rendel [47]) und Echzell [48]) stellen daher eine, wenn auch schwache Brücke in das 4. Jahrhundert dar [49]).

Aus der Menge der germanischen Stämme hoben sich die Franken zu dauerhafter und führender Staatsbildung hervor. Bereits um die Mitte des 5. Jahrhunderts befand sich die Wetterau in fränkischer Hand [50]) und nachdem im Jahre 496 in der Schlacht bei Zülpich König Chlodwig die Alamannen endgültig besiegt hatte, war damit auch für die Wetterau ein neuer, entscheidender Geschichtsabschnitt eröffnet. Für diesen ist eine Durchorganisation des Landes in politisch-verwaltungsmäßiger Hinsicht kennzeichnend, mit der im Zuge der gleichzeitigen Christianisierung auch die Schaffung einer Kirchenorganisation Hand in Hand ging. Diese Vorgänge lassen sich zum großen Teil nur aus jüngeren Urkunden rückwärtsschreitend erschließen, weil die organisatorischen Maßnahmen noch in die Zeit fehlender oder nur schwacher Beurkundung fallen. Aus diesem Grunde muß für die geschichtliche Betrachtung des Raumes um Bad Nauheim in fränkischer Zeit auch noch das Geschehen in der näheren Umgebung beigezogen werden.

Fassen wir zunächst den Namen Nauheim ins Auge, so begegnet er uns urkundlich zum ersten Mal mit der Form Niwiheim in einem Zinsregister des Klosters Seligenstadt [51]). Dieses Zinsregister befindet sich am Schluß des sogenannten Seligenstädter Evangeliars [52]), eines Kodex', der nach seiner Schrift auf „um das Jahr

---

44) O. Bethge, Bemerkungen z. Besiedlungsgesch. d. Untermainlandes in frühmittelalterl. Zeit. Tl. I. In: Jahresbericht d. Humboldtschule zu Frankfurt a. M. 1911 S. 7; H. Schönberger, Friedberg in röm. u. fränk. Zeit. In: Wett. Gesch. Bll. Bd. 15, 1966 S. 34 f.

45) G. Behrens, Frühgerm. Funde aus der Friedberger Gegend. In: Germania Bd. 15, 1931 S. 255—257; H. Roth, Wetterauer Fundberichte 1941—1949. Veröff. d. Amtes f. Bodendenkmalspflege im Reg. Bez. Darmstadt H. 1, 1951 S. 38 f.; Schoppa (Anm. 41) S. 3.

46) H. Roth, Skelettgräber des 4. Jhdts. n. Chr. aus Ilbenstadt (Wetterau). In: Saalburg-Jb. 11, 1952 S. 5—17; Schoppa (Anm. 41) S. 3; Fundberichte aus Hessen 5. u. 6. Jg. 1965/66 S. 137.

47) W. Jorns, Fundchron. d. Merowingerzeit. In: Germania Bd. 33, 1955 S. 124 u. Taf. 11 Nr. 13—30; Schoppa (Anm. 41) S. 4.

48) H. Schönberger, Zwei german. Gefäße aus der Wetterau. In: Roth (Anm. 45) S. 43 f.

49) Schleiermacher (Anm. 26). Die Grabfunde des 4. Jhdts. S. 158—166.

50) Ravennatis anonymi cosmographia IV, 24 hg. v. M. Pinder u. G. Parthey 1860, Neudruck 1960 S. 226—299; J. Schnetz, Itineraria Romana. Vol. alt. Ravennatis anonymi cosmographia et Guidonis geographica 1939 S. 60 IV, 24.

51) Die bei E. Förstemann, Altdeutsches Namenbuch Bd. II ³1916 Sp. 398 u. W. Braun, Die Ortsnamen des Kreises Friedberg u. ihre Bedeutung. In: Friedb. Gesch. Bll. Bd. 16, 1949 S. 19 zu 790 u. 800 gebotenen Belege Niwiheim sind nicht auf Nauheim, sondern auf einen unbekannten, wohl in Bayern liegenden Ort zu beziehen (E. E. Stengel, Fuld. Urk. Buch. Bd. I [1913/58] Register Niwiheim S. 612). Danach sind auch die gleichen Belege für Nauheim bei K. Lübeck, Fuldaer Klostergut i. d. Wetterau. In: Fuld. Studien 3. Bd. (=29. Veröff. d. Fuld. Gesch. Ver.) 1951 S. 198 zu berichtigen. Ein Foto des Zinsregisters bieten wir auf S. 15.

52) Hs. 1957 Bl. 182ᵛ Landes- u. Hochschulbibl. Darmstadt. Zu dem Codex siehe A. Schmidt, Bucheinbände aus dem XIV.—XIX. Jhdt. in der Landesbibl. Darmstadt 1921 Taf. XXV Abb. 33.

Das Seligenstädter Zinsregister Ende 10. Jhdt.

1000" datiert worden war [53]). Das Zinsregister selbst ist undatiert und von einer ungeübteren jüngeren Hand nachgetragen. Ob die gelegentlichen Rasuren durch Flüchtigkeit des Schreibers oder andere Hände im Zuge der späteren Weiterbenutzung des Registers verursacht sind, läßt sich kaum entscheiden. Inzwischen wurde bekannt [54]), daß der für karolingische Handschriften kompetente Forscher B. Bischoff, München-Planegg, die Datierung des Kodex' „um das Jahr 1000" für mehr als ein Jahrhundert zu spät hält. Dies würde bedeuten, daß es sich um einen Kodex „sicherlich des 9. Jahrhunderts" [54]) handelt.

Auch über die Datierung des uns interessierenden Zinsregisters liegen nun Äußerungen vor. Während es W. Heinemeyer, Marburg, — wenn auch mit Fragezeichen und zögernd — dem Verfasser gegenüber auf die 2. Hälfte des 9. Jahrhunderts setzte, datierten es L. Eizenhöfer und H. Knaus [54a]) in das Ende des 10. Jahrhunderts. Hierhin stellt es auch B. Bischoff in seinem Beitrag zur leider noch nicht erschienenen Lorsch-Festschrift [54b]) und hat dies dem Verfasser gegenüber nochmals durch ein Schreiben bestätigt, in welchem er auch das frühe 11. Jahrhundert nicht ausschließen will.

Wir sind in der Lage, außer der paläographischen Datierung des Registers einige Gedanken zu dessen zeitlichem Ansatz beizutragen. Es enthält außer Nauheim noch 37 Orte [55]), aus denen die Abtei Seligenstadt Zinsen zu empfangen hatte. Leider sind uns aus der Zeit vor dem Jahre 1000 außer der Ausstattung in Seligenstadt selbst nur zwei Schenkungen an die Abtei urkundlich überliefert. Die erste, zum Jahre 945 gestellt, betrifft Güter im Maingau, in der Kinziger und Habbinger (nicht Babenberger!) Mark [56]). Einzelne Orte werden dabei nicht genannt, so daß ein Vergleich mit den im Zinsregister genannten Orten nicht möglich ist und der Versuch ihrer Einordnung in die genannten Marken und Gaue kaum Aussicht auf wissenschaftlichen Ertrag bietet. Anders ist es mit der weiteren Schenkung, die 933 durch die Konradinerin Wiltrud in Elz (nicht Diez!), Braubach und Lahnstein er-

---

53) A. Schmidt, Mittheilungen aus Darmstädter Handschriften. In: Neues Arch. f. ältere Geschkde. 13. Bd. 1888 S. 608; Ders. (Anm. 52) S. 15.

54) H. Knaus, Seligenstädter Handschriften u. Inkunabeln in der Hess. Landes- u. Hochschulbibl. Darmstadt. In: Arch. f. hess. Gesch. u. Altertumskde. Neue Folge Bd. 28 (= Festschr. f. L. Clemm = Jb. d. hess. kirchengeschichtl. Ver. 14. Bd.) 1963 S. 122.

54a) L. Eizenhöfer u. H. Knaus, Die liturg. Handschriften d. Hess. Landes- u. Hochschulbibl. In: Die Handschriften der Hess. Landes- u. Hochschulbibl. Bd. 2, 1968 S. 91.

54b) B. Bischoff, Lorsch im Spiegel seiner Handschriften. In: Die Reichsabtei Lorsch. Herr Staatsarch. Dir. Dr. Fr. Knöpp, Darmstadt, gestattete dankenswerterweise die Einsichtnahme in die Umbrüche des Aufsatzes.

55) Druck: Schmidt (Anm. 53) S. 609—612; vollständ. m. Zinspflichtigen u. -leistungen. Auszüge: H. B. Wenck, Hess. Landesgesch. Bd. II 1789 Urk. Buch S. 28 Nr. 21; J. W. Chr. Steiner, Gesch. u. Beschr. d. Stadt u. ehem. Abtei Seligenstadt 1820 S. 337 Lit. B; ders. Alterthümer u. Gesch. d. Bachgaues im alten Maingau. 2. Tl.: Gesch. d. Städte Umstadt u. Babenhausen Bd. II 1827 S. 182 f.; J. Koch, Die Wirtschafts- u. Rechtsverhältnisse d. Abtei Seligenstadt im Mittelalter. In: Arch. f. hess. Gesch. u. Altertumskde. Neue Folge Bd. 22, 1941 S. 3 Tabelle 2.

56) Wenck (Anm. 55) S. 28 Nr. 21.

folgte [57]). Besitz an diesen Orten wird in unserem in Rede stehenden Zinsregister nicht genannt. Unter der Voraussetzung, daß es a l l e Zinsverpflichtungen an die Abtei Seligenstadt umfaßt, müßte damit seine Abfassung vor 933 gesehen werden. Zwischen beiden Ansätzen: vor 933 (Datierung der Wiltrud-Urkunde) und Ende des 10. Jahrhunderts (paläographischer Befund des Zinsregisters) bleibt also eine Differenz, die vielleicht dadurch zu erklären wäre, daß unser Zinsregister tatsächlich vor 933 auf einem losen Pergamentblatt niedergeschrieben und aus Sicherungsgründen Ende des 10. Jahrhunderts von der Vorlage in den Kodex übertragen wurde.

Auch von sprachgeschichtlicher Seite suchte man einen Weg zur Datierung des Registers. Die Namensform Saligunstat war für J. Schopp [58]) Veranlassung, ihrem frühesten Vorkommen in der Reihe der Namensvarianten nachzugehen. Er stellte diese Bezeichnung auf die Zeit um 840, mußte dabei aber einräumen, daß die Form Saligunstat auch noch um 1040 gebraucht sein konnte, wie seine Tabelle [59]) ausweist. Dieser Weg, zu einer Datierung des Registers auf um 840 zu kommen, erscheint uns daher wenig sicher. Wir müssen deshalb bei dem paläographischen Befund „Ende des 10. Jahrhunderts" stehen bleiben.

Sicher später als im Seligenstädter Zinsregister erscheint der Name Nauheims in einem Güterverzeichnis der Fuldaer Propstei Frauenberg [60]). Es ist darin von Weinbergen die Rede, welche die genannte Propstei bei Nauheim (Nuheim) besaß. Die Nachricht ist undatiert; das Kapitel aber, dem sie entnommen ist, wird in die Mitte des 12. Jahrhunderts zu setzen sein [61]).

Diese Nennungen Nauheims sind im Vergleich mit den Erwähnungen anderer Wetterau-Orte im 8. und 9. Jahrhundert, etwa im Codex Laureshamensis, verhältnismäßig jung. Die Betrachtung des Ortsnamens selbst führt uns aber in die frühe fränkische Zeit zurück. Er gehört zum Typus der ‚-heim'-Orte, der am meisten in der Wetterau erscheint; er macht etwa zwei Fünftel aller dortigen Siedlungsnamen aus. Man glaubt, sie in zwei Gruppen teilen zu können: ‚-heim'-Orte, die mit einem Personennamen verbunden sind, rechnet man zur älteren Schicht ungelenkter fränkischer Kolonisation [62]), etwa des 6./7. Jahrhunderts, und ‚-heim'-Orte in Verbin-

---

57) Wenck (Anm. 55) Bd. I 1783 Urk. Buch Nr. 367. Zu deren Echtheit siehe die Bestätigungsurk. Kaiser Heinrichs II v. 1012 Jan. 30 (Mon. Germ. Dipl. Heinr. II Nr. 252) u. dazu die Ausführungen v. H. Bresslau, Erläuterungen zu den Diplomen Heinr. II. In: Neues Arch. f. ält. Geschkde. 22. Bd. 1897 S. 189—192. Zur Echtheit u. Lokalisierung (Diez = Elz) siehe H. Gensicke, Die Wiltrut-Urk. v. 933. In: Nass. Annal. Bd. 67 1956 S. 235—238.

58) Der Name Seligenstadt. Entstehung — Entwicklung — Bedeutung. In: Quell. u. Abhandl. z. mittelrhein. Kirchengesch. Bd. 8, 1965 S. 14.

59) Ebd. S. 31.

60) E. Dronke, Trad. et antiqu. Fuld. 1844 c. 23.

61) Tr. Werner-Hasselbach, Die älteren Güterverzeichnisse d. Reichsabtei Fulda (=Marburg. Stud. z. älteren deutsch. Gesch. II. Reihe 7. Stück) 1942 S. 94—96. H. Büttner, Zur fränk. Gesch. d. Wetterau. In: Arch. f. hess. Gesch. u. Altertumskde. Neue Folge Bd. 23, 1950 S. 20 will die Nachricht unter Berufung auf Tr. Werner-Hasselbach S. 96 in das 9. Jhdt. setzen. Das aber gerade wird dort nicht gesagt u. eine Herkunft aus der Zeit d. Abtes Ratger (802—817) ausdrückl. verneint.

62) E. E. Stengel, Der Stamm der Hessen u. das „Herzogtum" Franken. V. Die ‚-heim'-Orte. In: Festschr. f. E. Heymann 1940 S. 160 (=Abh. u. Untersuch. z. hess. Gesch. = Veröff. d. Hist. Komm. f. Hessen u. Waldeck Bd. 26) 1960 S. 388.

dung mit einem Sach- oder Orientierungsbezug (Himmelsrichtung) zu einer jüngeren Schicht des ausgebildeten Systems fränkischer Militär- und Verwaltungskolonisation [63]), etwa des 7./8. Jahrhunderts. Durch diese Charakterisierung wird Nauheim in die jüngere Gruppe gewiesen [64]). Entsprechend dem adjektivischen ‚neu-' hat man den Namen als ‚zum neuen Wohnsitz' [65]) oder ‚das neue Heim' [66]) gedeutet.

Wir können diesen Ansatz der Namengebung und -deutung Nauheims in die jüngere fränkische Zeit durch die Betrachtung zweier Besitz- und Rechtskomplexe stützen. Es sind dies einmal die Entstehung und Entwicklung der Kirche auf dem Johannisberg westlich Nauheim, sodann die Herkunft und Bedeutung des Besitzes der Abtei Seligenstadt in Nauheim. Siehe hierzu die Karte auf S. 31.

Westlich des Ortes erhebt sich rund 100 m über demselben der 265 m hohe Johannisberg, der von der vorgeschichtlichen Zeit an bis ins Mittelalter nicht nur für die nähere, sondern auch für die weitere Umgebung in der Wetterau von besonderer Bedeutung gewesen ist. Seine Besiedlung ist schon von der jüngeren Steinzeit an [67]) über die Bronze- und Hallstattzeit zum Spätlatène [68]) durch Bodenfunde nachgewiesen. Er gehört in eine Kette von Höhenburgen, zu der nach Südwesten der Altkönig im Taunus und nach Norden der Hausberg bei Butzbach zählten. Nach Norden, Osten und Süden fällt der Johannisberg steil ab und nach Westen ist er durch einen stattlichen Abschnittswall mit vorgelagertem Graben („Wolfsgraben") [69]) von dem anschließenden, rund 280 m hohen und seinerseits wieder — allerdings wohl erst in neuerer Zeit (siebenjähriger Krieg?) — befestigten Eichbergplateau („Alte Schanze") abgetrennt [70]). Ein vorgeschichtlicher Höhenweg führte aus dem Taunus vom Straßenknotenpunkt bei der späteren (römischen) Kapersburg unter seinem Schutz am Südhang in die offene Wetterau zu einem weiteren Knotenpunkt im Raum Münzenberg [71]); die Römerstraße Friedberg — Butzbach zieht dicht ostwärts, die fränkische Weinstraße dagegen westlich am Hof Hasselhecke vorüber [72]).

63) Ebd. S. 158 f. bzw. S. 387 f.
64) Gg. Wolff, Die Heimorte der Wetterau u. ihre Bedeutung f. d. Besiedlungsforsch. In: Friedb. Gesch. Bll. H. 7, 1925 S. 25.
65) K. Weigand, Oberhess. Ortsnamen. In: Arch. f. hess. Gesch. u. Altertumskde. Bd. 7, 1853 S. 292.
66) Braun (Anm. 51) S. 19. W. Arnold, Ansiedlung u. Wanderungen deutscher Stämme, zumeist nach hess. Ortsnamen 1875 S. 386 u. Förstemann (Anm. 51) Sp. 398 geben keine Deutung.
67) Behrens (Anm. 4) S. 5.
68) Ebd. S. 17; F. Kutsch, Die röm. Kämpfe in Germanien um die Zeitwende im Lichte der deutschen Ausgrabungen. In: Bericht über d. VI. internat. Kongreß f. Archäologie Berlin 21.—26. Aug. 1939. 1940 S. 544.
69) Behrens (Anm. 4) S. 17 u. Abb. Nr. 81.
70) Ebd. S. 18 u. Abb. 82; zu dem ganzen Komplex zusammenfassend Jorns (Anm. 29) S. 26.
71) Geschichtl. Atlas v. Hessen. Karte 6b: Ringwälle u. Höhenwege. Bearb. v. W. Dehn u. W. Görich.
72) W. Görich, Taunus-Übergänge u. Wetterau-Straßen im Vorland von Frankfurt. (=Mitt. d. Ver. f. Gesch. u. Landeskde. zu Bad Homburg v. d. Höhe XXIII. Heft) 1954 Karte: Frühe Fernverkehrsadern u. Karte: Vermutete Königsstraßen d. 8./9. Jhdts.

Zur Zeit der römischen Besetzung trug der Johannisberg einen der Signaltürme [73]), durch welche die Römer einen Teil ihrer Nachrichtenübermittlung für militärische und Verwaltungszwecke — hier zwischen den Kastellen Friedberg und Butzbach sowie dem Limes und dem Kastell Echzell — sicherstellten [74]). Vermutlich befand sich auf ihm ein heidnischer Kultplatz [75]), ob keltischer oder germanischer Herkunft, läßt sich nicht sagen, doch scheint der nördlich des Johannisberges verlaufende Donnersgraben [76]) und der sich westlich daran anschließende Frauen-(Freia-)Wald, der noch im 17. Jahrhundert wohl in Verrufung durch das Christentum als Hexentanzplatz galt [77]), auf germanische Bezogenheit zu deuten.

In der Merowingerzeit hat der Johannisberg höchstwahrscheinlich eine Landesfeste (Stadtberg) über der alten Straße getragen [78]), wie der Glauberg [79]) über der Nidderstraße und ist gleich diesem einer der Mittelpunkte der politischen und kirchlichen Neuorganisation im Zuge der fränkischen Landnahme geworden [80]). Ob das Reihengräberfeld bei Nieder-Mörlen [81]), anderthalb Kilometer nordostwärts des Johannisberges gelegen, mit der vermuteten Bergfeste in Zusammenhang gebracht werden kann, läßt sich nicht sagen, zumal erst ein Teil des Feldes angeschnitten und untersucht ist. Auf dem Johannisberg selbst konnten bislang keine Scherben der fränkischen Zeit festgestellt werden.

Die durch vermutliche Befestigung, Verkehrslage, vermutete Kultstätte und benachbarte Salzquellen charakterisierte Bedeutung des Platzes [82]), wozu noch die allgemeine Fruchtbarkeit des Usa-Tales und die für Weinbau günstige Hanglage des Johannisberges kamen, wirkte bis in das Mittelalter fort. Hier wird mit Recht neben dem Glauberg eine der Kernzellen der Wetterau-Landschaft gesehen [83]).

73) P. Helmke, Röm. specula über einer german. Anlage auf dem Johannisberg bei Bad Nauheim. In: Friedb. Gesch. Bll. H. 2, 1910 S. 3.
74) E. Schulze, Die röm. Grenzanlagen in Deutschland u. das Limeskastell Saalburg 1903 S. 36; W. Schleiermacher, Der röm. Limes in Deutschland 1959 S. 38.
75) H. Knodt, Zur Gesch. d. Johannisberges. In: Bad Nauheimer Jb. 2. Jg. 1913 S. 13; Behrens (Anm. 4) S. 19; Görnert (Anm. 23) S. 68.
76) A. Martin, Die älteste Nachricht vom Donnersgraben. In: Bad Nauheimer Jb. 10. Jg. 1932 S. 21; Behrens (Anm. 4) S. 18; Fr. Becker, Die Gemarkung Bad Nauheim u. ihre Flurnamen 1967 S. 93 f. Ob diese Aussage u. auch die der folg. Anmerkung, die beide auf Volksethymologie beruhen, das Richtige treffen, darf bezweifelt werden. Es ist durchaus auch als möglich anzusehen, daß der Donnersgraben, der ursprüngl. ein Hohlweg war, seinen Namen von den Wassermassen führt, die bei starken Regenfällen donnernd durch ihn zu Tal fuhren (Hinweis Rektor H. Görnert, Bad Nauheim).
77) Chr. Waas, Der letzte Friedberger Hexenprozeß 1663—1666, o. J. S. 38 u. 62; A. Martin, Gesch. d. Dorfes u. der Stadt, der Saline u. des Bades Nauheim. In: Bad Nauheim. Von der Frühzeit bis z. Gegenwart ³1952 S. 47.
78) Görich (Anm. 72); Geschichtl. Atlas v. Hessen. Karte 7a: Frühfränk. Zeit. Bearb. v. W. Görich u. H. Schoppa. Stadtberg der Merowingerzeit, vermutet.
79) H. Richter, Der Glauberg. In: Volk u. Scholle 12. Jg. 1934 S. 310.
80) Kropat (Anm. 19) S. 28
81) E. Sangmeister, Gräberfeld der Merowingerzeit bei Nieder-Mörlen Krs. Friedberg. In: Wett. Fundberichte 1941—1949. 1951 S. 46—59.
82) P. Helmke, Ein Streifzug durch die vorgeschichtl. Wetterau. In: Friedb. Gesch. Bll. 4. H. 1914 S. 21; Görnert (Anm. 23) S. 68.
83) Kropat (Anm. 19) S. 28 u. 51.

In die anzunehmende Feste auf dem Johannisberg stellte die frühfränkische Mission ihre Taufkirche und knüpfte damit an die vermutbare Kultversammlungsstätte an [84]). Der Täufer Johannes [85]) hat hier wahrscheinlich einen heidnischen Gott verdrängt und ersetzt. So wurde die hoch auf dem Berg errichtete frühe Kirche sicher die Tauf- und Mutterkirche zunächst der ganzen nördlichen Wetterau, das heißt, Mittelpunkt einer Urpfarrei, die den Bereich des späteren Archipresbyterats Friedberg im Verband des Archidiakonats Maria ad gradus zu Mainz umfaßt haben muß. Da bei der Johannisbergfeste Staatsbesitz vorauszusetzen ist, kann auch für die in ihr errichtete Kirche staatliche Initiative vermutet werden [86]), deren Ergebnis die Fiskalkirche war.

Das Kirchengebäude selbst bietet uns keine Hilfe mehr zur Datierung, denn kurz nach der Reformation ging die Kirche ein und zerfiel. Was auf uns kam, ist das Untergeschoß des Turmes, der uns in einer Zeichnung aus dem Jahre 1854 überliefert wurde [87]) und einen gotischen Bogen zeigt. Im Jahre 1866 hat man ihn zu einem Aussichtsturm ausgebaut [88]). Die mehrfache Durchwühlung des Areals läßt keine Hoffnung auf weitere Erkenntnisse bei neuen Grabungen [89]).

Urkundlich zu fassen ist der Johannisberg mit seinem Namen erstmalig in einem Schenkungsverzeichnis des Klosters Fulda [90]), laut welchem eine Johanniskirche, deren Lage nicht genannt wird, von einem nicht näher zu bestimmenden Ascolf Güter zu Mörlen erhielt. E. E. Stengel hat mit guten Gründen — entgegen seiner eignen, früher geäußerten gegenteiligen Meinung — nunmehr nachgewiesen, daß die in der genannten Schenkungsnotiz nicht näher lokalisierte Täuferkirche die auf dem Johannisberg bei Nauheim sein muß [91]). Die Schenkung ist höchstwahrscheinlich

---

84) H. G. Voigt, Von der iroschott. Mission in Hessen u. Thüringen u. Bonifatius' Verhältnis zu ihr. In: Theol. Stud. u. Kritiken 103. Jg. 1931 S. 280, Anm. 1.

85) Zur zeitl. u. kirchenrechtl. Stellung dieses Patroziniums siehe K. H. Schäfer, Frühmittelalterl. Kirchenpatrozinien in Hessen. In: Fuld. Gesch. Bll. 14. Jg. 1920 S. 104; W. Deinhardt, Frühmittelalterl. Kirchenpatrozinien in Franken 1933 S. 91.

86) Görnert (Anm. 23) S. 69 will die Kirche dagegen durch einen fränk. Grundherren gegründet sein lassen, wofür er allerdings keine Begründung gibt.

87) Abb. in Bad Nauheimer Jb. 3. Jg. 1914 nach S. 56 u. Bad Nauheim. Von der Frühzeit bis zur Gegenwart ³1952 S. 45.

88) W. Diehl, Der Untergang d. Kirche a. d. Johannesberg. In: Bad Nauheimer Jb. 3. Jg. 1914 S. 20.

89) W. Meyer-Barkhausen, Kleinkirchenforschung in Hessen. In: Mitt. d. oberhess. Gesch. Ver. Neue Folge Bd. 43, 1959 S. 68 f. m. Anm. 1.

90) Stengel (Anm. 51) Nr. 338.

91) Ebd. Archivbericht. Die in dieser Urkundennummer gebotene Notiz ist übrigens der einzige Beleg, der die Kirche dem Täufer Johannes — im Unterschied von dem gleichnamigen Evangelisten — zuweist. Alle späteren Urkunden, die von der Johannisbergkirche handeln, sprechen nur von einer Johanniskirche, ohne den Täufer oder den Evangelisten zu nennen. Die Kunstdenkmäler im Ghzgtm. Hessen, Krs. Friedberg (1895) S. 7 weisen die Kirche „wahrscheinl. dem Evangelisten" zu. G. Kleinfeldt - H. Weirich, Die mittelalterl. Kirchenorganisation im oberhess.-nass. Raum (=Schr. d. Instituts f. geschichtl. Landeskde. v. Hessen u. Nassau 16. Stück) 1937 S. 27 § 22 nennen als Patrozinium Johannes den Täufer. Der dazu in Anm. 1 gebotene Beleg: V. F. v. Gudenus, Cod. dipl. Mog. Bd. II 1747 S. 112 f. Nr. 82 hat nur Johannes, ohne nähere Charakterisierung. Lediglich das vergleichsweise genannte Kopiar K 327 des StAMarburg führt weiter. Es handelt sich bei diesem Kopiar um Abschriften aus dem Rau v. Holzhausen'schen Archiv zu Nordeck. Darin findet sich zu 1338

noch vor den Tod Sturmis (779) zu setzen. Der Schutzheilige, Johannes der Täufer, weist die Kirche in den Zeitraum der frühen fränkischen Mission [92]. Dies wird unterstrichen durch den großen Pfarrsprengel, der bis ins hohe Mittelalter, trotz zahlreicher Absplitterungen, zur Johanniskirche gehörte: Nieder-Mörlen, Steinfurth, Dorheim und Ossenheim [93]. Dazu müssen in früherer Zeit aus geographischen Gründen auch das zwischen Dorheim und Ossenheim gelegene und von den Gemarkungen beider Gemeinden auf drei Seiten umschlossene Bauernheim [94] und die zwischen Dorheim und Johannisberg gelegenen Dörfer Schwalheim [95] und Nauheim selbst [96] gehört haben. Wann und aus welchen Gründen diese Kirchen aus dem Verband des Großkirchspiels Johannisberg ausschieden, läßt sich nicht mit Sicherheit sagen. Lediglich für die Kirche Bauernheim haben wir die Nachricht, daß sie 778 Juni 21 durch eine Urkunde des Abtes Beatus von Honau, eines Schottenklosters auf der ehemaligen Rheininsel Hohenau bei Straßburg, seinem Konvent geschenkt wurde [97].

Eine ähnliche, aber größere und geschlossene Absplitterung von der Kirche auf dem Johannisberg ist im Nordwesten zu vermuten. Hier begegnet uns westlich des zum Kirchspiel Johannisberg gehörigen Dorfes Nieder-Mörlen die Usa aufwärts das Kirchspiel Ober-Mörlen. Der gemeinsame Stamm-Name beider Orte deutet auf frühere gegenseitige Zuordnung in einem engen Siedlungsraum hin. Patron der

Mai 16 eine Urkunde, laut welcher Ritter Eberhard Weise die Marienkapelle zu Dorheim stiftet u. dabei deren Verhältnis zur Pfarrei auf dem Johannisberg regelt, zu der sie gehört. Dabei wird den Gliedern der Kapelle auferlegt, am Tag des hl. Johannes, da er getauft ward, und welcher der Patron der Pfarrei auf dem Berge zu Nauheim ist, zur Messe zu erscheinen.

92) M. Fastlinger, Die Kirchenpatrozinien in ihrer Bedeutung f. Altbayerns ältestes Kirchenwesen. In: Obbayer. Arch. f. vaterländ. Gesch. 50. Bd. 1897 S. 377 f.; Schäfer (Anm. 43) S. 104 f.; Deinhardt (Anm. 43) S. 91 f.

93) Kleinfeldt-Weirich (Anm. 91) S. 27 § 22. 1406 Mai 4 hatten die Gemeinden Dorheim u. Ossenheim die Verpflichtung, zu den Glockenseilen auf der Johannisbergkirche beizutragen (M. Foltz, Friedb. Urk. Buch Bd. 1 [1904] Nr. 820) u. erst 1598 geben die Einwohner zu Nieder-Mörlen ihren Friedhof auf dem Johannisberg auf u. legten einen eigenen in ihrem Ort an (Diehl [Anm. 88] S. 27). Vgl. dazu Fr. Knöpp, Regesten z. Gesch. d. Nauheimer Kirchen. In: Bad Nauheimer Jb. 8. Jg. 1930 S. 12—17 Nr. 50—57.

94) Büttner (Anm. 61) S. 206.

95) Kleinfeldt-Weirich (Anm. 91) S. 28 u. 33 § 36.

96) Auf die alte Verbindung der Kirche im Dorf Nauheim zu der auf dem Johannisberg scheint ein Register zu deuten, das in das 1. Jahrzehnt des 17. Jhdts. gehört (Knöpp [Anm. 93] Nr. 54 m. Anl. 2 S. 18), lt. welchem die Johanniskirche Zehnte in Nauheim vom Domkapitel zu empfangen hatte, die vom Seligenstädter Abt gestiftet waren u. die Hälfte des Zehnten des Johannisberger Pfarrers ausmachten. Hier leuchten sehr alte Beziehungen auf, die bis in die Zeit vor der Schenkung der Nauheimer Kirche durch Seligenstadt an das Mainzer Domkapitel zurückreichen (also vor 1255) u. höchstwahrscheinlich den Zeitpunkt u. Vorgang betreffen, als die Kirche im Ort Nauheim von der auf dem Johannisberg getrennt u. verselbständigt wurde. Dies dürfte zum Zeitpunkt der Schenkung von Kirche u. Gut aus Königshand an die Abtei Seligenstadt zu sehen sein, wobei der Kirche im Ort eine übliche Auflage gemacht wurde, in diesem Falle die, auch in Zukunft weiter die Hälfte der Besoldung des Pfarrers auf dem Johannisberg zu tragen.

97) M. Stimming, Mainzer Urk. Buch Bd. I 1932 Nr. 111 m. falsch. Jahr 810. Neuester Druck: W. Meyer-Barkhausen, Iroschotten in Hessen. In: Mitt. d. obhess. Gesch. Ver. Neue Folge Bd. 39, 1953 S. 17.

Kirche Ober-Mörlen ist Remigius [98]), ein frühfränkisches Patrozinium. In das Kirchspiel Ober-Mörlen war zur Zeit der mittelalterlichen Kirchenorganisation die heutige Wüstung Hüftersheim eingepfarrt; Tochterpfarreien waren Langenhain mit Ziegenberg und die spätere Wüstung Holzburg mit Kransberg und Wernborn [99]). Die Gebiete dieser Orte dürften ebenfalls zum frühen Großkirchspiel Johannisberg zu rechnen sein [100]).

Mit den letztgenannten Kirchen befinden wir uns im Bereich der später belegten Mörler Mark, die aus Reichsgut hervorgegangen ist. Umfang und Rechtsqualität verdienen eine besondere Untersuchung [101]). Nur soviel sei hier schon vorweggenommen, daß die Kirche auf dem Johannisberg der frühe kirchliche Mittelpunkt eines Fiskus gewesen sein dürfte, dessen Reste uns in der Mörler Mark begegnen.

Der Absplitterung von der Großpfarrei Johannis im Norden steht ein ähnlicher Vorgang im Süden gegenüber. Hier begegnet uns das Kirchspiel der späteren Wüstung Straßheim. Zu diesem gehörten zur Zeit der mittelalterlichen Kirchenorganisation [102]) als eingepfarrter Ort Fauerbach und als Tochterpfarreien Bruchenbrücken, Ober-Rosbach mit Nieder-Rosbach und Ockstadt mit Hollar. Nach Gründung der Pfarreien Friedberg-Stadt und -Burg waren auch diese vorübergehend der Sendkirche Straßheim zugewiesen, bis aus ihnen ein eigener Sendbezirk geschaffen wurde [103]). Daß der Sendbezirk Johannisberg seine Pfarrei Ossenheim weit nach Süden vorschob, wogegen die nördlicher gelegenen Pfarreien Fauerbach, Ockstadt mit Hollar und beide Friedberg-Pfarreien zum Send Straßheim gehörten, läßt die Vermutung zu, daß hier Grenzveränderungen stattgefunden haben, die sich am besten mit der Abtrennung des späteren Sendbezirkes Straßheim vom Großkirchspiel Johannisberg erklären lassen. Eine Bestätigung dieser Vermutung können wir noch darin sehen, daß ein im 13. Jahrhundert belegter Reichsforst, der im 14. Jahrhundert als in seinen Grenzen umschriebener Wildbann erscheint und beide Male den

---

98) F. J. Linck, Die Kirchenpatronen des Bisthums Mainz 1858 S. 149 Nr. 84; Kunstdenkmäler im Ghzgtm. Hessen Krs. Friedberg XXXII. Obermörlen 1895 S. 234; nach Büttner (Anm. 61) S. 204 Anm. 14 auch Handbuch d. Diözese Mainz 1931 S. 418 f. Nicht bei Kleinfeld-Weirich (Anm. 91) S. 30 § 28. Zur zeitl. u. kirchenrechtl. Stellung dieses Patroziniums siehe Schäfer (Anm. 43) S. 106, Deinhardt (Anm. 43) S. 34 u. M. Zender, Räume u. Schichten mittelalterl. Heiligenverehrung in ihrer Bedeutung f. d. Volkskde. Die Heiligen d. mittl. Maaslandes u. der Rheinlande in Kultgesch. u. Kultverbreitung 1959 S. 182 bis 188.

99) Kleinfeldt-Weirich (Anm. 91) S. 30 f. § 28.

100) Büttner (Anm. 61) S. 203. Für die gesamten Zusammenhänge dürfte von Interesse sein, daß der Nauheimer Schultheiß am Vorabend des Remigiustages bei Sonnenschein aus jedem Hause einen Heller empfing, der „Remigiusheller" genannt wurde (1492 Mai 25 Hanauer Nachtr. alpha 2489 StAMarburg; Fr. Becker, Die Schultheißen u. Bürgermeister von Bad Nauheim. In: Die Heimat. Beil. z. Bad Nauheimer Ztg. 1938 Nr. 17). Auch sei auf das Pfingstrechtreiten der Nauheimer Jugend nach Ober- u. Nieder-Mörlen unter Erhebung einer festen Geldsumme bei dem dortigen Hofgutbesitzer bzw. Bürgermeister verwiesen, wodurch möglicherweise alte Rechtsbeziehungen u. -verpflichtungen zum Ausdruck kommen (Fortsetzung der Nachricht von einigen in verschiedenen Orten der Grsch. Hanau u. umherliegenden Ortschaften noch üblichen alten Gebräuchen. In: Hanauisches Magazin 3. Bd. 1780 S. 27 f. Nachdruck: Bad Nauheimer Jb. 1. Jg. 1911 S. 36.

101) W. Küther, Die Mörler Mark. Demnächst in: Wett. Gesch. Bll. Bd. 19, 1970.

102) Kleinfeldt-Weirich (Anm. 91) S. 33 f. § 39.

103) Ebd. S. 21 § 6.

Namen Mörler Mark trägt, im Süden und Westen — außer Fauerbach, die ostwärtige Hälfte der Gemeinden Straßheim und Bruchenbrücken — fast genau den Sendbezirk Straßheim mit überdeckt [104]).

Wann die Abscheidung der Sendkirchen Ober-Mörlen im Norden und Straßheim im Süden von der Großpfarrei Johannisberg erfolgt ist, läßt sich nicht sagen, doch gestattet ein Blick auf einen gleichgelagerten Vorgang am Ostrand der Wetterau einige Rückschlüsse.

Wir hatten bereits im Zusammenhang mit dem Johannisberg und seiner Bedeutung für die Durchorganisation der Wetterau den Glauberg genannt, die alte Bergfeste über alter Straße. Im Mittelalter gehörten zum Sendbezirk der Kirche auf dem Glauberg außer dem eingepfarrten Leustadt die Pfarreien Ortenberg im Osten und Oberau im Westen [105]). Ein Blick auf die Karte überzeugt davon, daß diese nur in einer Richtung bestehende Zuordnung nicht der ursprüngliche Zustand, sondern nur der Rest eines früheren Großbezirkes sein kann. So hat man einmal geschlossen, daß mit dem Glauberg zur ältesten kirchlichen Schicht der ostwärtigen Wetterau die Pfarreien Gründau und die auf dem Haag gehört haben [106]). Vom Westen her reicht die zum Bezirk der unter den Karolingern in der Hand des Königs befindlichen Sendkirche Nieder-Florstadt gehörige Pfarrei Heegheim bis dicht an den Fuß des Glauberges heran [107]). Auch die ausgegangene Donatuskirche auf der Höhe zwischen Ober- und Nieder-Mockstadt [108]) und die Sendkirche zu Büdingen-Großendorf scheinen der Ausbau-Epoche der Großpfarrei Glauberg anzugehören, selbst wenn zwischen den Kirchen Glauberg und Büdingen einige Einzelpfarreien ohne Sendpflicht liegen, die ihren Status wohl der Entstehung des Klein-Archidiakonats Konradsdorf verdanken [109]). Uns interessiert für unsere Überlegungen hier die Kirche Büdingen-Großendorf, deren Patrozinium Remigius ist [110]), das gleiche wie in Ober-Mörlen. Die ältesten Stilelemente der Remigiuskirche Großendorf weisen sie in die 2. Hälfte des 8. Jahrhunderts [111]).

Nun wissen wir, daß in der frühen fränkischen Zeit die politische mit der kirchlichen Organisation Hand in Hand ging, das heißt, daß den merowingisch-karolingischen Groß-(Ur-)Pfarreien auch eine ebensolche politische Verwaltungseinheit entsprach. Mittelpunkt war in unserem Bearbeitungsraum der Johannisberg und in der daran ostwärts anschließenden Wetterau der Glauberg. Mit der fortschreitenden kirchlichen Durchdringung und Durchorganisierung des Landes verloren die frühen Groß-(Ur-)Pfarreien ihre überragende Stellung und Bedeutung. Neue, aber immer noch große Kirchspiele wurden von ihnen abgetrennt: vom Johannisberg die Pfarreien Ober-Mörlen und Straßheim, vom Glauberg Nieder-Florstadt und Büdingen-Großendorf. Hand in Hand damit ging die Aufgliederung der politischen Großorganisation. Die alten Bergfesten verloren ihre bisherige zentrale Bedeutung auch

---

104) Siehe Anm. 101.
105) Kleinfeldt-Weirich (Anm. 91) S. 48 Nr. 3.
106) K. Dielmann, Bergkirchen im Büdinger Land. In: Wett. Gesch. Bll. Bd. 6, 1957 S. 23 f.
107) Kleinfeldt-Weirich (Anm. 91) Taf. II u. III.
108) Dielmann (Anm. 106) S. 24—26.
109) Kleinfeldt-Weirich (Anm. 91) S. 47—49.
110) Ebd. S. 36 § 4.
111) Dielmann (Anm. 106) S. 31; die einschlägige Literatur bietet er auf S. 30 Anm. 28.

auf politischem Gebiet und gaben sie an neue Verwaltungsmittelpunkte ab. Einen solchen können wir beim Johannisberg in dem Reichsgut- und Reichsforstvorort Ober-Mörlen sehen und einen anderen in dem an Mainz gelangenden Bezirk Straßheim; beim Glauberg in dem Königshof Nieder-Florstadt [112]) und in der mit Reichsgut und -forst ausgestatteten Herrschaft Büdingen [113]). Im Zuge dieser Neuorganisation gelangten die alten politischen und kirchlichen Mittelpunkte an die Reichskirche: der Glauberg an Mainz und der Johannisberg an Fulda.

Das Stift Fulda dürfte die Kirche auf dem Johannisberg wahrscheinlich gegen Ende des 8. Jahrhunderts aus Königshand erhalten haben, als die zahlreichen Schenkungen aus Fiskalgut in der Wetterau an Fulda einsetzten [114]); denn die Kirche auf dem Johannisberg war hier nicht der einzige, etwa entlegene Besitz des Stiftes Fulda, sondern sie gehörte zu einer langen Kette fuldischer Besitzungen, die sich von Usingen über den Johannisberg quer durch die Wetterau über Melbach und Echzell bis Dauernheim zog [115]). Dabei ist bemerkenswert, daß es sich bei den genannten Orten um Pfarrmittelpunkte handelt, die später als Sendgerichtsorte erscheinen [116]) und der Besitz eines Teiles derselben nachweislich (Echzell) oder vermutlich (Usingen) aus Reichsgut stammt und sich einige von ihnen (Usingen und Bingenheim) später zu Verwaltungszentren entwickelten [117]).

Wann Fulda in den Besitz der Kirche auf dem Johannisberg kam, läßt sich urkundlich nicht fassen. Das darf uns aber weiter nicht wundern, da von den oben genannten zahlreichen zu erschließenden Wetterauer Schenkungen der Karolinger an das Stift Fulda nur drei urkundlich belegt sind [118]). Wie bereits erwähnt [119]), begegnet uns die Kirche auf dem Johannisberg urkundlich zum ersten Mal in einer Notiz, laut welcher ein nicht näher bestimmbarer Ascolf der Johanniskirche Güter zu Mörlen schenkt. Die undatierte Schenkung ist — wie wir begründeten — vor 779 zu stellen. Der Umfang der Güterschenkung wird nicht genannt, ebenso wie wir auch zunächst über die Ausstattung der Johanniskirche nichts, später nur sehr wenig erfahren. Aus einem Güterverzeichnis der Fuldaer Propstei Frauenberg hören wir in der Mitte des 12. Jahrhunderts, daß diese bei Nauheim Weinberge besitzt [120]). Vermutlich hat das Stift Fulda die Propstei damit ausgestattet, als sie gegründet wurde. Aus klimatischen Gründen sind die Weinberge am Südhang des Johannisberges zu suchen. Diese spärlichen Notizen lassen sicher nicht den gesamten Fuldaer Besitz bei Nauheim erkennen, doch ist zu vermuten, daß er nicht übermäßig groß

112) Lorscher Reichsurbar. K. Glöckner, Cod. Lauresh. Bd. III 1936 Nr. 3675.
113) H. Philippi, Territorialgesch. d. Grsch. Büdingen (= Schr. d. Hess. Amts f. geschichtl. Landeskde. 23. Stück) 1954 S. 39—65.
114) Büttner (Anm. 61) S. 206.
115) H. Büttner, Frühes Christentum in Wetterau u. Niddagau, In: Jb. f. d. Btm. Mainz 1948 S. 146.
116) Kleinfeldt-Weirich (Anm. 91) Taf. II.
117) Kropat (Anm. 19) S. 54 f.
118) 782 Juli 28 Karl d. Gr. zu Echzell Mon. Germ. Dipl. Karls d. Gr. Nr. 145; Stengel (Anm. 51) Nr. 149.
817 Aug. 4 Ludw. d. Fromme an einem nicht näher bestimmbaren '-heim'- Ort der Wetterau. J. F. Böhmer - E. Mühlbacher, Reg. Imp. Bd. I 1899 Nr. 656.
884 Apr. 7 Karl III. zu Rosbach Mon. Germ. Dipl. Karls III. Nr. 97.
119) Siehe S. 20.
120) Dronke (Anm. 60) c. 23.

gewesen ist. Wir erfahren auch nicht viel über ihn, und er hat auch nicht zum Aufbau eines Fuldaer Verwaltungsmittelpunktes wie etwa in Echzell, Bingenheim und Dauernheim ausgereicht und geführt. Die Gründe dafür dürfen wir wohl in der reichen Ausstattung der Abtei Seligenstadt in Nauheim sehen, die dort einen Verwaltungsbezirk mit Gericht entwickelte, die uns noch beschäftigen werden [121]).

In der Mitte des 13. Jahrhunderts erfahren wir dann, daß Fulda im Besitz der Kirche auf dem Johannisberg war und damit die Münzenberger belehnt hatte. Wann diese Belehnung erstmalig erfolgte, ist urkundlich nicht überliefert. Auch dies ist nicht verwunderlich, wenn wir daran denken, daß selbst ein so wichtiger Vorgang wie der Tausch des Hofes Güll gegen den Berg, der später die Burg Münzenberg tragen sollte, zwischen der Abtei Fulda und den Münzenbergern zunächst auch unbeurkundet blieb und uns nur aus einer späteren Erwähnung bekannt geworden ist [122]).

Die Münzenberger waren eines der ältesten Geschlechter der salischen und staufischen Reichsdienstmannen. Sie lassen sich mit ihren Spitzenahnen, den Herren von Hagen und Arnsburg, mit Gewißheit bis ins 11., vielleicht bis ins 10. Jahrhundert zurückverfolgen. Die Umorientierung der inneren Reichspolitik, die sich auf die Dienstmannen stützte und diese zu hohen Staatsaufträgen heranzog, bedingte den nahezu kometenhaften Aufstieg auch der Münzenberger. Ihre Verwandtschaft mit alten Grafengeschlechtern des Reiches unterstrich ihr steigendes Ansehen. Schon vor dem Aussterben der Grafen von Nürings (kurz nach 1170) sehen wir die Münzenberger in Oberhessen als Herren eines breitgestreuten Besitzes, der sich vom Vogelsberg bis vor die Tore Frankfurts erstreckte und dessen Herkunft aus ihrer Verwandtschaft mit den mächtigen Grafen von Bilstein an der Werra, deren Güter von der Werra bis an den Rhein reichten, erklärt werden kann. Sie gehören zu den Baumeistern eines Reichslandes (terra imperii) in der Wetterau. Ihre Herrschaft, die sich aus Eigenbesitz, Vogteien, Lehen und einer Fülle von Kirchenpatronaten zusammensetzte, reichte schließlich von den ostwärtigen Taunushängen und dem Limes im Westen der Wetterau bis hoch in den Vogelsberg hinein und von Lahn und Fulda über den Main tief in die Dreieich [123]). Umfang und Einzelheiten lassen sich zum größten Teil erst aus späteren Urkunden der Münzenberger Erben, der Falkensteiner und Hanauer, und nach Aussterben der Falkensteiner aus Urkunden der Eppsteiner, Solmser und Isenburger erschließen [124]).

So sind wir urkundlich auch kaum über die Beziehungen der Münzenberger zum Stift Fulda unterrichtet. Außer dem oben erwähnten Tausch des Hofes Güll gegen den Münzenberg wissen wir, daß Fulda innerhalb des späteren Münzenberger Herrschaftsbereiches in der Wetterau seit der Wende des 8. zum 9. Jahrhundert eine Fülle von Schenkungen erhalten hatte [125]), doch sind an den dort genannten Orten keine

---

121) Siehe S. 37—39.
122) Gudenus (Anm. 91) Bd. III 1751 S. 1092 Nr. 639.
123) Die Karten bei G. Binding, Zur Territorial- u. Kunstgesch. d. stauf. Wetterau. In: Wett. Gesch. Bll. Bd. 12, 1963 S. 3 u. Kropat (Anm. 19) sind, was unseren Bearbeitungsraum Nauheim betrifft, unvollständig. Eine Besitzkarte der Münzenberger mit nachgewiesenem Besitz bis 1255 ist in K. Gruber — W. Küther, Münzenberg. Burg, Stadt, Kirche 1968 S. 61 geboten.
124) Vf. ist seit Jahren mit einer Materialsammlung über den genannten Komplex beschäftigt u. wird das Ergebnis demnächst vorlegen.
125) Dronke (Anm. 60) c. 23—27, 42 u. 43 Nr. 35—38.

direkten Beziehungen zwischen Fulda und den Münzenbergern erwähnt. Wir können aber annehmen, wie es sich am Beispiel Trais-Münzenberg beweisen läßt [126]), daß die Münzenberger die Vogtei über die meisten der in ihrem Herrschaftsbereich gelegenen Fuldaer Güter ausübten. Es sei nur darauf verwiesen, daß im Jahre 1259 ein Zeugnis darüber ausgestellt wird [127]), daß Abt Heinrich von Fulda und Hersfeld die Edlen Philipp von Falkenstein und Reinhard von Hanau mit den fuldischen Lehen des verstorbenen Ulrich von Münzenberg belehnt habe. Das hilft uns allerdings für eine Datierung der Belehnung der Münzenberger mit der Kirche auf dem Johannisberg nicht weiter. Es steht lediglich zu vermuten, daß Fulda den Münzenbergern im Verlauf ihres Aufstieges in der Wetterau (1. Hälfte des 12. Jahrhunderts) die Vogtei über die dortigen Stiftsgüter und die Belehnung mit einigen Kirchenpatronaten, darunter Johannisberg, erteilte. Ob einige weitere Münzenberger beziehungsweise später Falkensteiner Kirchenpatronate in der Wetterau aus früher fuldischem Güterbesitz hervorgegangen sind (Weisel, Grüningen, Muschenheim), darf nur sehr vorsichtig fragend angedeutet werden.

Jedenfalls überträgt Ulrich II. von Münzenberg 1254 Dezember 7 die Kirche auf dem Johannisberg samt Patronatsrecht und Einkünften dem Mainzer Domkapitel [128]). Der Schenkung liegt der Wunsch Ulrichs zugrunde, dadurch vom Himmel einen Erben zu erflehen. Am gleichen Tage stellt das Domkapitel eine Empfangsbestätigung über die Schenkung aus [129]), die uns eingehend über ihren Umfang und ihre Verwendung unterrichtet: ein Viertel der Einkünfte dient der Versorgung des dort amtierenden Vikars, ein weiteres Viertel für ein Jahrgedächtnis des Münzenbergers, seiner Gattin und ihrer Nachkommen, die restlichen beiden Viertel zur Errichtung zweier Vikarien im Mainzer Dom, deren Stellen durch die Münzenberger und ihre Erben zu besetzen seien [130]). Auch dort soll, wie in der ganzen Diözese, für Nachkommenschaft des Münzenbergers gebetet werden. Wir können aus den umfangreichen Stiftungen schließen, daß die Pfarrei Johannisberg mit reichen Einkünften ausgestattet war. 1254 Dezember 17 bestätigte Erzbischof Gerlach von Mainz die Übertragung [131]) und nach dem 1255 erfolgten Tode Ulrichs von Münzenberg bestätigen seine Erben im Jahre 1257 die Schenkung nochmals ihrerseits [132]).

Dann aber werden die alten Rechte der Abtei Fulda am Johannisberg erkennbar. Der Münzenberger hatte seine Schenkung an das Domstift Mainz offenbar ohne

---

126) Kleinfeldt-Weirich (Anm. 91) S. 34 § 40; W. Küther, Trais-Münzenberg. Gesch. e. Dorfes u. seiner Kirche im Mittelalter. In: Wett. Gesch. Bll. Bd. 7/8, 1959 S. 17—66.

127) H. Reimer, Hanauer Urk. Buch Bd. I 1891 Nr. 354.

128) Druck: Gudenus (Anm. 91) Bd. II 1747 S. 112 Nr. 82; W. Lindenstruth, Einige Urk. z. ältesten Gesch. d. Kirche a. d. Johannisberg bei Nauheim. In: Bad Nauheimer Jb. 7. Jg. 1928 S. 34—36. Reg.: Knöpp (Anm. 93) Nr. 1.

129) Gudenus (Anm. 91) Bd. II 1747 S. 114 Nr. 83; Lindenstruth (Anm. 128) S. 36—40. Reg.: Knöpp (Anm. 93) Nr. 2.

130) Über beide Vikarien, deren Altäre dem hl. Hieronymus u. den hl. drei Königen geweiht waren, siehe Gudenus (Anm. 91) Bd. II 1747 S. 789—792 Nr. 37 u. 38.

131) Druck: St. A. Würdtwein, Dioec. Mog. Bd. III 1777 S. 49 Nr. 29 Reg.: J. F. Böhmer — C. Will, Reg. z. Gesch. d. Mainzer Erzbischöfe Bd. II 1886 S. 330 Nr. 124; Knöpp (Anm. 93) Nr. 3. Das gleiche geschieht 1255 Jan. 8 durch Dompropst u. Archidiakon Maria ad gradus, Werner. Knöpp (Anm. 93) Nr. 4.

132) Druck: J. A. Grüsner, Dipl. Beitr. Bd. II 1775 S. 189; Gudenus (Anm. 91) Bd. II 1747 S. 127 Nr. 93; Reimer (Anm. 127) Bd. I 1891 Nr. 330.

Kenntnis des Lehnsherren, der Abtei Fulda, vollzogen. Die räumliche Entfernung mag dazu das ihre beigetragen haben; auch blieb der alte Rechtszustand zunächst unberührt, solange der Inhaber der Johanniskirche lebte und dort wirkte, der noch nach dem alten Modus berufen worden war. Die Frage nach Eigentum und Recht am Johannisberg brach dann mit dem Augenblick auf, in welchem nach dem Tode des genannten Inhabers ein Nachfolger zu berufen und zu investieren war. Das war erst um 1285 der Fall. Der bisherige Pfarrer Engelhard verstarb und das Domstift Mainz wollte von seinen durch die Münzenberger Schenkung erlangten Rechten Gebrauch machen. Zu diesem Zweck wies 1285 September 28 der Propst und Archidiakon von Maria ad gradus zu Mainz das Domkapitel in den vollen Besitz der Kirche auf dem Johannisberg ein [133]). Eine Mitteilung darüber erging am gleichen Tage an den Kämmerer und den Speichermeister des Domstiftes sowie den Vicepleban zu Friedberg als Archipresbyter des Ruralkapitels Friedberg [134]). Das Domstift hatte inzwischen seinem Kämmerer die Pfarrei auf dem Johannisberg übertragen und am gleichen Tage wies der Archidiakon den Pfarrer von Friedberg an, den genannten Kämmerer in die Johannisbergpfarrei einzuführen [135]). Wir blicken mit diesen drei an einem Tage ausgestellten Urkunden in ein lückenlos funktionierendes kirchenrechtliches Handeln aller verantwortlichen Instanzen, dem vielleicht die Absicht zugrunde lag, vollendete Tatsachen zu schaffen, denn nun trat Fulda auf den Plan. Obwohl es bereits 1259 Philipp von Falkenstein und Reinhard von Hanau insgesamt mit den fuldischen Lehen des verstorbenen Ulrich von Münzenberg belehnt hatte [136]), sah sich Abt Berthous IV. aus gegebenem Anlaß bewogen, für Ulrich von Hanau 1285 Oktober 12 einen besonderen Lehnsbrief über die fuldischen Lehen Ulrichs von Münzenberg auszustellen [137]) und dabei ausdrücklich den Besitz der Güter auf dem Johannisberg, das Patronatsrecht an der dortigen Kirche und ihr Besitzzubehör zu nennen. Damit war ein Konflikt da, der über drei Jahrzehnte die Abtei Fulda und das Mainzer Domstift erregen sollte. Als dritter Interessent war der ausdrücklich belehnte Ulrich von Hanau beteiligt, der zugleich als weltliche Macht in der Lage war, notfalls seinen Ansprüchen Nachdruck zu verleihen. Seitens Mainz ging man bezeichnenderweise sofort an die höchste Instanz: man wandte sich nach Rom an die Kurie und bat um Schutz gegen die Bedrängungen durch Ulrich von Hanau, worauf Papst Honorius IV. 1286 März 14 den Dekan der Kirche zu Bingen mit der Entscheidung über den Streitfall beauftragte [138]). Diesem ist es offenbar nicht gelungen, die Differenzen zu beheben. Fulda ließ bei jedem Abtwechsel erneut Belehnungen für Ulrich von Hanau ergehen [139]), wobei immer ausdrücklich das Patronatsrecht an der Johannisbergkirche genannt wurde. Die Beilegung des Streites scheint man dann dem Dekan des Stiftes Aschaffenburg übertragen zu haben; jedenfalls gelobt 1291

---

133) Druck: Würdtwein (Anm. 131) Bd. III 1777 S. 51 Nr. 31. Reg.: Knöpp (Anm. 93) Nr. 9.
134) Knöpp (Anm. 93) Nr. 10.
135) Ebd. Nr. 11.
136) Reimer (Anm. 127) Bd. I 1891 Nr. 354.
137) Ebd. Nr. 633. Reg.: Knöpp (Anm. 93) Nr. 12.
138) Lindenstruth (Anm. 128) S. 40 f. Reg.: Knöpp (Anm. 93) Nr. 13.
139) 1287 Apr. 13 durch Abt Marquard. Reimer (Anm. 127) Bd. I 1891 Nr. 655. Reg.: Knöpp (Anm. 93) Nr. 14. — 1289 Jan. 27 Einwilligung d. Stiftskapitels zur Belehnung durch Abt Heinrich. Reimer (Anm. 127) Bd. I 1891 Nr. 674. Reg.: Knöpp (Anm. 93) Nr. 15.

Ulrich von Hanau diesem gegenüber, alle Bestimmungen des Vergleichs zwischen der Mainzer Kirche und ihm über die Johannisbergkirche halten zu wollen [140]).

Inzwischen hatte man seitens des Domstiftes noch einmal die Kurie bemüht, denn 1292 Februar 9 bestätigte Papst Nikolaus IV. dem Domstift die Schenkung der Johannisbergkirche durch Ulrich von Münzenberg [141]). Darauf wurde 1292 Juli 5 durch den Mainzer Domscholaster Emmerich, den Mainzer Bürger Humbert, den Dekan von Aschaffenburg und den Ritter Konrad von Kleen ein Vergleich geschlossen [142]), durch welchen die Kirche Johannisberg erneut dem Domstift zugesprochen und die Stiftung der beiden Vikarien im Dom erneuert wurde. In dem umfangreichen Dokument erscheint auch ein Geistlicher, Graf Reinhard von Weilnau, Sohn des verstorbenen Grafen Gerhard von Weilnau. Ihm werden aus ungenannten Gründen jährlich 100 Malter Korn zugewiesen, wodurch erneut die ursprünglich reiche Ausstattung der Johannisbergpfarrkirche bewiesen wird. Die Ursache dieses Legates dürfen wir wohl darin sehen, daß seine Mutter, Irmgard, eine Tochter des Grafen Reinhard von Hanau war [143]), eben aus dem Hause, das seit dem Aussterben der Münzenberger die fuldischen Lehen bei Nauheim innehatte. Graf Reinhard von Weilnau war Weltgeistlicher und vielleicht als Verwandter der Hanauer durch Fulda auf die Pfarrei Johannisberg berufen worden, um das Interesse der Hanauer an der Durchsetzung ihrer Belange auf dem Johannisberg zu vergrößern. Durch die jährliche Getreideleistung hat man den durch Fulda berufenen Stelleninhaber wohl zum Verzicht auf seine Ansprüche bewogen. Der Vergleich verpflichtete Ulrich von Hanau gleichzeitig, bei dem Abt von Fulda dessen Zustimmung zur Schenkung und den Anordnungen des Vergleichs zu bewirken. Dies scheint nach einiger Zeit auch Erfolg gehabt zu haben, denn 1295 April 6 gibt Abt Heinrich von Fulda seine Zustimmung zu der durch Ulrich von Münzenberg getätigten Schenkung der Johannisbergkirche an das Domstift Mainz [144]).

Obwohl nun alles wohlgeordnet und zufriedenstellend geregelt zu sein scheint, gibt es um die Johannisbergpfarrei noch keine Ruhe. Fulda hat sich bald darauf wieder über seinen Verzicht hinweggesetzt und die Pfarrei erneut einem Geistlichen übertragen, diesmal dem Grafen Heinrich von Westerburg. Abt des Stiftes Fulda war damals Graf Heinrich von Weilnau, dessen Schwester Margarethe den Grafen Siegfried von Westerburg geheiratet hatte. Beider Sohn war der in Rede stehende Heinrich von Westerburg [145]), der, ohne daß seine Funktion festgestellt werden kann, Propst von Westerburg genannt wurde [146]). Vermutlich hat das Bestreben, ihm eine gute Pfründe zu verschaffen und das Haus Westerburg zu engagieren, seinen Onkel veranlaßt, ihn mit der Pfarrei auf dem Johannisberg zu bedenken. 1303 Oktober 11 werden vier Schiedsrichter bestellt [147]) und nun beginnt

---

140) Druck: Reimer (Anm. 127) Bd. I 1891 Nr. 716. Reg.: Knöpp (Anm. 93) Nr. 16.
141) Reg.: Knöpp (Anm. 93) Nr. 17.
142) Druck: Gudenus (Anm. 91) Bd. II 1747 S. 270 Nr. 219; Reimer (Anm. 127) Bd. I 1891 Nr. 726; Lindenstruth (Anm. 128) S. 41—46. Reg.: Knöpp (Anm. 93) Nr. 18.
143) F. Freytag v. Loringhoven, Europ. Stammtafeln Bd. IV 1961 Taf. 19.
144) Würdtwein (Anm. 131) Bd. III 1777 S. 50 Nr. 30. Reg.: Knöpp (Anm. 93) Nr. 20.
145) v. Loringhoven (Anm. 143) Bd. IV 1961 Taf. 19 u. 25.
146) J. G. Lehmann, Gesch. u. Genealogie der Dynasten v. Westerburg 1866 S. 53.
147) Druck: Würdtwein (Anm. 131) Bd. III 1777 S. 52 Nr. 33; Reimer (Anm. 127) Bd. II 1892 Nr. 32. Reg.: Knöpp (Anm. 93) Nr. 21.

ein langwieriger Prozeß [148]), der über 15 Jahre dauerte, in welchem drei Rechtsgutachten eingeholt [149]), sowie Erzbischof Peter von Mainz [150]) und sogar König Albrecht [151]) eingeschaltet wurden, die beide 1307 Juni 12 die Kirche dem Mainzer Domstift zusprachen. Fulda scheint jedoch keine dieser Entscheidungen anerkannt zu haben. Heinrich von Westerburg, der 1307 als Propst zu Limburg begegnet [151a]), war 1308 gestorben [152]), worauf Fulda sofort einen neuen Stelleninhaber zur Hand hatte, dessen Vetter Siegfried von Runkel [153]). 1309 Mai 1 werden neue Schiedsrichter bestellt [154]), welche 1310 Juli 24 ihren Spruch fällten [155]): die Kirche auf dem Johannisberg sei zu Recht dem Domstift inkorporiert, das Patronatsrecht wurde allerdings dem Abt zu Fulda zugesprochen. Siegfried von Runkel wurde 1310 Juli 27 mit Einkünften auf Lebenszeit abgefunden [156]). Durch den Schiedsspruch hatte Fulda wenigstens einen Teil seiner ehemaligen Rechte, das Patronatsrecht, zurückgewonnen, und übte dieses in der Folgezeit auch aus [157]). Es steht mit Recht zu vermuten, daß Fulda die Triebfeder hinter diesem Streit war, auch wenn der belehnte Hanauer oder die Stelleninhaber vorgeschoben wurden. 1319 Juli 15 erkannte Abt Heinrich VI. von Fulda die Schenkung durch Ulrich von Münzenberg nochmals ausdrücklich unter Vorbehalt des Patronatsrechtes an [158]).

148) Siehe die Regesten bei Knöpp (Anm. 93) Nr. 21—37. Zu dem ganzen Komplex Fr. Knöpp, Der Streit um das Patronatsrecht über die Johanniskirche bei Nauheim zu Anfang d. 14. Jhdts. In: Bad Nauheimer Jb. 9. Jg. 1930 S. 1—6.
149) Knöpp (Anm. 93) Nr. 26—28. Dazu ders. Ein Beitrag zum Verhältnis zw. Patronat u. Lehen im mittelalterl. Recht, gezeigt an 3 Urkunden über die Kirche a. d. Johannisberg bei Bad Nauheim. In: Beitr. z. hess. Kirchengesch. (= Erg. Bd. 9 zum Arch. f. hess. Gesch. u. Altertumskde. Neue Folge) 1931 S. 323—339.
150) Gudenus (Anm. 91) Bd. III 1751 S. 39 Nr. 30; Lindenstruth (Anm. 128) S. 48 f. Reg.: E. Vogt — F. Vigener, Reg. d. Erzbisch. v. Mainz Bd. I 1913 S. 196 Nr. 1121; Knöpp (Anm. 93) Nr. 31.
151) Gudenus (Anm. 91) Bd. III 1751 S. 38 Nr. 29; Lindenstruth (Anm. 128) S. 46 f. Reg.: J. F. Böhmer, Reg. Imp. (1246—1313) 1844 S. 248 Nr. 578; Vogt — Vigener (Anm. 150) Bd. I 1913 S. 196 Nr. 1120; Knöpp (Anm. 93) Nr. 30.
151a) W. H. Struck, Das Georgenstift, die Klöster, das Hospital u. die Kapellen in Limburg a. d. Lahn (= Quell. z. Gesch. d. Klöster u. Stifte im Gebiet d. mittl. Lahn bis z. Ausgang des Mittelalters Bd. 1) 1956 Nr. 87 f.
152) v. Loringhoven (Anm. 143) Bd. IV 1961 Taf. 25; H. Gensicke, Landesgesch. d. Westerwaldes (= Schr. d. Hess. Landesamtes f. geschichtl. Landeskde. v. Hessen u. Nassau 27. Stück = Veröff. d. Hist. Komm. f. Nassau XIII) 1958 S. 310.
153) Ebd.
154) Reg.: Knöpp (Anm. 93) Nr. 32.
155) Druck: Würdtwein (Anm. 131) Bd. III 1777 S. 55 f. Nr. 35. Reg.: Knöpp (Anm. 93) Nr. 35.
156) Reg.: Knöpp (Anm. 93) Nr. 36.
157) 1530 Juli 3 Knöpp (Anm. 93) Nr. 47; 1546 Febr. 22 Druck: Bad Nauheimer Jb. 7. Jg. 1928 S. 5. Reg.: Knöpp (Anm. 93) Nr. 48; 1562 Pfarrei a. d. Johannisberg hat Fulda zu conferieren. C. Heiler, Von den kirchl. Verhältnissen in Nauheim 1562. In: Bad Nauheimer Jb. 4./5. Jg. 1926 S. 82; 1565 Juni 26 Knöpp (Anm. 93) Nr. 49; ca. 1576 Fr. Herrmann, Inventare d. evgl. Pfarrarchive im Freistaat Hessen 1920 S. 242 Nr. 2. Von der Fulda zustehenden Kollatur ist noch 1696 Juni 20/30 u. Juli 14 die Rede. Ebd. S. 243 Nr. 5 u. 6.
158) Würdtwein (Anm. 131) Bd. III 1777 S. 51 f. Nr. 32. Reg.: Knöpp (Anm. 93) Nr. 37.

Über weitere fuldische Stiftslehen in und um Nauheim erfahren wir in der Folgezeit zunächst nichts [159]). Urkundlich sind dann in der ersten Hälfte des 15. Jahrhunderts Zinsen und Gefälle der Fuldaer Propstei Frauenberg in und bei Nauheim zu fassen [160]). Das scheint dafür zu sprechen, daß Fulda einen Teil seines Besitzes auf und bei dem Johannisberg an die Propstei Frauenberg weitergegeben hat. Man denke an die um die Mitte des 12. Jahrhunderts belegten Weinberge der Propstei Frauenberg in Nauheim [161]). Das Stift Fulda hatte sich, soweit wir zunächst erkennen konnten, Recht und Eigentum an der Kirche auf dem Johannisberg vorbehalten, von denen nach dem soeben geschilderten Streit mit dem Domstift Mainz nur noch das Patronatsrecht übrig geblieben war.

Ebenfalls in der ersten Hälfte des 15. Jahrhunderts wird Güterbesitz des Stiftes Fulda in Nauheim erkennbar. 1429 Dezember 24 wird Wolff von Bommersheim durch Abt Johann von Fulda mit vier Hufen zu Nauheim belehnt [162]). Die Belehung wird 1441 Juni 1 durch Abt Hermann [163]), 1446 April 24 [164]) und 1449 August 22 [165]) durch Abt Reinhard wiederholt. Darauf haben die von Bommersheim das Lehnsstück nicht wieder empfangen, sondern 1451 Juli 13 Hans von Wallenstein [166]). Wegen dieses Lehnsstückes und der Lehnsnehmer scheint es dann zwischen Fulda und Hanau zu Differenzen gekommen zu sein, deren Ursache wir nicht recht erkennen können. Jedenfalls verwahrt sich 1488 März 27 Abt Johann von Fulda bei Graf Philipp von Hanau gegen Bedrängung Wilhelms von Bommersheim in dessen fuldischen Lehnsgütern [167]) und 1489 August 10 bittet Abt Johann den Grafen Philipp, die Gebrüder Gottfried und Hans von Wallenstein wegen der Belehnung mit den fuldischen Lehnsstücken an die Abtei zu verweisen [168]).

Natürlich wäre es für uns interessant und wichtig, zu erfahren, wo sich die Fuldaer Güter und Rechte in und bei Nauheim befanden [168a]). Wegen des Rechtes Fuldas am Johannisberg ist bezüglich der Güter zunächst auch an diesen und wegen der Weinberge der Propstei Frauenberg an den Südhang desselben zu denken [169]). Am westlichen Ortsende, vor der Oberpforte, zweigte nach Norden die Leichgasse ab, die ihren Namen von den Toten trug, die hier zu ihrer Bestattung auf den Johannisberg gefahren (oder getragen?) wurden. Es ist die heutige Taunusstraße.

---

159) Es wurden zu diesem Zweck die Fuldaer Urkunden, die Kopialbücher u. insbesondere die Lehnskopiare L 65 u. 72 a im StAMarburg durchgesehen.

160) 1413 Febr. 11 zu Wisselsheim, Nauheim u. anderen abliegenden Orten. Fuld. Kopiar K 434 Nr. 65 StAMarburg. 1422 Sept. 29 Übertragung des Zehnten zu Nauheim u. Wisselsheim auf die Propstei Frauenberg. Fuld. Kopiar K 432 Nr. 354 StAMarburg. 1422—1440 Verkauf des Zehnten, Zinsen u. Gefällen zu Nauheim, Wisselsheim, Bommersheim u. Ockstadt an Henne Dagstall auf Lebenszeit. Fuld. Kopiar K 433 Nr. 8 StAMarburg.

161) Siehe S. 24.

162) Lehnskopiar Fulda L 65 fol. 14v StAMarburg.

163) Ebd. fol. 15.

164) Ebd. fol. 17v.

165) Ebd. fol. 18v.

166) Ebd. fol. 155v.

167) Hanauer Nachtr. alpha 2425 StAMarburg.

168) Ebd.

168a) Hierzu die Karten S. 31 u. S. 43.

169) Die spärl. mittelalterl. Weinbaubelege siehe bei E. Brücher, Vom Weinbau am Johannisberg bei Bad Nauheim. In: Wett. Gesch. Bll. Bd. 1, 1952 S. 61 f.

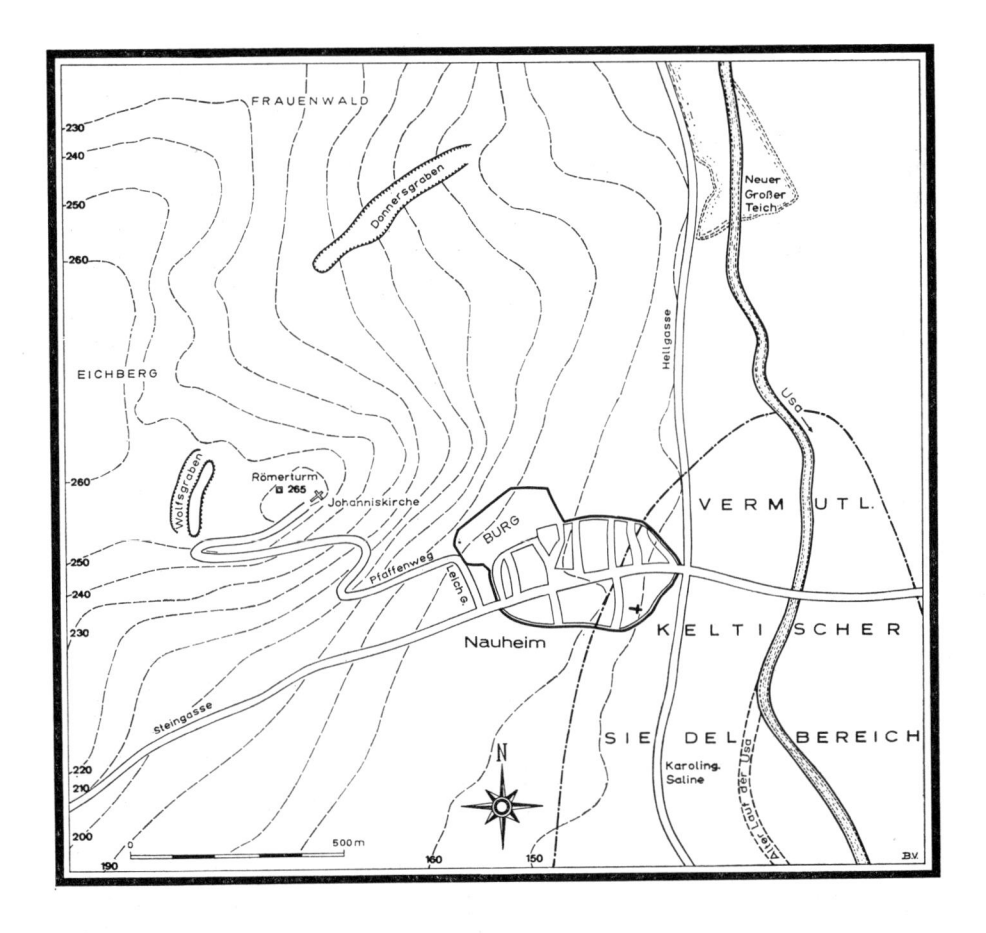

Nauheim und Umgebung in Frühzeit und Mittelalter

An sie schloß sich — ebenfalls bezeichnend — der Pfaffenweg an, der im Bogen im Zuge der heutigen Schnurstraße durch die Gärten zu Kirche und Friedhof auf dem Berg führte [170]). Diese Namen haben ihre Ursache darin, daß der westliche Teil des Dorfes Nauheim zur Johannisbergkirche eingepfarrt war. Um 1576 stellte Konrad Roßbach, Pfarrer zu St. Johannisberg und Nieder-Mörlen, einen Revers über seine Amtspflichten aus [171]), in welchem auch von den zu seiner Pfarrei gehörenden Einwohnern in Nauheim die Rede war. Zu Beginn des 17. Jahrhunderts hören wir dann noch, daß elf Häuser im Westen Nauheims in der höchstgelegenen Straße, der Apfelgasse (eine Art Oberdorf), seit alter Zeit als Filiale zur Mutterkirche auf dem Johannisberg gehört haben [172]). Vom Johannisberg bis zu diesem Westviertel Nauheims und durch die südlich daran angrenzenden Flurbereiche muß sich der Fuldaer Komplex erstreckt haben. Auf der beigegebenen Karte S. 43 ist die vermutliche Grenze im Ort eingetragen.

Wir hatten oben gehört [173]), daß die Münzenberger und nach ihnen die Hanauer mit der Kirche auf dem Johannisberg belehnt waren. Damit dürfte auch die Vogtei mit dem gesamten Fuldaer Komplex bei Nauheim verbunden gewesen sein. Wie sich dann die Hanauer Vogtei über den Fuldaer Besitz in Nauheim mit der Vogtei über die Seligenstädter Güter in Nauheim zusammenfügte, werden wir bei der Behandlung der Hanauer Rechte in Nauheim sehen [174]).

Besitz der Abtei Seligenstadt in Nauheim wird durch das oben bereits erwähnte Zinsregister aus der Zeit um 1000 erkennbar [175]), in welchem Leistungen aus 38 Orten, darunter auch Nauheim, aufgeführt werden. Nauheim steht mit 40 Denaren an fünfter Stelle nach Windecken (Decilenheim) mit 2 Schillingen 6 Denaren, Hausen bei Offenbach mit 11 Schillingen 14 Denaren und Radheim (Leibratesheim) bei Babenhausen mit 1 Schilling. Dabei werden in Nauheim die Namen von 10 Zinspflichtigen aufgeführt: Duotlim, Elblint, Woloman, Guoterat, Racgis, Engilburc, Reginwih, Detta, Buricho und Ratgis. Über die soziale Stellung dieser Männer und Frauen ist nichts ausgesagt. Der Versuch, über das Vorkommen der gleichen Namen in anderen zeitgenössischen Quellen [176]) weiterführende Zusammenhänge herzustellen, führte zu keinem zufriedenstellendem Ergebnis. Wichtig ist, daß jeder Zinspflichtige die gleiche Summe von vier Denaren zahlt. Man könnte dabei an ehemalige Natural-Grundabgaben denken, die in Geld umgewandelt worden waren oder an Zinsleistungen aus den Salinen. Beide Male aber würde dies bedeuten, daß die Bewirtschafter der Güter oder der Salinen einen solch hohen Ertrag aus der landwirtschaftlichen Produktion oder dem Salz gewannen, daß sie zu bemerkenswerten Geldsummen kamen [177]). Auch auf die Gefahr hin, daß uns der Zufall neckt, sei auf

---

170) Fr. Becker, Als Nauheim noch ein Dorf war. In: Die Heimat. Beil. z. Bad Nauheimer Ztg. 1938 Nr. 22; Görnert (Anm. 23) S. 74; Becker (Anm. 14) S. 30.
171) Herrmann (Anm. 157) S. 242 Nr. 2.
172) Knöpp (Anm. 93) Nr. 54.
173) Siehe S. 25—29.
174) Siehe S. 48—50.
175) Siehe S. 14—16.
176) Dronke (Anm. 60) c. 23.
177) Zum hohen Wert des Geldes siehe W. Heß, Geldwirtschaft am Mittelrhein in karol. Zeit. In: Bll. f. deutsche Landesgesch. 98. Jg. 1962 S. 28 m. Anm. 14. Hier auch (S. 47) die Folgerung, „daß überall dort, wo Geldzinsen bezeugt sind, sich in erreichbarer Nähe auch ein Markt befunden hat".

die von Joh. Tölde 1603 erschienene Haligraphia hingewiesen [178]), in welcher er unter anderem auch eine Beschreibung der Nauheimer Saline bietet und die Zustände vor der Salzsiederordnung von 1459 schildert. Dabei überrascht die Tatsache, daß sich in der Nauheimer Saline zehn Kothen (Siedehäuser) befinden, die gleiche Zahl wie die der Zinspflichtigen an Seligenstadt.

Der Erwerbstermin des Besitzes der Abtei Seligenstadt in Nauheim ist sicher auch noch früher als in der durch den paläographischen Befund gewonnenen Datierung des Zinsregisters „um 1000" zu suchen. Dazu bieten sich folgende Überlegungen an. 815 Januar 11 erhielt Einhard von Kaiser Ludwig dem Frommen Michelstadt sowie Ober- und Nieder-Mühlheim, das spätere Seligenstadt, geschenkt [179]). Während Einhard den Besitz in Michelstadt bald an das Kloster Lorsch weitergab [180]), baute er den Besitz in Seligenstadt durch Kauf von Erzbischof Otgar von Mainz unter Vermittlung Ludwigs des Frommen weiter aus [181]). Das offensichtliche Interesse des Kaisers an der Gründung Einhards läßt auch bei der Erwerbung des Nauheimer Besitzes durch Seligenstadt an kaiserliche Mitwirkung oder zumindest Einwilligung und Förderung denken. Da das Kloster kurz nach 828 gegründet wurde [182]), ist der Zeitpunkt der Erwerbung zunächst nach diesem Jahr zu suchen. Die oben genannte Zahl von zehn Inhabern oder Bewirtschaftern (gleich ob man an Grundbesitz oder Salzkothen denkt), die dann als Zinspflichtige erscheinen, läßt auf nicht geringen Umfang schließen, was wieder auf Herkunft aus Königshand deuten kann. Auch die Tatsache, daß im Raum Nauheim keine privaten Schenkungen des 8. und 9. Jahrhunderts an geistliche Institutionen belegt sind, läßt den Schluß zu, daß wir es hier zunächst mit einem geschlossenen Komplex von Königsgut zu tun haben.

Der Seligenstädter Besitz in Nauheim wird dann erst in der Mitte des 13. Jahrhunderts wieder faßbar. Wir erfahren um 1250, daß Erwin Kranich von Kransberg, der zwischen 1220 und 1250 April 6 als Burggraf zu Friedberg genannt wird [183]), Güter der Abtei Seligenstadt zu Nauheim als Lehen innehat [184]) und in deren Besitz geschützt wird. Leider wird über Umfang und Qualität der Lehen nichts ausgesagt. Mehr über die Art des Besitzes der Abtei Seligenstadt in Nauheim erfahren wir aber kurz darauf, nämlich, daß ihr die Kirche im Ort Nauheim gehörte, denn 1255 April 26 übertrugen Abt Starkrad und der Konvent des Klosters Seligenstadt dem Domkapitel zu Mainz die Kirche Nauheim, deren Kollatur dem Kloster zustand, mit allen Einkünften, die der dortige Pastor innehat, unbeschadet

---

178) Teilnachdruck: Bad Nauheimer Jb. 2. Jg. 1913 S. 28.
179) K. Glöckner, Cod. Laresh. Bd. I 1929 Nr. 19.
180) 819 Sept. 12 Ebd. Nr. 20.
181) Ph. Jaffé, Monumenta Carolina. Bibl. rer. Germ. Bd. 4, 1867 S. 449 Nr. 10 zu 830 Apr.; Mon. Germ. Epist Bd. V 1899 S. 113 Nr. 10 zu Anf. 830.
182) A. Hauck, Kirchengesch. Deutschlands 2. Tl. 3+4 1912 S. 818.
183) Foltz (Anm. 93) Bd. I 1904 Nr. 4 f., 19, 21—23 u. W. Sauer, Cod. dipl. Nass. Bd. I 1885 Nr. 522.
184) Falkensteiner Kopiar = Mainzer Bücher versch. Inhalts Nr. 70 fol. 64 StA Würzburg. Die Urk. ist undatiert. Der darin handelnde Abt Arnold v. Seligenstadt regierte 1247—53 (M. Schopp, Die weltl. Herrschaft d. Abtei Seligenstadt 1478—1803. 1967 S. 374. Das Regest bei Sauer [Anm. 183] Nr. 559 (danach Knöpp [Anm. 93] S. 47) spricht von einem Vergleich zw. dem Abt u. dem Belehnten; tatsächl. aber spricht der Abt diesem seinen Schutz in den Lehen zu.

der Einkünfte der Abtei Seligenstadt [185]). Von den Einkünften der Kirche sollen, sobald die Pfarrei vakant wird, zwei Vikarien ausgestattet werden: eine im Chor des Mainzer Domes, die zum ersten Male durch den Seligenstädter Abt ohne Einwand des Domkapitels zu bestellen ist. Danach soll bei jeder Vakanz die Stelle nach archidiakonischer Ordnung besetzt werden [186]). Der andere Vikar soll in der Nauheimer Kirche im Namen des Domstiftes residieren. Dieses hat das Nominationsrecht, der Seligenstädter Abt das Präsentationsrecht gegenüber dem zuständigen Archidiakon. Am folgenden Tage schon [187]) wird durch den Dompropst Werner, Dekan Johann und das ganze Kapitel zu Mainz eine Gegenurkunde mit den gleichen Bedingungen ausgestellt. Wir erfahren aus ihr zusätzlich, daß die Vikare wegen der Pfründen keine Ansprüche gegenüber dem Domstift haben sollen, sondern dieses ihnen aus den Einkünften der Kirche ihren Lebensunterhalt nach gutem Ermessen reichen werde. Gleichzeitig wird die Abtei Seligenstadt in die Bruderschaft des Domkapitels aufgenommen, wie es die Abtei bereits bezüglich der Domherren anläßlich der Schenkung verkündet hatte. 1255 September 13 erfolgte abschließend die Bestätigung der Schenkung durch Erzbischof Gerhard von Mainz [188]).

Bei diesem ganzen Vorgang ist bemerkenswert, daß die Schenkungsurkunde nur von den Einkünften der Pfarrei spricht, die an das Domstift übergehen sollen, wogegen sich die Abtei allen übrigen Besitz vorbehielt, ein ähnlicher Vorgang, wie wir ihn bei der Schenkung der Kirche auf dem Johannisberg durch Fulda an das Domstift bereits festgestellt haben. So wie auch dort später Fuldaer Besitz zu fassen ist, begegnen wir in Zukunft noch umfangreichen Rechten und Besitzungen der Abtei Seligenstadt in Nauheim.

Aber auch die ehemaligen Pfarrei-Einkünfte, die mit der Schenkung an das Domstift gelangten, sind in der Folgezeit urkundlich faßbar. So hatte das Domstift bis zur Säkularisierung (1803) ein Drittel des großen Frucht- und Krautzehnten in Nauheim [189]) und vier Hufen Land, die es nach der Reformation, als über Kirchen-

---

185) Druck: Würdtwein (Anm. 131) Bd. III 1777 S. 47 f. Nr. 27. Reg.: Gudenus (Anm. 91) Bd. II 1747 S. 798 Nr. 42; Knöpp (Anm. 93) Nr. 5.

186) Über die Domvikarie siehe Gudenus (Anm. 91) Bd. II 1747 S. 798 Nr. 42.

187) 1255 Apr. 27 J. Weinckens, Navarchia Seligenstadiana seu fundatio antiquissimae et regalis abbatiae Seligenstadiensis 1714 S. 104 f. Lit. C.

188) Sauer (Anm. 183) Bd. I 1885 Nr. 632; Würdtwein (Anm. 131) Bd. III 1777 S. 48 f. Nr. 28 (m. falsch. Jahr 1254). Reg.: Knöpp (Anm. 93) Nr. 6. Schopp (Anm. 184) S. 301 behauptet, daß die Übertragung der Nauheimer Kirche an das Domstift deshalb erfolgte, um die Inkorporation der Pfarrei Seligenstadt in die Abtei zu erreichen. Das sagen jedoch weder die von ihm S. 301 Anm. 100 gebotenen Belege noch andere Urkunden. Es muß überhaupt überraschen, daß dem Domstift Mainz in diesen Jahren außer den Kirchen a. d. Johannisberg u. im Dorf Nauheim noch 1254 Apr. 7 die Kirche in Straßheim (Würdtwein [Anm. 131] Bd. III 1777 S. 116 Nr. 79) u. 1255 Juni 4 die Kirche in Berstadt (Ebd. S. 92 Nr. 66) geschenkt werden, eine zeitl. u. geographische Ballung, der nach ihren Hintergründen einmal nachgegangen werden sollte. — Das Bad Nauheimer Jb. 6. Jg. 1928 S. 28 bringt eine Urk. v. 1360 Mai 26, lt. welcher die Herren v. Falkenstein Inhaber des Patronatsrechtes über die Kirche zu Nauheim gewesen seien. Bei dem in der Urk. genannten Nauheim handelt es sich um Nauheim b. Darmstadt (B. Demandt, Die mittelalterl. Kirchenorganisation in Hessen südl. d. Mains (= Schr. d. Hess. Landesamtes f. geschichtl. Landeskde. 29. Stück) 1966 S. 135 Nr. 166.

189) Martin (Anm. 77) S. 52; Becker (Anm. 76) S. 48 f. 1520 Aug. 30 werden durch das Mainzer Domkapitel der Gemeinde Nauheim, wo es zehntberechtigt ist, zum Chorbau 10

güter zu Schulzwecken verfügt wurde, gemeinsam mit der Hohen Schule Herborn verwaltete [190]). Von diesen Einkünften hatte das Domstift dem Pfarrer zu Nauheim jährlich 40 Achtel Korn zu liefern und das Pfarrhaus zu bauen und zu unterhalten [191]). Diese Verpflichtung hat das Domstift auch noch später, als Nauheim reformiert geworden war, erfüllt. 1708 baute es das erst 200 Jahre später abgerissene Pfarrhaus. Der Stein des Türsturzes mit Jahreszahl und Wappen des Domstiftes [192]) ziert heute noch den Eingang des Pfarrgartens.

So wertvoll all diese Erkenntnisse sind, so sehr ist es zu bedauern, daß uns in den genannten Übertragungsurkunden nicht der Schutzheilige genannt wird, dem die Nauheimer Kirche anbefohlen war. Auch in den folgenden Jahrhunderten schweigen die Urkunden über das Patrozinium. Eine in dieser Richtung angestellte umfangreiche Nachsuche führte zunächst nicht zum Erfolg [193]). Erst ein Fund an ver-

Gulden aus Gnaden bewilligt (Fr. Herrmann, Die Protokolle des Mainzer Domkapitels 3. Bd. 1932 S. 196); 1543 Juni 11 erfahren wir, daß das Domkapitel seine Zehnten zu Nauheim der Präsenz verpfändet hat (Ebd. S. 997). Auch vom Weinzehnten zu Nauheim bezog das Domkapitel ein Drittel: 1532 Okt. 7 vertauscht der Domvikar Joh. Prusser ein Drittel des Weinzehnten mit dem Hanauer Amtmann zu Nauheim Eberhard Löw zu Steinfurth (Mainz. neureg. Urk. Nr. 1869 StAMünchen; Fr. Herrmann a. a. O. S. 180 Anm. 2). Dazu u. zur folgenden Anm. A. Martin, Die Einnahmen des Mainzer Domstiftes aus dem Nauheimer Zehnten u. dem Dorfelder Lehen, auch der Hochschule Herborn aus letzterem. In: Bad Nauheimer Jb. 13. Jg. 1934 S. 52—54.

190) Becker (Anm. 76) S. 41 f.
191) Martin (Anm. 77) S. 50; W. Diehl, Baubuch f. d. evgl. Pfarreien d. Souveränitätslande u. d. acquirierten Gebiete (= Hassia sacra VIII) 1935 S. 802.
192) Abb. Bad Nauheimer Jb. 1. Jg. 1911 S. 22.
193) Zu diesem Zweck wurden die einschlägigen mittelalterl. Urkunden u. Kopiare in den Staatsarchiven Darmstadt, Marburg, Würzburg u. München durchgesehen. Die Veröffentlichungen der Papstregister durch die École française d' Athènes et de Rome, die Bände des Repertoriums Germanicum u. umfangreiche Auszüge des Vf. aus ungedruckten Registern des Vatikanischen Archivs über Hessen betr. kirchl. Vorgänge boten über Nauheim wenig, das Patrozinium nichts. Ein Aktenstück des StAMarburg, Hanauer Geh. Rat V. Kirchensachen, Ref. Kirchen, Pfarr- u. Schulhäuser 9. Acta die ref. Kirche zu Nauheim betr. „Darinnen komt für die neue Erbauung derselben, wozu der Gemeinde nebst der Frohnfreyheit, die auf 8948 fl. sich beloffenen Kosten aus denen dasigen Salzkreuzern gnädigst verwilligt worden", wurde nach dem Übergang Bad Nauheims von Kurhessen an das Ghzgtm. Hessen nach 1866 an das StADarmstadt abgegeben u. ist dort den Bomben zum Opfer gefallen. Die Hoffnung, darin evtl. das Patrozinium der Vorgängerkirche zu finden, zerschlug sich auch hier. Die Literatur: W. Diehl, Notizen über das erste Jhdt. Nauheimer Schulgesch. (Friedb. Gesch. Bll. 4. Heft 1914 S. 5 f. u. 10; ders. Die Grundsteinlegung der Wilhelmskirche in Bad Nauheim 1740 (Ebd. S. 51 f.), O. Wissig, Die alte Wilhelmskirche in Bad Nauheim (Ebd. H. 7, 1925 S. 90 f.) u. C. Heiler, Von den kirchl. Verhältnissen in Nauheim 1562. In: Bad Nauheimer Jb. 4./5. Jg. 1926 S. 81—83 boten das Patrozinium leider auch nicht. Der in der Pfarrkirche Nauheim genannte Altar Cosmas u. Damian (Würdtwein [Anm. 131] Bd. III 1777 S. 46 § 3; dazu A. Martin, Der Altar der hl. Cosmas u. Damian in der Pfarrkirche zu Nauheim. In: Bad Nauheimer Jb. 7, Jg. 1928 S. 12—16) war sicher nicht der Titelaltar, denn wir haben zu 1335 Mai 16 die Stiftungsurkunde u. zu 1335 Aug. 8 die Bestätigungsurkunde des Mainzer Domkapitels (Ausf. Perg. Hanau, Abt. Kirchen StAMarburg). Der Altar ist mit seinem Namen auch noch später (1456 Febr. 7) als in der Pfarrkirche gelegen u. nicht als Altar der Pfarrkirche bezeichnet (Ausf. Perg. Stargards Antiquariatskatalog Nr. 471 (Sept. 1935) verz. im Repertorium Extradenda Darmstadt StA

steckter Stelle half weiter. Das Staatsarchiv Marburg bewahrt aus der Zeit der Archivalienabgabe an andere Archive eine Abteilung Extradenda Darmstadt auf. In dieser findet sich zu 1530 Oktober 17 eine Genehmigung des Erzbischofs Albrecht von Mainz für einen Pfründentausch zwischen einer Vikarsstelle an St. Gangolf zu Mainz und dem Altar des heiligen Cosmas und Damian zu Nauheim. Auch in dieser Urkunde wird der letztgenannte Altar nur als in der Pfarrkirche Nauheim gelegen bezeichnet. Nun enthält die Urkunde aber eine Rückaufschrift, die sich mit dem Vollzug der beurkundeten Pfründentauschgenehmigung befaßt. Sie ist als Notariatsinstrument abgefaßt und meldet, daß 1530 Oktober 21 Hartmann Gerst in den Besitz des Cosmas und Damian-Altars gesetzt wurde, von dem es ausdrücklich heißt, daß er sich „in ecclesia parrochiali beate Marie virginis in villa Nawheym" befinde. Damit haben wir also die Gottesmutter Maria als Schutzheilige der Nauheimer Ortskirche.

Dieser Beleg an der Schwelle der Reformation liegt sehr spät und bereitet auch von daher einige Schwierigkeiten. Es besteht durchaus die Möglichkeit eines Patrozinienwechsels, der für zahlreiche andere Kirchen bereits mit Sicherheit festgestellt ist [193a]. Ein solcher kann auch für die Kirche Nauheim im Besitz- oder Patronatswechsel begründet sein. Sodann gehört Maria zu den Patrozinien mit größter Streuung über Zeit und Raum. Es ist auf die große Zahl der Marienpatrozinien gegenüber den anderen Schutzheiligen hinzuweisen [193b] und schließlich ist Maria zu allen Zeiten als Schutzheilige gewählt worden [193c], so daß man sie als „zeitloses" Patrozinium in dieser Eigenschaft keiner besonderen Epoche zuweisen kann. Wir stehen also vor der bedauerlichen Feststellung, daß wir aus dem Patrozinium keine Hinweise auf das Alter der ersten Nauheimer Kirche gewinnen können.

Dafür gibt uns die Kunstgeschichte wenigstens einen Datierungshinweis. Aus der alten Kirche stammt ein großer Taufstein aus Lungenbasalt mit Bogenverzierungen, der der romanischen Kunstepoche zuzuweisen ist [194]. Er wird mit vorsichtiger Datierung in vergleichender Betrachtung der oberhessischen romanischen Taufsteine

Marburg), ferner 1562 als in der Dorfkirche gelegen u. vom Domkapitel bestellt (Bad Nauheimer Jb. 4./5. Jg. 1926) S. 82. W. Diehl, Baubuch f. d. evgl. Pfarreien d. Souveränitätslande u. acquirierten Gebiete [=Hassia sacra VIII] 1935 S. 797) bringt die Nachricht, daß auch die Kirche im Ort dem Johannes geweiht war; welchem Johannes, dem Täufer oder dem Evangelisten, sagt er nicht. Die Akten, aus denen W. Diehl gearbeitet hatte, sind verloren. Ob hier eine aus der geographischen Nähe erklärbare Verwechselung mit dem Patrozinium des Johannisberges vorliegt, ließ sich leider nicht feststellen. Auch wurde aus der Tatsache, daß die Kirchengemeinde Nauheim ihr Kirchweihfest am Sonntag nach Michaelis feiert, in Erwägung gezogen, daß Michael der Schutzpatron gewesen sein könnte, doch erschien dieses Indiz zu schwach, um daraus historische Folgerungen zu ziehen. Schließlich brachte nach so viel Aufwand an Zeit und Mühe der Fund eines wenn auch späten Beleges, Klarheit.

193a) W. Deinhardt, Patrozinienkunde. In: Hist. Jahrbuch 56. Bd. 1936 S. 187 f.

193b) O. Renkhoff, Mittelalterliche Patrozinien in Nassau. In: Nass. Annalen Bd. 67 1956 S. 106—108.

193c) F. Falk, Marianum Moguntinum. Gesch. d. Marienverehrung u. d. Immakulata-Tradition im Btm. Mainz u. am Mittelrhein 1906; K. H. Schäfer, Frühmittelalterl. Kirchenpatrozinien in Hessen. In: Fuld. Gesch. Bll. 14. Bd. 1920 S. 105 f.

194) Abb. Bad Nauheimer Jb. 1. Jg. 1911 S. 23.

um die Jahre 1170/80 gestellt [195]). Als die Kirche wegen Baufälligkeit niedergelegt und an ihrer Stelle die nach Landgraf Wilhelm VIII. von Hessen genannte Wilhelmskirche errichtet wurde, hatte man ihn im Hof des Pfarrhauses untergebracht [196]). Zu Beginn dieses Jahrhunderts wurde er dann in die Vorhalle der neuerrichteten Dankeskirche überführt [197]).

Es wäre natürlich wichtig, zu erfahren, wie groß die Seligenstädter Ländereien in und um Nauheim überhaupt gewesen sind und welche Güterstücke und Einkünfte zugleich mit der Übertragung der Kirche an das Mainzer Domstift gelangten. Die Feststellungen in dieser Richtung werden dadurch erschwert, daß, wie wir bereits oben hörten [198]), im Jahre 1254 auch die Kirche auf dem Johannisberg mit Zubehör an das Domstift Mainz kam. Wie wir dort ausführten, ist dies Zubehör natürlich zunächst in der Umgebung des Johannisberges, damit aber auch in der Nähe Nauheims zu suchen. Wenn wir also Güter und Renten in und bei Nauheim für das Domstift Mainz feststellen, so ist es zunächst zweifelhaft, ob sie durch die Schenkung der Johannisbergkirche oder der Ortskirche Nauheim an das Domstift gelangt sind. Die soeben [199]) gebotenen, sehr jungen Belege, lassen nur schwer eine Unterscheidung zu. Nur an einer Stelle leuchten wechselseitige Verflechtungen auf: 1609 März 19 werden neun Achtel Weizen aus dem Drittel des Fruchtzehnten, den das Domstift Mainz zu Nauheim innehat, an den Pfarrer auf dem Johannisberg geleistet [200]). Vielleicht kommt hier aber auch noch die ehemalige Zugehörigkeit der Pfarrei Nauheim-Ort zur Urpfarrei auf dem Johannisberg zum Ausdruck [201]).

Die Abtei Seligenstadt erhielt nach der Schenkung ihrer Pfarrei Nauheim an das Mainzer Domstift weitere und bedeutende Zuwendungen in Nauheim. 1281 Februar 22 bestätigt Erzbischof Werner von Mainz das Vermächtnis des Berthold von Nauheim, der seinen ganzen beweglichen und unbeweglichen Besitz an die Abtei übertragen hatte [202]). Der Schenker gehörte einer ritterbürtigen Familie von Nauheim an, die ab 1211 urkundlich nachweisbar ist [203]) und auch nach der genannten Schen-

195) O. Böcher, Der Taufstein der Friedberger Stadtkirche u. die Löwentaufen d. hess. u. rheinfränk. Gotik. In: Wett. Gesch. Bll. Bd. 10, 1961 S. 26 Anm. 34.
196) Kunstdenkmäler im Ghzgtm. Hessen Krs. Friedberg 1895 S. 9.
197) L. Kraft, Geschichtl. Streifzüge i. d. Umgebung d. Wilhelmskirche. In: Bad Nauheimer Jb. 1. Jg. 1911 S. 22 f. H. Knott schreibt in seinem Aufsatz: „Zur Gesch. d. Johannisberges" in: Bad Nauheimer Jb. 2. Jg. 1913 S. 14, der Taufstein in der Vorhalle der Dankeskirche stamme von der Johannisbergkirche. Das ist offensichtl. irrig, denn Diehl (Anm. 88) S. 27 weiß aus alten Kirchenakten zu berichten, daß der Taufstein der Johannisbergkirche zerschlagen wurde.
198) Siehe S. 26.
199) Siehe S. 34 f.
200) Hanauer Nachtr. alpha 2476 StAMarburg.
201) Siehe S. 21 m. Anm. 96.
202) Druck: Steiner, Seligenstadt (Anm. 55) S. 387 Lit. Z. Koch (Anm. 55). Neue Folge Bd. 21, 1940 stellt die Schenkung in seiner Tabelle I S. 251 fälschl. zum Jahre 1252, was zu berichtigen ist.
203) Wenck (Anm. 55) Bd. I 1783 Urk. Buch S. 12 Nr. 9; ferner die Register bei Reimer (Anm. 127) Bd. I 1891, J. F. Böhmer - E. Lau, Urk. Buch d. Reichsstadt Frankfurt Bd. I 1901, L. Baur, Urk. Buch d. Kl. Arnsburg 1849 u. Sauer (Anm. 184) Bd. I 1885. Die Familie stellt 1262 Juni mit Erwin von Nauheim den Schultheißen zu Münzenberg (L. Baur, Urk. Buch d. Kl. Arnsburg 1849 Nr. 94).

kung weiter in persönlichen [204]) und wirtschaftlichen Beziehungen [205]) zur Abtei Seligenstadt stand. 1297 Juli 18 verkaufte der Ritter Erwin Kranich von Kransberg Güter im Dorf und Feld Nauheim an den Friedberger Bürger Junge von Limburg [206]). Der Verkauf erfolgte mit Einwilligung von Abt und Konvent Seligenstadt, von denen die Güter zu Lehen gingen. Bei dem Verkäufer handelt es sich offenbar um den Sohn des gleichnamigen Ritters Erwin Kranich von Kransberg, der um 1250 eine Schutzzusage des Abtes von Seligenstadt erhalten hatte [207]), und bei den hier verkauften Lehnsstücken sicher um dieselben oder einen Teil derselben, von denen um 1250 die Rede war. Durch die Urkunde von 1297 Juli 18 erfahren wir weiter, daß die Abtei Seligenstadt in Nauheim einen Hof innehatte, dessen Wirtschaftskraft so groß war, daß ihm ein Fronhof zu Pfaffenwiesbach zugeordnet werden konnte. 1305 März 14 wird dann der Nauheimer Hof des Klosters Seligenstadt selbst als Fronhof bezeichnet [208]). Bei dieser Gelegenheit hören wir zugleich vom klösterlichen Zehnten in Nauheim und einem Schultheißen Anselm. Grund-, Lehns- und Hoheitsrechte der Abtei Seligenstadt werden erkennbar.

Trotz der bedauerlichen Zerstreuung des Archivs der Abtei Seligenstadt [209]) unter Verlust seiner wertvollsten Stücke läßt sich ihr Besitz in Nauheim immer wieder urkundlich fassen. So verleiht sie 1327 Januar 6 an den Ritter Wigand von Albach einen halben Morgen Feld zur Errichtung eines Schafhauses [210]). In dem Leihebrief ist von einer Beune der Abtei Seligenstadt die Rede, die am Nauheimer Kirchhof liegt. Ihr stand demnach mit dem Fronhof ein aus der Ortsallmende eximiertes Areal zur Verfügung, das sich südlich des Ortes etwa von der heutigen Wilhelmskirche bis zum ehemaligen Gaswerk erstreckte und nach Osten von der Otto-Weiß-Straße, nach Westen von der Mittelstraße begrenzt wurde [211]). In der genannten Urkunde fungiert als Zeuge wieder ein Seligenstädter Schultheiß, Volknand.

204) 1266 Jan. 5 begegnet ein Berthold v. Nauheim als Rektor der Kirche zu Stockstadt (Ausf. Perg. Düdelsheim StADarmstadt). Um denselben Berthold wird es sich handeln, der 1278 Mai 25 als Kleriker von Nauheim eine Seligenstädter Urk. mitbezeugt (Abschr. Pap. Seligenstadt StADarmstadt). Konrad, Sohn d. Berthold, ist 1288 Nov. 21 u. 1320 Aug. 9 Geistlicher in Seligenstadt (Hs. 12 fol. 2 u. 16 StADarmstadt) u. 1329 Juli 13 Pfarrer zu Iphofen bei Kitzingen (Ebd. fol. 20).

205) 1329 Juli 13 erhält Konrad v. Nauheim, Pfarrer zu Iphofen, vom Konvent Seligenstadt 12 Malter Korn u. 6 Heller verschrieben (Hs. 12 fol. 20 StADarmstadt); 1331 Febr. 22 verschreibt das Kloster Seligenstadt dem Gilbrecht v. Nauheim u. seinen Erben den Fronhof zu Nauheim u. eine halbe Hufe Land (Ebd. fol. 21v-22); 1336 März 6 verzichtet Konrad v. Nauheim gegenüber dem Kl. Seligenstadt auf einen halben Mansus zu Nauheim (Ebd. fol. 34v).

206) L. Baur, Hess. Urk. Bd. V 1873 S. 152 Nr. 175; Foltz (Anm. 93) Bd. I 1904 Nr. 127. Ausf. Inhaltsang. Bad Nauheimer Jb. 8. Jg. 1929 S. 46 f. Dazu Steiner, Seligenstadt (Anm. 55) S. 169 f. u. Chr. D. Vogel, Beschr. d. Hzgtms. Nassau 1843 S. 245 f. u. 840 f.

207) Siehe S. 33.

208) Hs. 12 fol. 12v StADarmstadt.

209) Koch (Anm. 55). Neue Folge Bd. 21, 1940 S. 209.

210) Druck: Steiner (Anm. 55) S. 175 Nr. 7; Baur (Anm. 206) Bd. I 1860 Nr. 516 (unvollständig); Bad Nauheimer Jb. 2. Jg. 1913 S. 44 Nr. 8. Der Ritter wird überall Altbach geschrieben, doch handelt es sich, wie wir aus anderen Urk. wissen, um den Herkunftsort Albach zw. Gießen u. Lich.

211) Becker (Anm. 76) S. 102 f.

1331 Februar 22 verschreiben Abt und Konvent der Abtei Seligenstadt dem Gilbrecht von Nauheim auf neun Jahre ihren Fronhof zu Nauheim und eine halbe Hufe Land, die sie zuvor von ihm gekauft hatten [212]. In der Urkunde wird wieder der Seligenstädter Schultheiß zu Nauheim, Volknand, genannt. Da Gilbrecht von Nauheim mit dem Fronhof belehnt wird, macht die Urkunde deutlich, daß das Schultheißenamt nicht mit diesem verbunden war [213]. 1336 März 6 erhielt die Abtei Seligenstadt erneut eine halbe Hufe zu Nauheim [214] und um 1340 weitere Güterstücke [215].

Die Abtei Seligenstadt hatte in Nauheim den großen Zehnten inne. Er wird durch seine wirtschaftspolitische Nutzung für uns erkennbar. 1357 März 1 nimmt die Abtei Seligenstadt beim Kloster Arnsburg 900 Gulden auf und verschreibt diesem dafür eine jährliche Zinsleistung von 40 Maltern Korn aus dem großen Zehnten zu Nauheim [216]. 1372 April 23 verleiht die Abtei Seligenstadt dem Gerlach Brunchen und Henne Dube fünf Viertel Acker zwischen Herdan von Albach und Gilbrecht Schulle zu Nauheim gegen einen Weinzins [217] und 1377 November 25 ihren dortigen Weinzins dem Pfarrer zu Nauheim auf sechs Herbste [218].

Ende des 14. Jahrhunderts kauft die Liebfrauenkirche Friedberg in der Gemarkung Nauheim am Berg gegenüber Wisselsheim vier Morgen Land zu einer Steingrube. 1390 März 6 wird darüber ein Notariatsinstrument „von gerichtes wegen des hoves unseres hern des apts von Selgenstat" ausgefertigt [219].

Von der Mitte des 15. Jahrhunderts ab ist ein schrittweises Aufgeben des Besitzes und der Rechte der Abtei Seligenstadt in Nauheim festzustellen. 1442 ver-

---

212) Hs. 12 fol. 21v-22 StADarmstadt. Zu 1336 März 6 liegt eine Verzichtsurk. Konrads v. Nauheim über einen halben Mansus zu Nauheim gegenüber dem Kl. Seligenstadt vor (Hs. 12 fol. 35v StADarmstadt).
213) Koch (Anm. 55) S. 290 Anm. 140.
214) Ausf. Perg. u. Hs. 12 fol. 34v StADarmstadt. Druck: Bad Nauheimer Jb. 2. Jg. 1913 S. 44 Nr. 9.
215) Ebd. fol. 31v-32.
216) Ebd. fol. 44v. Erzbisch. Gerlach v. Mainz genehmigte in einer undatierten Urk. dieses Geschäft mit dem Inhalt, daß Seligenstadt dem Kl. Arnsburg 40 Malter Korn vom gr. Zehnten des Dorfes Nauheim u. die gleiche Menge von seinem Hof zu Nauheim u. all seinen Gütern u. Rechten, die zu Seligenstadt gehen, zu leisten habe (Vogt-Vigener [Anm. 150] Bd. II 1913 Nr. 2697). Das Stück ist dort zu 1346 Apr. 7—1371 Febr. 22, die Regierungszeit Erzbisch. Gerlachs, gestellt, es kann nunmehr nach obigem Vorgang zw. 1357 März 1 u. 1371 Febr. 12 gesetzt werden. Der Rechtsvorgang wird noch einmal in einer Bestätigungsurk. d. Papstes Bonifaz IX. v. 1396 Juli 26 erwähnt (Baur [Anm. 203] Nr. 1117). Um dieses Geschäft entsteht im Laufe der folgenden Jahrzehnte ein langwieriger Streit, der bis nach Rom v. die Kurie nach Rom getragen wird. 1424 Apr. 6 wird er durch Erzb. Konrad v. Mainz dahingehend geschlichtet, daß Arnsburg die Korngülte u. die dafür versetzten Güter behalten, das Gericht beiden Beteiligten, Seligenstadt u. Arnsburg gemeinsam zustehen soll. Oberhof solle Seligenstadt sein (Unbesiegelte Ausf. Perg. Arnsburg Nr. 1623 Fürstl. Arch. Lich) 1446 Juli 22 kauft Seligenstadt mit 1700 Gulden die Korngülte zurück (Ausf. Perg. ebd. Nr. 1664).
217) Hs. 12 fol. 52 StADarmstadt. Revers der Belehnten vom gleichen Tage ebd. fol. 56.
218) Hs. 12 fol. 54v-55 StADarmstadt. Die Verleihung wird nach Auslauf der Leihefrist 1383 Nov. 25 u. 1391 Febr. 22 erneuert. Ebd. fol. 57 u. 65v.
219) Ausf. Perg. Friedberg (Depositum) StADarmstadt; Abschr. Pap. (16. Jhdt.) Hanauer Nachtr. alpha 682 fol. 29—30 StAMarburg. Druck: Foltz (Anm. 93) Bd. I 1904 Nr. 700.

kauft sie Hof, Acker, Wiesen, Korn- und Weinzehnte zu Nauheim, die zuvor dem Kloster Arnsburg verschrieben waren, mit Einwilligung des Erzbischofs Diether von Mainz dem Karthäuserkloster zu Koblenz [220]) und 1470 September 20 stellt sie für Kuno von Bellersheim einen Machtbrief aus, den Komtur des Deutschordenshauses Sachsenhausen in alle Güter des Klosters Seligenstadt zu Nauheim einzusetzen [221]). 1470 Oktober 27 entbindet daraufhin dieser, der nun als Ratsbruder des Klosters Seligenstadt bezeichnet wird, im Hause des Abtes von Seligenstadt in Nauheim das Gericht Nauheim von seinen Eiden und weist es an das Deutschordenshaus Sachsenhausen zur Huldigung [222]). Als Amtspersonen des Gerichtes werden der Schultheiß, die Schöffen und der Büttel genannt. Schultheiß und Schöffen leisten daraufhin 1471 Januar 6 im Hause des Deutschordens, das dieser vom Abt des Klosters Seligenstadt gekauft hatte, dem Deutschorden ihren Eid [223]). Im gleichen Jahre hören wir, daß dieser Verkauf für 1520 Gulden erfolgt sein soll [224]), doch reden die Genehmigungsurkunde des Erzbischofs Adolf von Mainz von 1473 März 7 [225]) und 1473 April 5 die Verkaufsurkunde des Abtes Reinhard von Seligenstadt [226]) von 2100 Gulden. Dabei werden auch die genauen Verkaufsobjekte genannt: das Gericht, zwei Drittel des klösterlichen Frucht- und Weinzehnten sowie der Seligenstädter Hof mit Zubehör. 1474 März 10 sehen wir dann den Deutschorden im tatsächlichen Besitz der erkauften Güter [227]): im Hause des Deutschordens zu Nauheim, das der Schultheiß Henne Hamann der Ältere bewohnt, verleiht der Hauskomtur Pankratius von Rheinstein elfeinhalb Morgen aus der Beune unter dem Schützenrain.

Was hier zum Verkauf kam, waren die Ortsgerichtsbarkeit, Zehntanteile und Grundbesitz, nicht jedoch die Vogtei und die Hoheitsrechte der Landesherrschaft. Auch diese gab die Abtei Seligenstadt schließlich aus der Hand. Nachdem zuvor Graf Philipp der Jüngere von Hanau für die gleiche Summe Geld dem Deutschorden die ehemaligen Seligenstädter Besitztitel abgekauft hatte [228]), verkaufte die Abtei 1476 Dezember 4 ihm auch ihren Anteil an den Dörfern Nauheim, Ginnheim und Eschersheim [229]) mit Ausnahme der Vogtei, die der Graf ebenfalls von der Abtei zu Lehen trug. Die Rechte in Nauheim sind dabei mit 1100 Gulden angeschlagen, die der beiden anderen Dörfer mit 3000 Gulden. Der Verkauf seitens der Abtei scheint schuldenhalber erfolgt zu sein, denn Erzbischof Diether von Mainz erhielt 1477 September 23 einen Teil des Kaufpreises in Höhe von 1000 Gulden [230]).

220) Abschrift Pap. Nauheim StADarmstadt.
221) Ausf. Perg. ebd.
222) Ausf. Perg. ebd.
223) Ausf. Perg. ebd.
224) Ingr. Buch Nr. 31 fol. 148ᵛ StAWürzburg.
225) Ausf. Perg. Nauheim StADarmstadt.
226) Ausf. Perg. ebd. Druck: Bad Nauheimer Jb. 2. Jg. 1913 S. 45—48 Nr. 11.
227) Ausf. Perg. Nauheim StADarmstadt.
228) Rückaufschr. auf vorstehender Urk.
229) Ausf. Perg. Hanau, Ämter, Orte u. Beamte StAMarburg. Abschr. Ingr. Buch Nr. 37 fol. 166 StAWürzburg. Papst Sixtus IV. stimmte dem Verkauf 1477 Apr. 10 zu (Ausf. Perg. Seligenstadt StADarmstadt). Hanau kaufte im gleichen Jahr auch die Dörfer Dorheim, Schwalheim u. Rödgen u. schuf daraus das Amt Dorheim, dem Nauheim in Zukunft angehörte (Martin [Anm. 77] S. 54 f.
230) Quittung Hanau, Ämter, Orte u. Beamte StAMarburg.

Bei all diesen Kaufvorgängen hatte sich die Abtei Seligenstadt die Vogtei über Nauheim vorbehalten. Lehnsurkunden über die Vogtei Nauheim waren jedoch weder in den Urkundenbeständen Seligenstadt (StADarmstadt) noch Hanau (StA Marburg) auffindbar. Lediglich die Literatur [231]) bietet den Hinweis, daß 1496 Hanau weiter mit der Vogtei Nauheim belehnt worden sei. Ein Aktenstück [232]) der Hanauer Kanzlei, den Empfang der Seligenstädter Lehen zu Nauheim betreffend, klärt diesen überraschenden Tatbestand auf. In demselben findet sich eingangs der Vermerk, daß zum Empfang der Lehen die Herrschaft Hanau keinen Revers gibt, sondern der Abt es bei getaner Handtreue bleiben läßt. Das Aktenstück bietet dann in chronologischer Reihenfolge den Schriftverkehr bezüglich der Belehnungen: 1522 Juli 22 fordert Abt Georg nach Tod des Abtes Marcellinus den Grafen Philipp zum Lehnsempfang auf; 1524 März 30 wird die Aufforderung wiederholt, woraufhin 1524 Mai 8 Graf Philipp die Verzögerung der Entsendung seines Beauftragten, des Amtmannes von Windecken, entschuldigt. Ob der Lehnsempfang daraufhin erfolgt ist, sagen die Akten nicht. 1538 November 3 lädt der neue Seligenstädter Abt Ignatius Fackel Hanau zum Lehnsempfang ein. Die vormundschaftliche Regierung der Grafen Wilhelm von Nassau und Reinhard zu Solms-Lich für die minderjährigen Kinder des verstorbenen Grafen Philipp von Hanau entsendet daraufhin den Licentiaten der Rechte Eobanus Buler, der 1539 Dezember 5 stellvertretend die Belehnung empfängt [233]). In seinem Bericht, den er dazu gibt [234]), entrollt sich ein interessantes Bild der Belehnung: Er wird von Abt Ignatius feierlich empfangen, dem ein altes Mannbuch gereicht wird, aus welchem zum Jahre 1468 die zur Belehnung anstehenden Stücke verlesen werden. Dies sind die Vogtei Nauheim mit ihrem Zubehör. Darauf verlangt der Abt den Lehnsbriefaustausch, was der Licentiat mit der Erklärung beantwortet, daß dies nie üblich gewesen sei, woraufhin die Belehnung in mündlicher Form erfolgt.

Im Jahre 1550 findet ein beachtenswerter Schriftwechsel zwischen dem Erzbischof Sebastian von Mainz und Abt Paulus von Seligenstadt statt. Wohl auf Grund des Interims und der dadurch ausgelösten Bestrebungen, die alten kirchlichen Rechte festzustellen, fragte ersterer 1550 Mai 28 bei Abt Paulus an, welche Lehen die Grafen von Hanau und Lichtenberg von der Abtei innehaben [235]). Der Befragte antwortet 1550 Juni 1/2, daß Graf Reinhard von Hanau als Seligenstädter Lehen die Vogtei Nauheim besitze, die Belehnung aber nicht empfangen hätte. Dagegen habe Hanau das Lehen von seinem Vorgänger, Abt Ignatius, empfangen. Das oben angeführte Belehnungsnotariatsinstrument von 1539 Dezember 5 wird in doppelter Ausfertigung beigefügt [236]). Darauf weist der Erzbischof 1550 Juni 4 Abt Paulus an, auf Lehnsempfang durch Hanau zu dringen [237]). Damit brechen diese Akten ab. Zum letzten Mal wird die Belehnung 1561 November 14 aktenkundig [238]), indem

---

231) 1496 wird Hanau weiter mit der Vogtei Nauheim belehnt (Steiner [Anm. 55] S. 282.
232) Hanauer Nachtr. Nr. 16947 StAMarburg.
233) Ebd. u. Mainzer Reg. Akt K 709/2032 fol. 6 u. 7; 8 u. 9 StAWürzburg. Notiz: Schopp (Anm. 184) S. 302.
234) Hanauer Nachtr. Nr. 16947 StAMarburg.
235) Mainz. Reg. Akt K 709/2032 fol. 3 StAWürzburg.
236) Ebd. fol. 1 u. 10—11. Notiz: Schopp (Anm. 184) S. 302.
237) Mainz. Reg. Akt K 709/2032 fol. 13 u. 14.
238) Hanauer Nachtr. Nr. 16947 StAMarburg.

Abt Philipp Marckel zum Lehnsempfang einlädt und darauf verweist, daß die Lehen unter seinem Vorgänger Abt Paulus Ohl bereits nicht empfangen worden seien. Ob Hanau diesmal zum Lehnsempfang in Seligenstadt erschien, sagen die Akten nicht mehr. Das anläßlich der Belehnung von 1539 Dezember 5 erwähnte Seligenstädter Mannbuch ist leider unauffindbar.

Unsere aus den vorstehend behandelten Urkunden und Akten gewonnene Kenntnis des Besitzes und der Rechte der Abtei Seligenstadt in Nauheim wird ergänzt durch ein Weistum [239]), das der 2. Hälfte des 15. Jahrhunderts angehört [240]). Nach diesem hatte die Abtei in Nauheim einen Fronhof, den Schultheißen, zwölf Schöffen, einen Feldschützen und zusammen mit den Herren von Hanau einen Fronboten zu bestellen, ferner ist von der Huldigungspflicht von Schultheiß, Schöffen, Gemeinde und Hübnern gegenüber dem Abt und dessen Herbergsrecht in Nauheim die Rede. Das ungebotene Gericht wurde in Gegenwart des Abtes vom 6. bis 8. Januar gehalten unter Nennung der jeweiligen Wirtschaftsvergehen und ihrer Bußen. Der Zehnte war geteilt: zwei Drittel erhielt der Abt, ein Drittel das Domstift Mainz [241]).

Die früh vermutbaren und später gut belegten umfangreichen kirchlichen und weltlichen Rechte der Abtei Seligenstadt in Nauheim lassen den Schluß zu, daß sie mit ihren Anfängen in das 9. Jahrhundert zurückreichen und insbesondere der Fronhof als königliche Schenkung an Seligenstadt gelangt ist [242]).

Werfen wir nun einen Blick auf die siedlungsgeographische Entwicklung des Ortes auf Grund der frühgeschichtlichen Befunde und der urkundlichen Überlieferung, so stellt sich diese in und nach der fränkischen Landnahme wie folgt dar [243]):

Am Südosthang und im Schutze des als vermutete Bergfeste weiter fungierenden und durch die frühe Missionskirche bevorzugt gekennzeichneten Johannisberges ließen sich, wohl in wirtschaftlicher Bezogenheit zu diesem politischen und kirchlichen Bergzentrum, zunächst an der Verlängerung der später als Steingasse überlieferten Straße frühfränkische Siedler nieder. Sie haben den Grund zum späteren westlichen Ortsteil Nauheims gelegt, der im dritten Viertel des 8. Jahrhunderts zusammen mit dem Johannisberg an das Stift Fulda kam, und die Voraussetzungen für die spätere siedlungs- und wirtschaftspolitische Entwicklung Nauheims geschaffen. An eine staatliche Lenkung dieser Kleinsiedlung ist dabei noch nicht zu denken. Dies ist dann der Fall, als daran zeitlich und geographisch nach Osten anschließend längs der Verlängerung der genannten Steingasse zur erneuten Nutzung der seit der älteren römischen Kaiserzeit verlassenen Salzquellen ein Haufendorf entstand, das in Erinnerung an die hier vormals befindlichen großen Wohnplätze der Latènezeit den Namen „Neues Heim" erhielt. Das für die menschliche Siedlung unumgänglich notwendige Wasser lieferte der Johannisberg, an dessen Osthang in

---

[239]) Ausf. Pap. in duplo, lat. u. deutsch Seligenstadt StADarmstadt. Deutscher Druck: G. Landau, Beitr. z. hess. Ortsgesch. Nauheim. In: Zschr. f. hess. Gesch. u. Landeskde. Alte Folge Bd. 8, 1860 S. 387—392.

[240]) Landau (Anm. 239) S. 391 setzt es in die letzte Hälfte d. 14. Jhdts., was nach dem Schriftbefund offensichtl. irrig ist. Datierung im Urk. Bestand Seligenstadt StADarmstadt: „um 1470".

[241]) Siehe hierzu S. 34.

[242]) So schon Büttner (Anm. 61) S. 204.

[243]) Siehe Karte S. 31 u. 43.

der Höhe des heutigen Kriegerdenkmals eine starke Quelle zutage trat, die schon 1663 erwähnt wird [244]). Sie speiste den „Born", den größten Gemeindebrunnen im nördlichen Mittelviertel des alten Dorfes (Born- oder Brunnenstraße) sowie zwei Laufbrunnen auf dem alten Marktplatz und den Burgteich im ehemaligen Burgbereich. Das überschüssige Wasser lief dann mit dem kleinen Bach am Nordwestrand des Ortes ab (heutige Bachgasse zwischen Apfelgasse und Burgstraße) [245]).

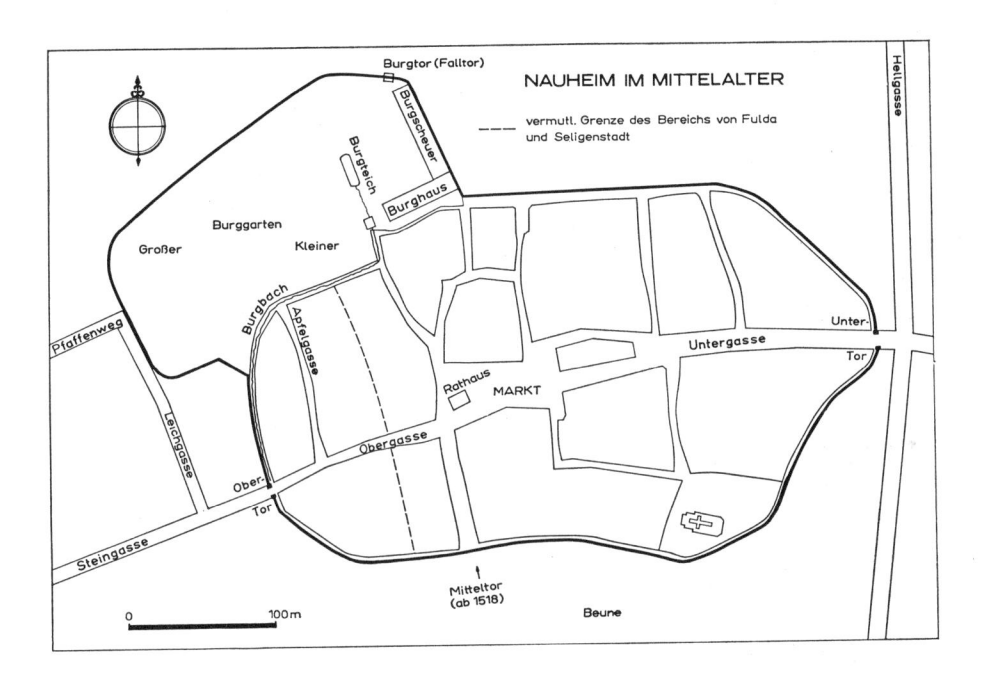

Es entstand also in zwei aufeinander folgenden Zeitabschnitten auf einem kleinen Plateau der Diluvialterrasse am Südosthang des Johannisberges ein Dorf von elliptischer Form, das in seiner Längsachse von der alten Straße in west-ostwärtiger Richtung auf das Salinengebiet hin durchzogen wurde. Von dieser Hauptstraße zweigten innerhalb des Ortes nach Norden und Süden Sackgassen ab, durch welche er in einzelne Teile zerlegt wurde. Der Sage nach soll sich der Ort aus vier Höfen entwickelt haben [246]). Der Volksmund hat also die Kenntnis einer räumlich und wohl auch zeitlich unterschiedlichen Entstehung des Ortes noch differenzierter bewahrt. Wir werden darauf noch einmal kurz zurückkommen [247]).

244) Görnert (Anm. 23) S. 76.
245) Ebd. S. 73 u. 76.
246) Becker (Anm. 14) S. 23.
247) Siehe S. 45.

43

Das alte Dorf ist noch heute in seinen groben Umrissen als Kern der späteren Stadt Nauheim zu erkennen [248]). Seine Achse war die verlängerte Steingasse, die vom Westen her den Ort als Ober- und Untergasse, heute Hauptstraße genannt, durchzog und in der Ortsmitte marktartig erweitert war. Die westliche Begrenzung bildete die Oberpforte, die an der Stelle stand, wo heute die Rießstraße auf die Hauptstraße stößt. Von hier verlief die Umhegung des alten Dorfes durch die Graben- und Bachgasse, dann durch das sogenannte „Fritze Gängelche" zur Stresemannstraße, diese in ostwärtiger Richtung zur Alicenstraße und mit dieser bis zu deren Auftreffen auf die Hauptstraße. Hier stand die Unter- oder Söderpforte. Von dieser bog der Ortsbering nach Südwesten ein, erreichte südlich der Wilhelmskirche den Ernst-Ludwig-Ring, folgte diesem bis über die Mittelstraße und bog vor der Riesstraße auf die Oberpforte an der Hauptstraße zu ein [249]). Es war eine Zweitoranlage, die noch 1493 als solche erscheint; 1518 werden dann drei Tore genannt [250]). Es war das Mitteltor im Süden des Ortes in der Verlängerung der Mittelgasse hinzugekommen. Dieser Ortsbering war im Mittelalter in dorfüblicher Weise durch einen Haingraben befestigt, der fortschreitend durch einen geschlossenen Mauerring ergänzt beziehungsweise ersetzt wurde [251]). Im Nordwesten, wo sich die Burg anschloß, übernahm diese die Schutzaufgaben. Wo keine Dorfmauer war, war Burgmauer und umgekehrt [252]).

Die soziologische Struktur des Ortes war außer durch den Seligenstädter Verwaltungs- und Wirtschaftskern durch Weinbau, Landwirtschaft und Salzsiederei bestimmt. Er stellte also den Mischtyp einer kleinen Acker- und Weinbauern- sowie Arbeitersiedlung dar.

Blicken wir in das Dorf hinein, so haben wir im Westen einen fuldischen Siedlungskern, der sich an das vom Johannisberg herunter erstreckende fuldische Areal anschloß. Seine Ausdehnung innerhalb des Ortes nach Osten ist ungewiß. Uns ist lediglich bekannt, daß noch zu Beginn des 17. Jahrhunderts elf Häuser in der Apfelgasse zur Kirche auf dem Johannisberg pfarrten, was auf frühere organisatorische Bezogenheit deuten dürfte. Man kann mit einigem Recht hier von einer Art Oberdorf reden, in welchem außer einigen Landwirten die Weinbauern ansässig waren, durch welche unter anderem die uns überlieferten Weinberge der Fuldaer Propstei Frauenberg am Johannisberg bearbeitet wurden. Die Verbindung dieses Ortsteiles zum Johannisberg kam durch den dorthin führenden Leich- oder Pfaffenweg [253]) zum Ausdruck.

Südlich der Ober- und Untergasse, der späteren Hauptstraße, wurde die Mitte des Dorfes von dem politischen, kirchlichen und wirtschaftlichen Mittelpunkt des Seligenstädter Verwaltungsbereiches Nauheim eingenommen. Hier stand die alte Kirche, die Vorgängerin der späteren Wilhelmskirche, mit dem sie umgebenden Friedhof. Am Beginn der marktartigen Erweiterung der Untergasse lag der Fron-

---

248) Siehe zu dieser Darstellung den Holzschnitt „Prospect von Nauheim u. der dabey liegenden Saltzsode, wie sich solche vom Johannesberg zeiget" v. 1784; abgedruckt Bad Nauheimer Jb. 2. Jg. 1913 Titelblatt u. die Karte S. 43.
249) Becker (Anm. 170); Görnert (Anm. 23) S. 70 f.; Becker (Anm. 14) S. 24—26.
250) Becker (Anm. 14) S. 24.
251) Ebd. S. 26.
252) Becker (Anm. 170) Nr. 24.
253) Siehe S. 30 u. 32.

hof, später Herrenhof, dann Vorwerk genannt, von dem ein Teil im jetzigen Pfälzer Hof steckt. Am Markt selbst ist vielleicht das Haus des Schultheißen zu suchen. Hier steht an der Ecke zur Mittelstraße das Kommandantenhaus, das an der Stelle des vorherigen Gutshauses derer von Karben errichtet wurde.

Zu diesen Gebäuden des engeren Seligenstädter Verwaltungskomplexes gesellten sich, besonders nach Norden über die Untergasse hinweg, die Häuser der landwirtschaftlichen Arbeiter und der Handwerker. Die Zahl der letzteren ist im Blick auf die Salzgewinnung und den mit ihr verbundenen Fuhrbetrieb verhältnismäßig groß gewesen, wie eine Bedeliste des Ortes von 1489 ausweist [254].

Der restliche, ostwärtige Teil des Ortes wurde dann für den Betrieb der in dieser Richtung vor dem Ort liegenden Salzsiedereien von den Södern mit den dazu gehörigen Handwerkern eingenommen. Zu ihnen kamen in der Folgezeit mit der Intensivierung des Salinenbetriebes die Fuhrleute, die das erforderliche Brennholz heranführten und das ersiedete Salz abtransportierten.

Betrachten wir zurückschauend die Zusammensetzung des Ortsplanes, so ergibt sich tatsächlich eine Vierteilung, von der die Sage redet. Dies sehen wir noch einmal in der Einteilung der Bevölkerung nach Rotten zur Verteidigung bestätigt. Es begegnen nämlich die Ober-, Unter-, Kirch- und Bornrotte [255]. Letztere gruppierte sich um den Born, den größten Gemeindebrunnen in der nördlichen Mitte des Ortes.

Schon die keltische Salzsiedersiedlung lag im Osten des späteren Dorfes Nauheim [256]. So ist es aus naturgegebenen Voraussetzungen auch in der Folgezeit geblieben. Auf diesen Salzsiedebezirk lief jedoch nicht nur vom Westen her die Steingasse zu. Es ist das Verdienst des verstorbenen Nauheimer Stadthistorikers Fr. Becker, auf eine weitere alte Straße und ihre Bedeutung hingewiesen zu haben, die bislang in der Ortsgeschichte wenig beachtet worden war: die Hellgasse [257]. Sie verlief von Norden aus dem Raum Nieder-Mörlen kommend, westlich des jetzigen Großen Teiches und der Usa durch die Tennisplätze und die Kurstraße auf den Raum vor dem Untertor des Dorfes zu. Sie steuerte also das bekannte Salinengebiet von Norden her an und bildete mit der Verlängerung der Steingasse ostwärts des Ortes ein Straßenkreuz. Hier führte eine Straße aus dem Ort heraus über die Usa nach Osten zum Heiligenstock und erreichte die Hohe Straße, die zwischen Usa und Wetter auf der Höhe von Süden nach Norden zog.

Die Hellgasse ist sicher nicht, wie Fr. Becker vermutet [258] von ihrem nord-südlichen Verlauf auf das Untertor abgebogen, sondern im Zuge der heutigen Kur- und Friedberger Straße weiter auf Friedberg gezogen. Die Enggasse von Friedberg her im Zuge der Mittelstraße auf das Mitteltor ist eine spätmittelalterliche Abknickung auf den Ort Nauheim, denn noch 1493 war Nauheim zweitorig (Ober- und Untertor), ein drittes Tor wird erst 1518 genannt [259] und der Name Enggasse begegnet demgemäß erst seit dem 16. Jahrhundert [260], seitdem auf dieses Tor eine Straße zugeführt werden konnte.

---

254) Görnert (Anm. 23) S. 72.
255) Ebd. S. 73.
256) Ludwig (Anm. 12) S. 46—61; Jorns (Anm. 15) S. 178—184; Jorns - Süß (Anm. 15) Darin zur Salzgewinnung in der Latènezeit S. 117.
257) Becker (Anm. 14) S. 30—32; Ders. (Anm. 76) S. 128 f.
258) Becker (Anm. 14) S. 30.
259) Ebd. S. 24.   260) Ebd. S. 34.

Die Hellgasse erscheint urkundlich ebenfalls erst spät: 1523, 1546 und 1549 als Heyl(l)- und 1550 als Hoylgasse [261]). Die Deutung dieses Namens bereitet einige Schwierigkeiten. Er könnte über das Wort Helle = Helde Abhang bedeuten [262]), nur zieht die Gasse nicht am Hang des Johannisberges entlang, sondern zum Teil in nächster Nähe der Usa. Die Ableitung der Form Hoyl von Hol = Erdloch, Enge [263]) will ebenfalls aus geographischen Gründen nicht befriedigen, weil der Zug der Gasse nicht in einem Hohlweg zu verlaufen nötig hatte, wenn auch Fr. Becker glaubt [264]) auf einige Hohlwegbeweise schließen zu können. Ob man die Grundbedeutung allerdings aus dem Keltischen haloin = Salz ableiten und als verschliffene Form desselben (Heyl, Hoyl) deuten darf [265]), erscheint uns bedenklich.

Sei dem auch wie ihm wolle, jedenfalls stellt das im Bereich der alten Salzsiedereien gelegene Straßenkreuz Steingasse — Hellgasse die Bedeutung beider Straßen für die nahe und weitere Umgebung heraus, indem hier aus allen vier Himmelsrichtungen Straßen zusammenliefen, die ihrerseits wieder Anschlüsse an nord-südlich und ost-westlich verlaufende Fernstraßen ansteuerten.

Südlich des Ortes erstreckte sich in dem Raum zwischen der jetzigen Mittel- und Otto-Weiß-Straße die Beune bis etwa an die Schwalheimer Straße heran [266]). Sie gehörte, wie wir bereits oben darlegten [267]), zum Bezirk des Seligenstädter Hofes und stellte ein aus der Ortsallmende herausgenommenes Areal dar, das damit der herrschaftlichen Nutzung vorbehalten war. Mit der soeben genannten Ausdehnung der Beune ist aber nicht die Südgrenze der Gemarkung Nauheim bezeichnet. Wir wissen, daß diese sich bis vor den Bereich der Burg Friedberg erstreckte. So hatte das Friedberger Gutleut-(Feldsiechen-)Haus, das auf dem ostwärtigen Ufer der Usa vor der Burg Friedberg lag, eine Abgabe an den Hof zu Nauheim zu leisten, worunter wir wohl nur den vormaligen Seligenstädter Fronhof zu verstehen haben [268]).

Wir können diese siedlungs- und verkehrsgeographische Betrachtung nicht abschließen, ohne auch einen Blick auf die Burg Nauheim zu werfen. Sie lag zwischen dem Johannisberg und dem Ort, an der Nordwestecke desselben. Ihre Entstehung liegt im Dunkeln. Nach dem Ort oder ihr nannte sich eine ritterbürtige Familie von Nauheim, die ab 1211 nachweisbar ist [269]). Sie führte mit den oben genannten [270]) Ministerialen Kranich von Kransberg den Kranich im Wappen [271]), was aus geographischen und zeitlichen Gründen auf Verwandtschaft zu deuten scheint. Aus der Tatsache, daß 1331 Februar 22 die Abtei Seligenstadt dem Gilbrecht von Nauheim

261) Ebd. S. 30.
262) Förstemann (Anm. 51) 2. Bd. 1. Hälfte 1913 Sp. 1334 u. 1336.
263) Ebd. Sp. 1397.
264) Becker (Anm. 14) S. 30.
265) Ebd. S. 32.
266) Ebd. S. 37; ders. (Anm. 76) S. 102 f.
267) Siehe S. 38.
268) Becker (Anm. 76) S. 113 f. Siehe hierzu die Lage des Siechhauses auf der Ansicht der Reichsstadt v. M. Merian 1646; Teilabdruck Becker (Anm. 76) nach S. 44 u. W. Braun, Das ehem. Friedberger Gutleuthaus. In: Wett. Gesch. Bll. Bd. 2, 1953 S. 76—87. Dort Ganzabbildung des Merianstiches nach S. 80.
269) Siehe S. 37.
270) Siehe S. 38.
271) Abb. Martin (Anm. 77) S. 53.

ihren Fronhof zu Nauheim auf neun Jahre verschreibt [272]), scheint hervorzugehen, daß damals die Burg Nauheim — zumindest in ihrem späteren, den Lebensbereich eines Landadligen ausfüllenden Umfang — noch nicht existierte. Dies wird auch durch die Betrachtung des Ortsplanes von Nauheim bestätigt. Während der alte Ortskern eine geschlossene elliptische Form hat, ist der Burgbezirk deutlich als Anhängsel zu erkennen. Die Burg war demnach nicht von Anfang an in den Ortsbering einbezogen, auch zwangen keine geographischen Verhältnisse zu einer solchen extremen Lage. Aus alledem darf man auf spätere Entstehung schließen.

Da über die Erbauung der Burg keine Nachrichten vorliegen, ist der Frage nach Eigentum und Recht an derselben zunächst nur über die Archivalien der beiden in und um Nauheim begüterten geistlichen Institute Fulda und Seligenstadt näherzukommen. Die Lage am Nordwestrand des Ortes, wo Fuldaer und Seligenstädter Besitz aufeinanderstoßen, läßt die Möglichkeit zu, daß jede der genannten Abteien die Burg erbaut haben kann, wobei man zunächst nach dem geographischen Befund mehr an Fulda, wegen des Umfanges der Seligenstädter Besitzungen und Rechte mehr an die letztere Abtei denken möchte. Im Fuldaer Lehnhof [273]) erscheinen die Herren von Nauheim jedoch nicht und die oben [274]) verzeichneten Aktivlehen Fuldas in Nauheim betreffen nur Güterstücke, aber nicht die Burg. Fulda als Herr der Burg scheint demnach auszuscheiden. Noch unergiebiger ist die Quellenlage von Seiten der Abtei Seligenstadt. Das oben [275]) erwähnte Mannbuch der Abtei ist nicht mehr vorhanden; doch es gestattet die Betrachtung der Beziehungen der Abtei Seligenstadt zur Herrschaft Hanau und daraus sichere Schlüsse in der uns interessierenden Frage. Wir hatten oben [276]) gehört, daß die Abtei Seligenstadt 1473 April 5 ihren Besitz in Nauheim an das Deutschordenshaus Sachsenhausen verkaufte, daß Graf Reinhard der Jüngere von Hanau bald darauf denselben übernahm und 1476 Dezember 4 die Abtei ihm auch förmlich ihren Anteil am Dorf Nauheim verkaufte. Aus dem folgenden Jahr liegt uns zu 1477 Oktober 28 der erste Hanauer Lehnsbrief über Schloß, Haus und Hof zu Nauheim für den minderjährigen Heinrich von Selbold vor [277]). Diese Erstbelehnung erfolgt also unmittelbar nach dem Über-

---

272) Hs. 12 fol. 21v-22 StADarmstadt.
273) J. F. Schannat, Client. Fuld. 1726.
274) Siehe S. 30.
275) Siehe S. 41 f.
276) Siehe S. 40.
277) Ausf. Perg. Lehnsurk. Hanau, v. Selbold StAMarburg. Die Familie v. Selbold wird 1562 Aug. 22 zum letzten Mal mit der Burg belehnt. Darauf erscheinen von 1579 März 30 bis 1613 Jan. 14 Lehnsbriefe für die Familie v. Reinberg, 1629 März 10 einer für Koethe v. Wanscheid, 1649 Apr. 7 für die Schutzbar v. Milchling u. von 1702 Dez. 7 bis 1777 Sept. 14 für die v. Greiffenclau auf Vollrads (Lehnsurk. Hanau, v. Selbold, v. Reinberg, Koethe v. Wanscheid, Schutzbar v. Milchling u. v. Greiffenclau StAMarburg). Die v. Greiffenclau haben 1816 Jan. 11 die nur noch als Gut bezeichneten Reste der Burg mit Zubehör an Jos. Altmann aus Ansbach verkauft, von dem der Besitz 1816 Apr. 2 an die Gemeinde Nauheim weiterging. Diese hat ihn vereinzelt verkauft (Becker [Anm. 76] S. 60 f.). Die Burg scheint schon gegen Ende d. 15. Jhdts. verfallen zu sein u. die Belehnung sich auf zugehörige Güterstücke: Haus, Hof u. Äcker bezogen zu haben. 1482 Jan. 16 verleiht Lisa v. Breidenbach, Frau des Henne Lesch, einen Garten vor dem Falltor, da die Burg gestanden, an Henne Kalteisen (Hanauer Nachtr. alpha 2450). 1579 März 23 hören wir, daß auch die unteren Gebäudesteine im Flecken verbaut wurden (ebd.).

gang des Seligenstädter Besitzes in Nauheim an die Grafschaft Hanau, so daß wir wohl mit Sicherheit schließen können, daß die Burg zu Nauheim zuvor Seligenstädter Lehen gewesen ist, auch wenn dies im Hanauer Lehnsbrief nicht ausdrücklich erwähnt wird [278]. Die Vermutung Seligenstädter Lehnsherrschaft deckt sich schließlich noch mit dem festgestellten umfangreichen Besitz der Abtei in Nauheim und vor allem mit deren Hoheitsrechten (Vogtei, Gericht) in und um Nauheim.

Der Vollständigkeit halber sei an dieser Stelle, an der die Betrachtung der Fuldaer und Seligenstädter Einflüsse in Nauheim abgeschlossen wird, noch erwähnt, daß sich in den Straßen- und Flurnamen Bad Nauheims keine Spuren finden, die auf den ehemaligen Fuldaer oder Seligenstädter Besitz Bezug nehmen.

Es wurden bereits mehrfach bei der Behandlung der Fuldaer und Seligenstädter Belange in Nauheim die Herren, späteren Grafen von Hanau erwähnt. Sie begegnen zunächst in Nauheim als Erben der Münzenberger und beschäftigten uns bereits als fuldische Lehnsträger über die Kirche auf dem Johannisberg [279]. Es ist zu vermuten, daß sie nicht nur mit der Kirche und deren engerem Zubehör belehnt waren, sondern auch mit dem weiteren dort gelegenen fuldischen Besitz und darüber die Vogtei ausübten. Außer den Hanauern, die ein Sechstel des Münzenberger Erbes erhalten hatten, waren es die Falkensteiner, die im Laufe der Jahre nach dem Aussterben der Münzenberger fünf Sechstel des Erbes an sich brachten. So ist es zu erklären, daß wir neben Hanau auch die Falkensteiner, wenn auch kurz, in Nauheim antreffen. Dies hängt sicher mit dem Bemühen der Falkensteiner zusammen, sich in den Besitz der ganzen Münzenberger Erbschaft zu setzen. Hier begegnen wir also ihrem Eindringen in den Anteil, der den Hanauern zugefallen war. Aus einer innerfalkensteinischen Teilung von 1271 Oktober 16 erfahren wir nämlich [280], daß Philipp II. die Jurisdiktion zu Nauheim innehatte und sein Bruder Werner trotzdem den Zehnten darin erhielt. Die Hanauer hatten jedoch durch ihre Belehnung mit den fuldischen Stiftslehen als Münzenberger Miterben eine starke Position in Nauheim. Dazu kam die Vogtei über den in Nauheim vorhandenen beträchtlichen Besitz der Abtei Seligenstadt [281] und seit Beginn des 14. Jahrhunderts ihre Position als Landvögte der Wetterau [282]. Nur so wird es verständlich, daß 1304 Juli 1 Ulrich von Hanau für 100 Mark den Vettern Philipp dem Älteren und Philipp dem Jüngeren von Falkenstein die Dörfer Butzbach, Nauheim und Rodheim zu Pfand setzen konnte [283]. Im Laufe des 14. Jahrhunderts scheint Hanau die Falkensteiner ganz aus Nauheim herausgedrängt zu haben, denn wir hören von Falkensteiner Besitz

---

278) Die Behauptung von K. Walz, Bad Nauheim vor 300 Jahren. In: Quartalbll. d. Hist. Ver. f. d. Ghzgtm. Hessen Neue Folge 4. Bd. 1910 S. 262, daß die „Junker v. Rheinberg" als Bewohner der Nauheimer Burg Lehnsmänner des Mainzer Domkapitels gewesen seien, trifft demnach nicht zu. Die in dieser Richtung angestellte Nachsuche in den einschlägigen Mainzer Archivalien (StAMünchen, StAWürzburg) war ohne positives Ergebnis.

279) Siehe S. 27.

280) Gudenus (Anm. 91) Bd. II 1747 S. 179 Nr. 1271; Grüsner (Anm. 132) Bd. III 1776 S. 199—201.

281) Siehe S. 40 f.

282) 1301 Okt. 11 Reimer (Anm. 127) Bd. II 1892 Nr. 32; 1300 Okt. 20 Reimer (Anm. 127) Bd. I 1891 Nr. 808; Böhmer - Lau (Anm. 203) Bd. I 1901 Nr. 772.

283) Reimer (Anm. 127) Bd. II 1892 Nr. 42.

oder Rechten in Nauheim nichts mehr [284]). Auch werden bei der großen Falkensteiner Teilung nach dem Aussterben dieses Geschlechtes 1419 im Butzbacher Drittel, wo sie zu erwarten wären, keine Anteile an Nauheim erwähnt [285]).

Um so stärker werden Besitz und Rechte der Hanauer erkennbar. 1339 Dezember 4 verschreibt Ulrich II. von Hanau seinen Töchtern Agnes und Luitgard, Nonnen im Kloster Patershausen, zwei Fuder Weingeldes aus Nauheim [286]). 1359 April 25 weist er die Bewohner in Dorf und Gericht Nauheim in den Bann der Mühle Heinrichs von Nauheim [287]). 1381 entwickelt sich eine Korrespondenz zwischen Ulrich von Hanau und Philipp von Falkenstein [288]). Letzterer hatte einige Untertanen in Nauheim, die angeblich durch Ulrich von Hanau mit Beköstigungs- und Herbergspflicht bedrängt werden. Ulrich begegnet der Klage mit der Erklärung, daß ihm das Gericht Nauheim unterstehe und Beköstigung und Herberge sein dortiges Recht seien. Der Ausgang des Streites ist nicht erkennbar. Daß der Hanauer mit seiner Behauptung im Recht war, wird dadurch bewiesen, daß ab 1489 jährlich in den Gemeindeabgaben zu Nauheim 21 Gulden an die Herrschaft Hanau für den Verzicht auf ihre und ihres Gefolges Beköstigung erscheinen [289]). Hatten wir bei der Betrachtung der Besitzungen und Rechte der Abtei Seligenstadt in Nauheim zu 1390 März 6 gehört [290]), daß beim Kauf von vier Morgen Land durch die Liebfrauenkirche - Friedberg in Nauheim ein Notariatsinstrument „von gerichts wegen des hoves unsers hern, des apts von Seligenstadt" ausgefertigt wird, so erfahren wir 1391 Februar 3 zur Ergänzung, daß Ulrich von Hanau diesen Kauf seinerseits „in unserem gericht" beurkundet [291]).

1394 Februar 19 verschreibt Ulrich V. von Hanau seiner Frau Else geb. von Ziegenhain das Dorf Nauheim als Morgengabe [292]). 1405 März 12 erfahren wir endlich, daß Reinhard von Hanau durch Abt Lumpo von Seligenstadt das Dorf Nauheim zu rechtem Mannlehen empfangen hat [293]). Da mit diesem Jahre erst die Lehnskopiare der Herrschaft Hanau beginnen, dürfen wir schließen, daß auch die zuvor

---

284) Vielleicht steht dieses Geschehen im Zusammenhang mit dem von Hanau gegen die Falkensteiner siegreich geführten Reichskrieg. Dazu: K. Ebel, Der Reichskrieg gegen Philipp d. Ä. v. Falkenstein. In: Mitt. d. obhess. Gesch. Ver. Neue Folge Bd. 22, 1915.
285) Fr. Uhlhorn, Gesch. d. Grfn. Solms im Mittelalter 1938 S. 355.
286) Reimer (Anm. 127) Bd. II 1892 Nr. 540.
287) Druck: Bad Nauheimer Jb. 2. Jg. 1913 S. 45 Nr. 10. Es handelt sich um eine Mühle, die an der Usa in Höhe des jetzigen Großen Teiches stand (Flurname: Hinter der Mühle. Becker [Anm. 76] S. 90 Nr. 20). Nach den Herren v. Nauheim sehen wir sie in der Hand derer v. Selbold u. deren Nacherben, derer v. Reinberg, von denen sie den Namen Reinsberger Mühle erhielt. Im 30jähr. Krieg wurde der Platz nach Zerstörung wüst (K. Walz [Anm. 278] S. 262; Fr. Becker, Gesch. d. Nauheimer Mühlen. In: Die Heimat. Beil. z. Bad Nauheimer Ztg. Juli/Aug./Sept. 1937 Nr. 8—10).
288) Ausf. Pap. Nauheim StADarmstadt.
289) Becker (Anm. 76) S. 57.
290) Siehe S. 39.
291) Ausf. Perg. Friedberg StADarmstadt. Abschr. Pap. (16. Jhdt.) Hanauer Nachtr. alpha 682 fol. 28. Druck: Foltz (Anm. 93) Bd. I 1904 Nr. 705. Notiz: Reimer (Anm. 127) Bd. IV 1897 Nr. 550.
292) Reimer (Anm. 127) Bd. IV 1897 Nr. 657; Bad Nauheimer Jb. 2. Jg. 1913 S. 2—4; ebd. 7. Jg. 1928 S. 2—4.
293) Lehnskopiar Hanau L 46 fol. 29 StAMarburg; siehe dazu auch die Aufführung des Lehens in den Lehnskopiaren L 47 fol. 2 (zu 1402?) u. L 48 fol. 13 (zu 1406) StAMarburg.

genannten Verfügungsrechte Hanaus in Nauheim auf Belehnung durch die Abtei Seligenstadt beruhen. Diese Vermutung läßt sich noch dadurch stützen, daß 1343 Juni 12 ein Gerhard von Nauheim nur als hanauischer Lehnsträger in Nieder-Weisel erscheint [294]), nicht jedoch in Nauheim selbst, was wohl näher gelegen hätte, wenn Hanau dort Belehnungsrechte besessen hätte.

Aus einem Weistum des Hanauer Amtmannes von Windecken und Nauheim von 1433 März 19 geht hervor [295]), daß die Herren von Hanau in Nauheim oberste Herren über Hals und Haupt, Wasser und Weide waren und ihnen das Beköstigungs- und Herbergsrecht zustand. 1434 Juni 5 trifft Graf Reinhard von Hanau mit der Gemeinde eine Vereinbarung über das Ungeld vom Wein [296]). Ein weiteres Weistum von 1436 Juni 19 bestätigt die durch das vorige Weistum gewonnene Erkenntnis, daß die Grafen von Hanau oberste Herren über Hals und Haupt sowie über Wasser und Weide waren [297]). 1452 November 27 erfahren wir, daß Hanau in Nauheim den kleinen Zehnten besitzt und ihn an Engel Holzheimer von Friedberg verlehnt [298]). 1459 März 4 geben sich die Södermeister zu Nauheim eine Ordnung unter Einwilligung des Grafen Philipp von Hanau [299]).

Wir erkennen aus diesen urkundlichen Belegen, wie die Herren von Hanau immer mehr in die Stellung des Landesherrn hineinwachsen. Mosaikartig setzt sich unsere Kenntnis darüber zusammen, daß sich in ihrer Hand und Person die Vogtei über die fuldischen Güter, aber auch die über den Seligenstädter Besitz vereinigte. Mit dem Ankauf des umfangreichen Seligenstädter Komplexes zu Nauheim im Jahre 1476 setzt Hanau, wie wir sahen [300]), einen Schlußstein zum Ausbau seines Territorialbesitzes in dem Ort, der dann in das Amt Dorheim einorganisiert wurde. Zwar ging die Vogtei selbst weiter von Seligenstadt zu Lehen [301]), doch läuft auch diese Formalbelehnung im 16. Jahrhundert aus [302]) und geht in der Hanauer Landesherrschaft unter.

*

Abschließend sei auf Grund des urkundlichen Materials eine Darstellung des wirtschaftlichen Komplexes gegeben, dem diese gesamte Untersuchung schließlich dienen soll: der Salzgewinnung in Nauheim im frühen Mittelalter. Die darüber erschienene Literatur [303]) informiert nicht im gewünschten Umfang, da sie nur das

---

294) Reimer (Anm. 127) Bd. II 1892 Nr. 627.
295) Bad Nauheimer Jb. 2. Jg. 1913 S. 43 Nr. 7.
296) Ebd. S. 41 Nr. 5.
297) Ebd. S. 41—43 Nr. 6.
298) Hanauer Lehnsurk. Holzheimer StAMarburg. 1476 Juni 3 verkauft Gretgen, Witwe d. Engel Holzheimer mit Zustimmung d. Grfn. Phil. v. Hanau als Lehnsherren dem Friedr. v. Dorfelden den kl. Zehnten zu Nauheim. Ausf. Perg. StAMarburg. 1500 Okt. 3 wird nach dem Tode Engel Holzheimers Friedr. v. Dorfelden durch Gr. Reinhard v. Hanau mit dem kl. Zehnten zu Nauheim belehnt. Ebd. v. Dorfelden.
299) Bad Nauheimer Jb. 2. Jg. 1913 S. 33—35 Nr. 1.
300) Siehe S. 40.
301) Siehe S. 41.
302) Siehe S. 41 f.
303) J. Thölde, Haligraphia 1603; Ludwig (Anm. 12); A. Martin, Die ältesten gedruckten Erwähnungen der Nauheimer Saline im 16. Jhdt. u. die älteste gedruckte Beschreibung derselben. In: Bad Nauheimer Jb. 2. Jg. 1913; E. Blöcher, Salinen u. Salzhandel i. d. Wetterau

Hoch- und Spätmittelalter behandelt. Das liegt natürlich — wie so oft — an der ungünstigen Überlieferung, doch glauben wir, daß es sich schon verlohnt, versuchsweise ein Bild zu zeichnen, wie es sich nach Aufarbeitung der erreichbaren Urkunden und Akten ergibt.

Aus der Wetterau liegt uns eine erste Notiz über Salzquellen von 773 September 26 vor [304]. Es ist darin von einer Schenkung an das Kloster Lorsch in Eschbach die Rede, die zwei Salzquellen zum Gegenstand hat, von denen ausdrücklich gesagt wird, daß sie der Salzgewinnung dienen. In ihnen werden die Vorgänger der Bad Homburger Quellen gesehen [305]. Dieselben Salzquellen sind es auch höchstwahrscheinlich, die 817 August 4 in einem Gütertausch zwischen Kaiser Ludwig dem Frommen und dem Kloster Fulda genannt werden [306]. Danach dauert es fast 450 Jahre, bis wieder von Salzsiedereien in der Wetterau eine urkundliche Nachricht vorliegt. 1266 Februar 25 ist in Wisselsheim von Orten die Rede, an denen Salz gekocht wird und die im Volksmund Saltzsoden genannt werden [307].

In die Zeit des ersten der oben genannten urkundlichen Belege fällt auch die spätmerowingisch-karolingische Salzgewinnung in Nauheim, die durch Grabungen festgestellt wurde [308]. Die dabei gefundene Münze Kaiser Ludwigs des Frommen [309] gestattet wegen des längeren Umlaufs dieses Münztypus noch nach dem Tode des Kaisers [310] ihre Datierung wohl bis gegen Ende des 9. Jhdts., und das oben beschriebene und interpretierte Zinsregister der Abtei Seligenstadt [311] eröffnet die Möglichkeit, daß wir es bei ihm mit Zehnten aus der Nauheimer Salzsiederei zu tun haben könnten. Über deren Umfang in Nauheim lassen sich jedoch keine Angaben machen. Ob sie übergeordnete, also über den engeren Bereich um Nauheim hinausgehende Bedeutung gehabt hat, läßt sich nicht entscheiden. Das Kreuz der alten Wegeverbindungen (Stein- und Hellgasse) zwischen dem alten Dorf Nauheim und dem Salinengebiet und die vermutbaren Salzzehnten scheinen in diese Richtung zu deuten. Das würde aber für die auf die karolingische Zeit folgenden Jahrhunderte bedeuten, daß dort höherentwickelte Methoden praktiziert werden mußten, welche von der geringprozentigen Sole (3%) schneller zum Salz führten.

In und bei Nauheim werden Naturquellen erstmals 1331 Februar 22 anläßlich einer Güterbeschreibung genannt [312]; es begegnen die Namen Sauerborn und Ockerborn. Der erste Name läßt die Quelle als Säuerling erkennen. Wo allerdings die mit dem landläufigen Begriff Sauerborn bezeichnete Quelle gelegen hat, läßt sich aus den geographischen Angaben der Urkunde nicht erschließen. Der Ockerborn lag

---

mit besond. Berücksichtigung von Nauheim im 17. u. 18. Jhdt. Diss. Marburg 1931 = Mitt. d. obhess. Gesch. Ver. Neue Folge Bd. 30, 1932. Einzelne Urk. d. 15. Jhdts. in Bad Nauheimer Jb. 13. Jg. 1934.

304) K. Glöckner, Cod. Lauresh. Bd. III 1936 Nr. 3335.
305) H. Jacobi, Zur Gesch. d. Homburger Mineralquellen. In: Mitt. d. Ver. f. Gesch. u. Altertumskde. zu Bad Homburg 18. Heft 1935 S. 33.
306) Sauer (Anm. 184) Bd. I 1885 Nr. 49a u. b.
307) Boehmer - Lau (Anm. 203) I. Bd. 1901 Nr. 260.
308) Jorns-Süß (Anm. 15).
309) Ebd. S. 127.
310) Frdl. Hinweis v. Dr. W. Heß - Marburg.
311) Siehe S. 15 f.
312) Hs. 12 fol. 21v-22 StADarmstadt.

südwestlich des Ortes, kurz vor der Gemarkungsgrenze nach Ockstadt [313]) und damit nicht im traditionellen Salinengebiet. Auch er kann demnach noch nicht als urkundlich belegte Salzquelle in Nauheim in Anspruch genommen werden. Aber wenige Jahre darauf hören wir in einer Urkunde vom Salz in Nauheim. Nordostwärts von Nauheim lag beim Ort Rockenberg ein Hospital, das in den dreißiger Jahren des 14. Jahrhunderts erstmals erwähnt und dann durch den Ritter Johannes von Bellersheim genannt von Rockenberg, seine Frau, Sohn und Schwiegertochter in ein Kloster, das spätere Marienschloß, umgewandelt wurde [314]). In der nachträglich 1338 April 30 ausgestellten Stiftungsurkunde [315]) erhält das Kloster unter anderem eine Salzpfanne (sarta[r]go salis) übertragen, die neben Nauheim liegt und achtzehn Achtel Salz zinst. Die Ausstattung dürfte aus Eigengut der Familie von Bellersheim erfolgt sein. Von lehnsherrlichen Vorbehalten ist in diesem Zusammenhang nicht die Rede.

Im 15. Jahrhundert wird, nach fast siebzigjährigem Schweigen der Urkunden, die Überlieferung über die Salzsiederei in Nauheim reicher. 1405 Januar 13 verkauft Gilbrecht Riedesel dem Johanniterorden zu Nieder-Weisel ein Drittel einer Salzpfanne zu Nauheim [316]). Der Kaufpreis dieses Drittels beträgt 22 Gulden. Durch dieses Drittel wird der beachtliche Wert der gesamten Salzpfanne herausgestellt. Bemerkenswert sind die vorherigen Besitzverhältnisse, die uns dabei zugleich genannt werden: Gilbrecht Riedesel hatte diese Salzpfanne von Henne Günther gekauft und zuvor gehörte sie einem Henn Lyetzsch (Lesch?). 1407 Juni 5 bekennt Wigel Junckhausen zu Nauheim mit seiner Frau, daß sie von Bertha von Bellersheim und deren Sohn Konrad mit einer Sode zu Nauheim belehnt wurden, die vor der Sode des Henne von Kleen liegt [317]). 1459 März 4 hören wir dann, daß sich die Södermeister des Salzhandwerks zu Nauheim mit Genehmigung des Grafen Philipp von Hanau eine Salzsöderordnung geben [318]).

Da mit der letztgenannten Urkunde erstmalig die Herren von Hanau in Bezugnahme auf die Salzsiederei erscheinen, ist es hier angebracht, die bis zu diesem Zeitpunkt vorliegenden urkundlichen Belege daraufhin zu untersuchen, was sie über die Rechtsverhältnisse in diesem Wirtschaftsbereich aussagen. E. Blöcher [319]) behauptet, daß die Salzquellen zu Nauheim zunächst noch als Allod in der Hand des Landesherrn, also Hanau, gewesen seien. Das sagen die vorgelegten Urkunden allerdings nicht. Aus ihnen geht vielmehr lediglich hervor, daß das Eigentum an den Salzpfannen aus der Hand von Bürgern in die von Adligen und umgekehrt wechselt, ohne daß dabei der Landesherrschaft gedacht wird. Die Weistümer des 15. Jahrhunderts,

---

313) Becker (Anm. 76) S. 120 f.
314) Pfr. Scriba, Beitr. z. Ortsgesch. 8. Kloster Marienschloß zu Rockenberg. In: Arch. f. hess. Gesch. u. Altertumskde. Alte Folge Bd. 6, 1849 S. 103—123. W. Dersch, Hess. Klosterbuch ²1940 S. 116 f.
315) Druck: Scriba (Anm. 314) S. 105—109. Verz.: Martin (Anm. 32) S. 61.
316) Druck: Bad Nauheimer Jb. 2. Jg. 1913 S. 39 Nr. 3.
317) Druck: Documenta aus dem Hanau-Müntzenbergischen Archiv, welche zu dem contrahierten Inhalt d. i. J. 1720 getruckten Beschreibung d. Hanau-Müntzenberg. Landen als Beylagen gebraucht werden 1721 S. 23 Nr. 24; Bad Nauheimer Jb. 7. Jg. 1928 S. 54 f.
318) Druck: Documenta (Anm. 317) S. 141 f. Nr. 103; Bad Nauheimer Jb. 2. Jg. 1913 S. 33—35 Nr. 1.
319) Blöcher (Anm. 303) S. 7.

die 1433 März 19 [320]) und 1436 Juni 19 [321]), letzteres sehr ausführlich, über die Gerechtigkeiten der Herren von Hanau in Nauheim berichten, melden, daß Hanau oberster Herr über Hals und Haupt, Wasser und Weide sei. Der Gerechtigkeit an der Salzsiederei geschieht keine Erwähnung, und daß durch die letztgenannte Urkunde Hanau bereits die Angelegenheiten der Nauheimer Söder geregelt habe, wie E. Blöcher will [322]), sagt das Weistum nicht. Erst die Urkunde von 1459 März 4, in welcher das Salzsiederwesen in Nauheim geordnet wird [323]), läßt den Grafen Philipp von Hanau dabei in Erscheinung treten.

Mit ihm begegnet aber zugleich eine Pfännerschaft der Södermeister des Salzhandwerks. Versuchen wir nun, dies nach rückwärts zu projizieren, so müssen wir zugleich auch ein wenig in die Breite gehen. Dazu nötigt auch die Aussage von E. Blöcher [324]), daß nach den frühesten Dokumenten die Salzquellen als Regal in der Hand des Landesherren gewesen seien.

Unter den Regalien [325]) werden Befugnisse verstanden, die zunächst den fränkischen und mittelalterlichen Königen zustanden, später aber auch in der Hand der Fürsten, geistlicher und weltlicher Herren sind, sei es durch ausdrückliche Belehnung oder unvordenkliche Ausübung [326]). Bei diesen Regalien werden ältere (Marktrecht, Münze, Zoll) und jüngere (Bergbau, Fischerei, Jagd, Rechte an Straßen, Brücken, Häfen und Geleit) unterschieden [327]). Das Salzregal als Teil des Bergregals gehört demnach zur jüngeren Schicht, mit seinem Auftreten ist erst im 11. und 12. Jahrhundert zu rechnen [328]). Der Salinenbetrieb zwischen der Karolinger- und Stauferzeit ist demnach als eine Angelegenheit der großen Grundherren anzusehen [329]). Die durch die Grabungen bei Nauheim festgestellten Salinen seit der Merowinger-Karolingerzeit dürften dem Bezirk der Abtei Seligenstadt angehört haben, worauf auch das mehrfach erwähnte Zinsregister des Seligenstädter Evangeliars zu deuten scheint.

Ob die Abtei die Salzpfannen durch eigene Bedienstete besorgen ließ, ist urkundlich nicht zu belegen, aber für die frühe Zeit zunächst zu vermuten. Später sind, wie die Urkunden ausweisen, Salzpfannen an Adlige und Bürger weitergegangen. Ihre Besitzer haben sich dann, wie wir bereits hörten, zu einer Pfännerschaft zusammengeschlossen, deren Ordnung durch Philipp von Hanau als Landesherren, nicht als Regalherren, 1459 März 4 genehmigt wird [330]). Erst 1494 Juni 13 erhielt Graf

---

320) Druck: Bad Nauheimer Jb. 2. Jg. 1913 S. 43 Nr. 7.
321) Druck: Documenta (Anm. 317) S. 140 Nr. 102.
322) Blöcher (Anm. 303) S. 7 Anm. 5.
323) Siehe Anm. 318.
324) Blöcher (Anm. 303) S. 7.
325) J. Hoop, Reallexikon d. German. Altertumskde. 3. Bd. 1915/16 S. 480—485.
326) H. Thieme, Die Funktion der Regalien im Mittelalter. In: Zschr. d. Savigny-Stiftung f. Rechtsgesch. Germ. Abt. 62. Bd. 1942 S. 57—88.
327) Ebd. S. 61.
328) K. Th. v. Inama-Sternegg, Zur Verfassungsgesch. d. deutschen Salinen im Mittelalter. In: Sitzungsberichte d. phil.-hist. Classe d. kaiserl. Akademie d. Wissenschaften Wien 1886 Bd. 111 S. 575. Anders: A. Arndt, Zur Gesch. u. Theorie des Bergregals u. d. Bergbaufreiheit 1879 S. 60 f. u. 126—133; dazu die Besprechung v. K. Th. Inama-Sternegg in: Hist. Zschr. Neue Folge Bd. 12, 1882 S. 522—524.
329) v. Inama-Sternegg (Anm. 328) S. 571.
330) Siehe S. 50.

Philipp von Hanau durch Kaiser Maximilian I. ein Privileg für den Bergbau und das Salzsieden [331]).

Inzwischen werden weitere Teilhaber an den Nauheimer Salinen erkennbar. 1444 August 24 verschreiben Friedrich von Büches und seine Frau Luitgard ihrer Tochter Sophia anläßlich deren Verheiratung mit Richard von Buseck unter anderem „eyn achteyl salczgolde zu Nuheym" [332]). 1458 Januar 6 gibt das Kloster Arnsburg dem Henne Kalteisen und Wigel Hermann von Mörlen seine Salzsode zu Nauheim auf fünf Jahre in Landsiedeleihe unter Verbot der Veräußerung, mit Ausnahme an Mitgesellen, damit die Sode immer bei einem Stamm bleibe [333]). 1477 Februar 22 pachten Heinrich und Jakob Lotz zu Nauheim eine Sode, die zwischen den Soden des Junkers Henn Lesch und Henn von Bellersheim liegt von den Pflegern des Hl.-Geist-Hospitals Friedberg gegen eine Jahrgülte von sechs Achtel Salz [334]). 1481 Juni 8 hören wir von einem Streit zwischen Henn von Selbold und Wigel Herrmann wegen der Sode zu Nauheim [335]). 1483 Juni 11 berichten Schultheiß und Schöffen zu Nauheim an Graf Philipp von Hanau über einen Streit wegen einer Sode zu Nauheim [336]). Der ungenannte Kläger begehrt einen Entscheid, wem das Gericht die Sode zuerkenne. Dieses erkannte darauf, daß die Sode einen Erbherren habe, dem Grund und Boden gehöre. Wem dieser die Sode zuerkenne, dem wolle sie auch das Gericht von Rechts wegen zusprechen. Es erschien darauf der Knecht des Erbherren und Hofrichter des Konventes des Klosters Marienschloß bei Rockenberg und sagte aus, das Kloster wisse von keinem anderen Zinsmann als dem, der die Sode zur Zeit innehabe und die Zinsen bezahle. Der Kläger war jedoch mit diesem Entscheid nicht zufrieden und begehrte eine glaubhafte Kunde von der Äbtissin selbst. Damit aber bricht der Bericht ab.

1484 Juli 21 schlichten Walther von Vilbel und Heilmann von Praunheim einen Streit zwischen Philipp von Dorfelden und Walpurgis, der Witwe des Epchen von Dorfelden in Erbansprüchen der Letzteren. Sie erhält dabei unter anderem ein Achtel Salz zu Nauheim [337]). 1493 März 17 tritt die Nauheimer Pfännerschaft wieder in Erscheinung. Sie hatte an einem unbekannten, zurückliegenden Zeitpunkt [338]) für jeden Sonnabend und die Vorabende der Marien- und Allerheiligen-Tage Vigilien und Seelenmessen gestiftet und ordnet nun die aus diesem Anlaß erforderlichen Einkünfte der damit befaßten Geistlichen neu [339]). Die Stiftung kommt in der Reformationszeit nach längeren Streitigkeiten zum Erliegen [340]). Die letzte uns betreffende Nachricht über die Salinen im 15. Jahrhundert stammt von 1496 Mai 14. Es findet eine Abrechnung zwischen dem Bursierer des Klosters Arns-

---

331) Druck: Documenta (Anm. 317) S. 60 Nr. 48.
332) Druck: Bad Nauheimer Jb. 13. Jg. 1934 S. 39 f.
333) Druck: Ebd. S. 40.
334) Druck: Ebd. S. 40 f.
335) Ausf. Perg. Kloster Arnsburg Fürstl. Arch. Lich.
336) Hanauer Nachtr. alpha 2631 StAMarburg.
337) Ausf. Perg. Hanau, Adel StAMarburg.
338) Sie scheint schon z. Zt. der Schaffung der Söderordnung v. 1459 März 4 bestanden zu haben, denn es ist darin von Leistungen an das Geleucht die Rede.
339) Druck: Documenta (Anm. 317) S. 143 Nr. 104; Bad Nauheimer Jb. 7. Jg. 1928 S. 8 f.
340) Bad Nauheimer Jb. 7. Jg. 1928 S. 10 f.

burg und den Nauheimer Salzsödern Wigel Hormann und Hertten Hermann über 16 Achtel zu lieferndes Salz statt [341]).

Fassen wir all diese Nachrichten über die Nauheimer Salinen insgesamt ins Auge, so stellen wir fest, daß kein landesherrliches Regal erkennbar ist [342]). Die einzelnen Soden sind Privateigentum des Adels, der Bürger oder geistlicher Institutionen (Kloster Arnsburg, Marienschloß und Hl.-Geist-Hospital Friedberg) [343]), die mit diesem Eigentum ohne landesherrliche Beschränkung umgehen. Die Pfännerschaft erscheint als festgefügte und auch wirtschaftlich wohlfundierte Organisation, die auch finanziell zu Stiftungen in der Lage ist. Bemerkenswert ist die Ordnung der Södermeister von 1459 März 4 [344]). Sie regelt die Preisgestaltung für innerörtlichen und auswärtigen Verkauf, Aufnahme in die Zunft, Holzkauf auf dem Holzmarkt, gegenseitige Holzhilfe, Zahl der Gesöde im Sommer- und Winterhalbjahr, Abgabe für das Geleucht, Buße bei Verstößen, Ruhetage, Erledigung von Beschuldigungen, das Salzwesen betreffend durch sechs Södermeister, Verheiratung der Söderwitwen und -töchter mit berufsfremden Männern.

Die Söderordnung von 1459 nennt auch erstmalig das Material, das für die Ersiedung des Salzes unumgänglich notwendig war: das Holz. Der Holzverbrauch war hoch [345]), weil die Nauheimer Sole nur eine niedrige Konzentration von 2-3% aufwies und das Prinzip der Verrieselung der Sole über Holzgezweig zur Förderung der natürlichen und schnellen Verdunstung und damit der höheren Gradierung einer jüngeren Epoche angehört [346]). Es erhebt sich die Frage nach der Herkunft des Holzes. Wäre der Salinenbetrieb in der Hand des Fiskus gewesen, so hätte der Gedanke nahe gelegen, daß der Holzbedarf durch den in der Nähe liegenden Reichsforst der Mörler Mark gedeckt worden wäre, aus dem 1246/1250 September 11 Erwin Kranich von Kransberg für seine Burg ein Beholzigungsrecht von König Konrad IV. erhielt [347]) oder wie das Hospital Sachsenhausen 1193 März 29 durch Kaiser Heinrich VI. die Erlaubnis bekam, täglich einen Wagen Urholz aus dem Reichsforst Dreieich zu holen [348]).

Von einem fiskalischen Holzbezug sagen die Quellen aber bekanntlich nichts und ein solcher ist bei dem Privatbetrieb der Salzpfannen auch nicht zu erwarten. Die Pfänner mußten also selbst für Heranführung des Holzes sorgen, desgleichen für dessen Bezahlung aufkommen. Aus geographischen Gründen ist dabei zunächst an den Taunus zu denken. Daß es dabei allerlei Schwierigkeiten gab, läßt die Söder-

---

341) Liber actorum fol. 34 Kloster Arnsburg Fürstl. Arch. Lich.
342) Das Salz wurde auch später, nach Übernahme der Saline durch den Staat, nicht Regal. E. J. Zimmermann, Hanau, Stadt u. Land 1903 S. 248.
343) Die Beteiligung d. geistl. Institutionen an der Nauheimer Saline stellt keine außergewöhnl. Tatsache dar, sondern war damals im Blick auf den gr. Haushalt derselben üblich (v. Inama-Sternegg [Anm. 328]) S. 574.
344) Siehe S. 50.
345) W. Hohe, Die Saline in Nauheim u. ihr Holzbedarf. In: Die Heimat. Beil. z. Bad Nauheimer Ztg. Mai 1937 Nr. 3. Wenn der Vf. auch weitgehend die Verhältnisse d. 18. u. 19. Jhdts. schildert, so lassen sich doch daraus vergleichende Schlüsse auf unseren Bearbeitungszeitraum ziehen.
346) Fr. Kissel, Die Salzgewinnung in alter u. neuer Zeit zu Bad Nauheim. In: Bad Nauheimer Jb. 8. Jg. 1928 S. 102.
347) Sauer (Anm. 183) Bd. I 1885 Nr. 522.
348) Böhmer - Lau (Anm. 203) Bd. I 1901 Nr. 30.

ordnung auch erkennen, indem sie ausdrücklich die gegenseitige Hilfsverpflichtung bei Holzmangel eines Pfänners erwähnt. Auch die Schaffung (Erwerbung) eines Salinenwaldes gehört einer späteren Zeit (2. Hälfte des 18. Jahrhunderts) an [349]). Ob der Keller- oder Salzberg westlich Ober-Rosbach, von dem längere Zeit hindurch Holz für die Salzsiederei in Nauheim bezogen wurde [350]), seine Benennung in der Zeit des privat- oder fiskalwirtschaftlichen Betriebes der Salinen erhalten hat, ist nicht zu entscheiden. Zu vermuten ist wegen der Umbenennung die neuere Zeit.

Um die Mitte des 16. Jahrhunderts hören wir, daß zahlreiche Soden zu Nauheim still liegen, weil das Holz nur unbequem und teuer zu beschaffen ist, auch das Usa-Hochwasser fortschreitend Schwierigkeiten verursachte [351]). Von jeder Sode waren an die Landesherrschaft Hanau zwei Gulden zu zahlen und als einige Soden zum Stillstand kamen, wurden deren Zinsverpflichtungen durch die Landesverwaltung der Pfännerschaft in ihrer Gesamtheit auferlegt. Schließlich waren von 33 Soden nur noch 16 in Betrieb. Trotzdem weigerte sich die Pfännerschaft unter Bezugnahme auf ihre Söderordnung, Fremde zur Inbetriebnahme stillgelegter Soden zuzulassen[352]). Graf Philipp Ludwig von Hanau (gest. 4. Febr. 1580) brachte dann die Nauheimer Soden an sich, womit die landesherrliche Betriebsführung dieses Wirtschaftszweiges in Nauheim ihren Anfang nahm [353]).

349) Hohe (Anm. 345) Nr. 6.
350) W. Braun, Berg- u. Gebirgsnamen Oberhessens u. ihre sprachl. Bedeutung. In: Wett. Gesch. Bll. Bd. 7/8, 1959 S. 7.
351) A. Martin, Die Not der Nauheimer Söder im 16. Jhdt., die zum Übergang der Saline an den Staat führte. In: Bad Nauheimer Jb. 8. Jg. 1929 S. 50.
352) Druck: Documenta (Anm. 317) S. 151 Nr. 113. Verz.: Martin (Anm. 351) S. 59 f.
353) Druck: Documenta (Anm. 317) S. 150 Nr. 112. Verz.: Martin (Anm. 351) S. 61.

DAS LEHENHOLZ BEI KLEIN-KARBEN

Ein Reichsgut vom frühen Mittelalter bis zur Neuzeit

VON FRIEDERUN FRIEDERICHS

Daß im Altsiedelland der südlichen Wetterau eine Kontinuität von Reichsgut seit dem frühen Mittelalter bestanden habe, hat zwar W.-A. Kropat [1]) vermutet; einen Beweis hierfür ist er jedoch schuldig geblieben. Würde sich eine solche Kontinuität in der Tat nachweisen lassen, so müßten sich hieraus wesentliche Erkenntnisse sowohl für die Besitz- als auch für die Familiengeschichte in der Wetterau und damit für die durch diese beiden Faktoren maßgeblich beeinflußte landes- und ortsgeschichtliche Entwicklung ergeben.

Ausgangspunkt einer solch notwendig werdenden Untersuchung ist das Studium der topographischen Verhältnisse dieses Gebietes. So fällt dem aufmerksamen Beobachter nahe dem Zusammenfluß von Nidda und Nidder der Flurname „das Lehen" auf. Mit diesem wird ein sumpfiges Wiesengelände bezeichnet, das von den Gemarkungen der Orte Gronau, Dortelweil und Rendel umschlossen wird [2]) und erst seit jüngster Zeit zur Gemarkung Klein-Karben gehört [3]). Falls sich dieser Flurname als alt erweisen sollte, würde hier ein Ansatzpunkt für den Nachweis der Richtigkeit der Kropat'schen Vermutung gegeben sein.

Noch zu Beginn unseres Jahrhunderts befand sich dieses Gelände, als „Lehenholz" bezeichnet, im Besitz der Grafen von Schönborn, die es als Reichslehen im 17. Jahrhundert von der Familie von Heusenstamm erworben hatten.

Am 5. Juli 1300 [4]) erhielt der Reichsministeriale Siegfried III. von Heusenstamm von König Albrecht I. die Erlaubnis zum Verkauf dreier reichslehnbarer Mansen, die zwischen den Dörfern Dortelweil und Karben gelegen waren, an die Reichsministerialen Hermann Schelm von Bergen und Hermann Halber von Friedberg:
... „strenuus vir Sifridus de Husenstam, fidelis noster dilectus, ... ut vendicioni facte per eum de tribus mansis sitis inter villas Turkelwile et Karben, quos in feudo a nobis et imperio hactenus tenuit, strenuis viris Hermanno dicto Schelme de Bergen et Hermanno dicto Halber de Frideberch ...". Zugleich gestattete Albrecht, daß die Käufer die genannten Mansen als Reichslehen innehaben dürften. Beide besaßen

---

1) W.-A. Kropat, Reich, Adel und Kirche in der Wetterau von der Karolinger- bis zur Stauferzeit. In: Wetterauer Geschbll., 13 (1964) bes. S. 81 f., 101, 103, 179, 189 u. 191

2) Topographische Karte 1 : 25000 Bl. 5718 Ilbenstadt (Hess. Landesamt) Ausgabe 1966, 63/4 zu 83/84

3) Klein-Karben, Flur 6

4) J. F. Boehmer, Codex Diplomaticus Moenofrancofurtanus, Frankfurt 1836, I 333; H. E. Scriba, Regesten der bis jetzt gedruckten Urkunden zur Landes- und Ortsgeschichte des Großherzogtums Hessen, Darmstadt 1849, II Nr. 894; J. F. Böhmer und F. Lau, Urkundenbuch der Reichsstadt Frankfurt, Frankfurt 1901, I Nr. 764

enge familiäre Beziehungen zu Siegfried III. von Heusenstamm. Hermann Schelm von Bergen zu Bommersheim [5]) (genannt von 1298—1309) war sein Schwiegersohn, der seine Tochter Benigna (urkl. 1305—09) vor 1300 heiratete. Hingegen ehelichte der Edelknecht und Friedberger Burgmann Hermann Halber vor 1300 Metza, die Enkelin Eberhards I. von Heusenstamm (gest. vor 1275), eines Vetters des genannten Siegfried [6]).

Mit großer Wahrscheinlichkeit waren die Reichsministerialen von Hagen(-Heusenstamm) spätestens seit dem 12. Jahrhundert im Besitz dieses Reichslehens. Denn der Großvater Siegfrieds III. (urkl. 1275—1305), Siegfried I. von Heusenstamm (gen. 1211—32), war ein Sohn Eberhard Waros von Hagen-Heusenstamm. Dieser (1178—1219 erw.) [6]) erbaute vor 1210 die Burg Heusenstamm und nannte sich nach ihr [7]). Er war ein Sohn Conrads II. von Hagen-Arnsburg und Bruder Cunos I. von Hagen-Münzenberg [6]) und gehörte demnach als Mitglied dieser bekannten salisch-staufischen Reichsministerialenfamilie zu dem engeren Kreis um Kaiser Friedrich I. Barbarossa. Enge Beziehungen zu dem staufischen Hause hatte Eberhard Waro besonders über seinen Doppelschwager, den Frankfurter Schultheißen Wolfram, einen Jugendfreund Barbarossas. Kaiser Heinrich VI. schenkte Wolfram und dessen Frau Pauline wegen treuer Dienste, die dieser ihm und seinem Vater, Friedrich I., „a prima iuventute" geleistet hatte, 1193 den Riederhof bei Frankfurt [8]). Pauline, Tochter des Reichsministerialen Eberhard I. von Dornberg, war die zweite Frau Wolframs, der in erster Ehe mit Luitgard, der Schwester Eberhard Waros, verheiratet war. Zudem war Eberhard Waro selbst in erster Ehe mit Paulines Schwester Adelheid verheiratet gewesen [9]). 1173 wird ein Giselbert als Vertrauter Barbarossas genannt, der mit dem gleichnamigen Friedberger Burggrafen von 1216 verwandt sein könnte [10]); er wird dem Reichsministerialengeschlecht der von Heldenbergen zugerechnet [11]). Da seine Vorfahren als Dienstmannen der von Hagen erscheinen [10]), ergeben sich auch über Giselbert Beziehungen zu Barbarossa.

Die Eltern Eberhard Waros, Conrad II. von Hagen-Arnsburg und seine Frau Luitgard schenkten 1151 dem Kloster Altenberg einen Weinberg in Bergen und

---

5) H. F. Friederichs, Zur Frühgeschichte der Ministerialenfamilien von Bergen und Schelm von Bergen. In: Hanauer Geschbll., 18 (1962) 13—54

6) Vgl. Tafel I; ders., Herkunft und ständische Zuordnung des Patriziats der wetterauischen Reichsstädte bis zum Ende des Staufertums. In: Hess. Jahrbuch für Landesgesch., 9 (1959) 27—75, Tafel 10; ders., Zur Herkunft der Herren von Eppstein. In: Forschungen zur hess. Familien- u. Heimatkunde, 50 (1966) 15

7) W. Müller, Hess. Ortsnamenbuch, Darmstadt 1937, I, 2, 331; H. Roth, Ortsgeschichte von Heusenstamm, 1911, 110 ff.

8) Böhmer, a. a. O., 19; vgl. C. Frey, Die Schicksale des königlichen Gutes in Deutschland unter den letzten Staufern seit König Philipp, Berlin 1881, 159.

9) Vgl. Tafel II u. Anm. 6

10) H. F. Friederichs, Patriziat, a. a. O., 49 Tafel 6; F. Friederichs, Die Burggrafen der Reichsburg Friedberg in der Wetterau bis 1504. In: Forschungen zur hess. Familien- u. Heimatkunde, 55 (1968) 9, Anm. 40, auch Hess. Familienkunde, 9 (1968)

11) G. W. Sante. In: Handbuch der Histor. Stätten Deutschlands, IV, Hessen, Stuttgart 1960, 135

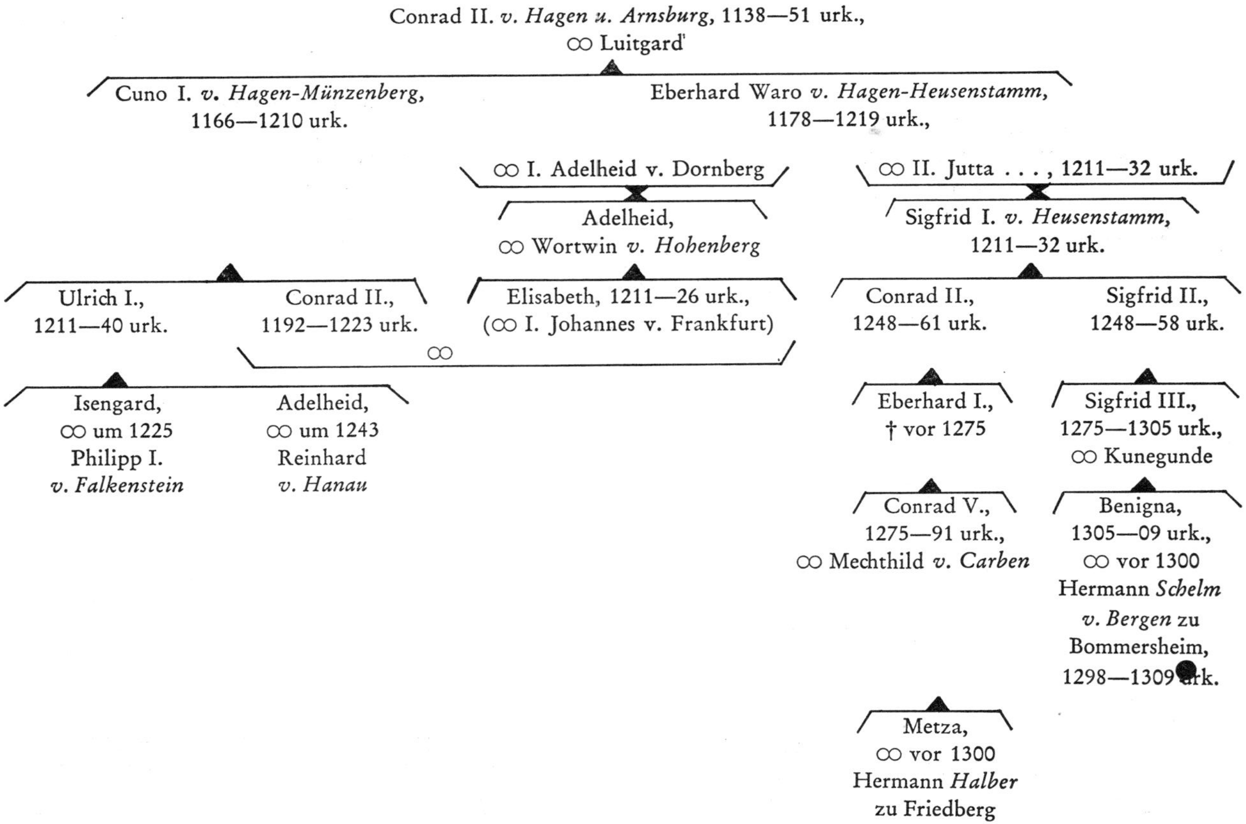

Conrad II. *v. Hagen u. Arnsburg*, 1138—51 urk.,   Eberhard Waro *v. Hagen-Heusenstamm*,
∞ Luitgard'   1178—1219 urk.,

▸ Cuno I. *v. Hagen-Münzenberg*, 1166—1210 urk.

    ▸ Ulrich I., 1211—40 urk.

    ▸ Conrad II., 1192—1223 urk. ∞ Adelheid, ∞ um 1243 Reinhard *v. Hanau*

        ▸ Isengard, ∞ um 1225 Philipp I. *v. Falkenstein*

∞ I. Adelheid v. Dornberg

   ▸ Adelheid, ∞ Wortwin *v. Hohenberg*

   ▸ Elisabeth, 1211—26 urk., (∞ I. Johannes *v. Frankfurt*)

∞ II. Jutta ..., 1211—32 urk.

   ▸ Sigfrid I. *v. Heusenstamm*, 1211—32 urk.

     ▸ Conrad II., 1248—61 urk.

     ▸ Sigfrid II., 1248—58 urk.

        ▸ Eberhard I., † vor 1275

        ▸ Sigfrid III., 1275—1305 urk., ∞ Kunegunde

            ▸ Conrad V., 1275—91 urk., ∞ Mechthild *v. Carben*

            ▸ Benigna, 1305—09 urk., ∞ vor 1300 Hermann *Schelm v. Bergen* zu Bommersheim, 1298—1309 urk.

                ▸ Metza, ∞ vor 1300 Hermann *Halber* zu Friedberg

Tafel I

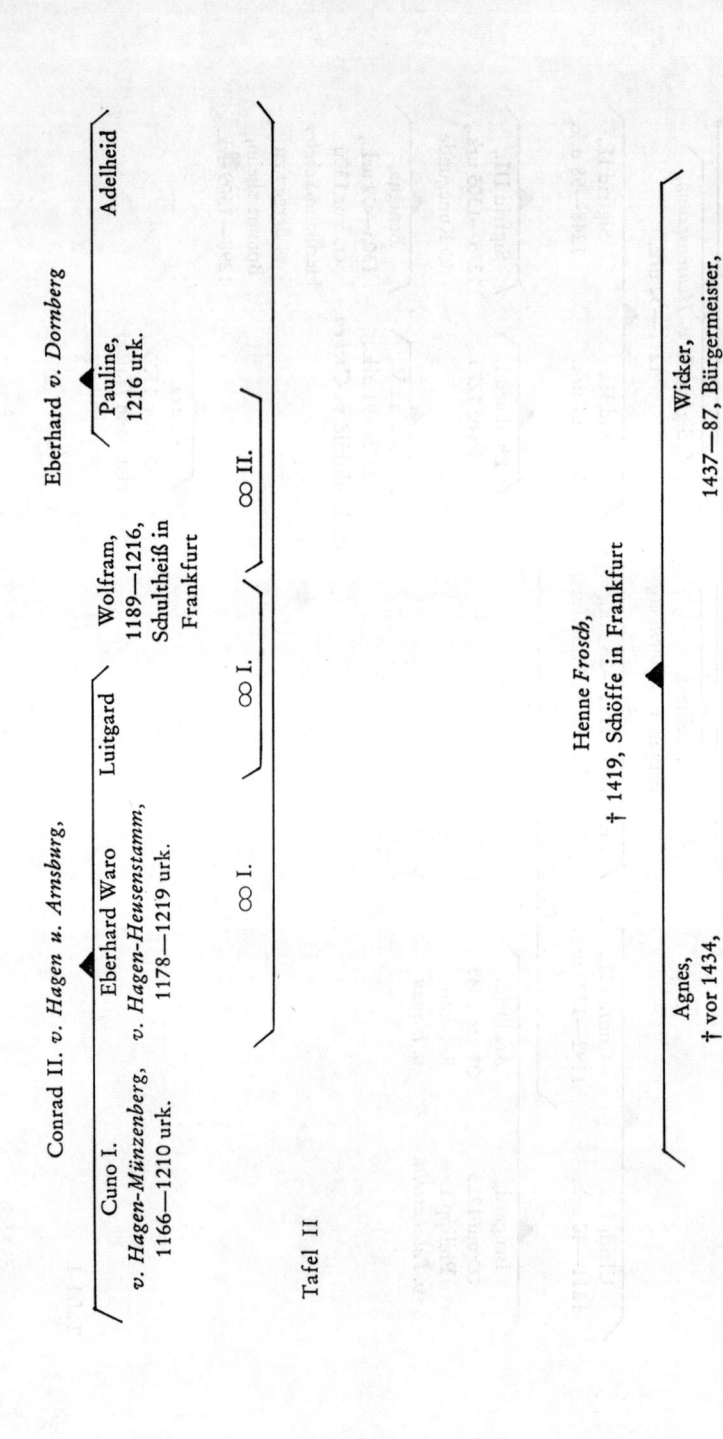

Conrad II. v. Hagen u. Arnsburg,   Eberhard v. Dornberg

Cuno I.	Eberhard Waro	Luitgard	Wolfram,	Pauline,	Adelheid
v. Hagen-Münzenberg,	v. Hagen-Heusenstamm,		1189—1216,	1216 urk.	
1166—1210 urk.	1178—1219 urk.		Schultheiß in		
			Frankfurt		

∞ I.   ∞ I.   ∞ II.

Tafel II

Henne *Frosch*,
† 1419, Schöffe in Frankfurt

Agnes,   Wicker,
† vor 1434,   1437—87, Bürgermeister,
∞ 1421 Jost im Steinhaus,   ∞ I. 1428 Regula Weiß v. Limpurg,
† 1449, Schöffe,   ∞ II. 1453 Guda Knoblauch
(∞ II. 1434 Eilchen Monis)

Tafel III

7 Mansen in Oberrad (Rode) [12]. Im Jahre 1219 stritten Eberhard Waro und sein Neffe Ulrich von Münzenberg um das Patronatsrecht in Ober-Eschbach [13]. Elisabeth von Hohenberg, Enkelin Eberhard Waros, schenkte 1222 dem Deutschordens-Haus in Sachsenhausen Güter in Bergen [14]. Sie war in zweiter Ehe mit Conrad II. von Hagen-Münzenberg, einem Neffen Eberhard Waros, verheiratet. Als dessen Witwe schenkte sie 1223 dem Kloster Arnsburg Güter in Rendel [15], und 1226 verkaufte sie demselben im gleichen Ort Güter [16]. Philipp der Ältere von Falkenstein, Urenkel Cunos I. von Hagen-Münzenberg, und seine Söhne Philipp und Werner trugen 1271 dem Kloster Fulda ebenfalls Güter in Rendel zu Lehen auf [17]. Der zu Anfang erwähnte Siegfried III. von Heusenstamm und seine Frau Kunegunde verkauften dem Kloster Patershausen 1299 ihren Hof und weiteren Besitz („tres mansos terre arabilis in terminis ville Rendele sitos et unam curiam in iam dicta villa") in Rendel [18], und 1329 verzichteten beide auf ihre dortigen Güter [19]. 1329 genehmigte Ulrich II. von Hanau, Urenkel Cunos I. von Hagen-Münzenberg, daß der Reichsministeriale Friedrich Dugel von Carben seine Frau Luckard mit einem von ihm zu Lehen rührenden Gut in Karben bewittmen könne [20]. Schließlich verfügten Eberhard von Heusenstamm und seine Nachkommen noch 1422 und später über ein Reichslehen von 62 Morgen in Dortelweil [21]. Aus diesem umfangreichen Besitz in nächster Umgebung des Lehenholzes in der Hand der Familie von Hagen und deren Erben läßt sich auf sehr frühes Reichslehen dieser Reichsministerialenfamilie an der Nidda schließen.

Die Familie von Hagen selbst saß als Verwalterin des Reichsforstes Dreieich in Hagen, dem heutigen Dreieichenhain. Dieses wird bereits 876/81 urkundlich genannt [22]. Hier ist an der Stelle eines ottonischen Jagdhofes im 10. Jahrhundert eine Turmburg entstanden, die Sitz der von Hagen war [23] und die 1064 erstmals

---

12) Böhmer-Lau, a. a. O., I Nr. 13   13) Böhmer-Lau, a. a. O., I Nr. 22
14) Böhmer, a. a. O., 33
15) Scriba, a. a. O., II Nr. 339; H. Reimer, Urkundenbuch zur Geschichte der Herren von Hanau und der ehemaligen Provinz Hanau, Leipzig 1891—97, I Nr. 158; Böhmer-Lau, a. a. O., I Nr. 71; Böhmer, a. a. O., 42
16) Böhmer, a. a. O., 46; Reimer, a. a. O., I Nr. 162; Böhmer-Lau, a. a. O., I Nr. 76; vgl. H. E. Scriba, Zur Geschichte der Herrn von Hagen. In: Archiv für Hessische Geschichte und Altertumskunde, 6 (1850) 275—286. Vgl. K. Gruber-W. Küther, Minzinberg-Burg, Stadt, Kirche, Gießen 1968. Bespr. F. Friederichs. In: Hessische Familienkunde 9 (1969) 361 f.
17) Scriba, a. a. O., II Nr. 606
18) F. Guden, Codex diplomaticus, Göttingen, Frankfurt und Leipzig, 1743—68, III Nr. 501; Scriba, a. a. O., II Nr. 883 u. 876; Böhmer-Lau, a. a. O., I Nr. 734 u. 751
19) Böhmer-Lau, a. a. O., I Nr. 836
20) Scriba, a. a. O., II Nr. 1207; Reimer, a. a. O., II Nr. 339 u. 753 von 1348
21) 1422 bestätigte König Sigmund dem Eberhard von Heusenstamm ein Reichslehen von 62 Morgen Wiesen in Dortelweil: Gräflich Schönborn'sches Archiv Wiesentheid: Nürnberg 1422 am nächsten Freitag vor St. Peters Tag ad vincula. Ausf.: Org. Perg. Siegel hängt an. Dort weitere Lehnsbestätigungen von 1442, 1444, 1507, 1521, 1551, 1559, 1566, 1575 u. 1603
22) K. Glöckner, Codex Laureshamensis Nr. 3770
23) K. Nahrgang, Ein befestigter Jagdhof ottonischer Zeit. In: Stadt- u. Landkreis Offenbach a. M., 9 (1963); Müller, a. a. O., 143

genannt wird [24]). Kaiser Lothar schenkte 1128 Conrad I. von Hagen 7 Mansen „in foresto Driech" und belehnte ihn erneut mit dem Wildbann [25]). Zu diesem Wildbann gehörte der 1193 genannte und an den Frankfurter Schultheißen Wolfram geschenkte Riederhof [26]), der südlich von Gronau, also in der Nähe des Lehenholzes lag. Demnach reichte der Reichsforst Dreieich bis in das Gebiet des Zusammenflusses von Nidda und Nidder hinein. So lassen sich also schon sehr frühe Beziehungen dieser Familie zu den Königshäusern nachweisen und reichslehnbarer Besitz in ihrer Hand so gut wie sicher annehmen.

Wenn demnach die Reichsministerialen von Hagen mindestens seit dem frühen 12. Jahrhundert Lehnsträger und seit spätestens 1128 königliche Aufseher im Reichsforst Dreieich waren [26a]), wenn weiterhin angenommen werden darf, daß dieser Reichswald sich bis an die Nidder heranschob, so dürfte das Lehenholz als Sumpfwald und königliches Regal zu dem nördlichsten Ausläufer des Reichsforstes Dreieich gerechnet werden können. Bestärkt wird diese Vermutung nicht nur durch den nachgewiesenen Besitz der Familie von Hagen in den umliegenden Ortschaften Dortelweil, Karben und Rendel; auch deren Dienstmannen, die Reichsministerialen von Heldenbergen, Dugel von Carben und von Rendel (die Ritter Conrad Dugel und Conrad von Rendel erscheinen 1225 in der Lehnsmannschaft der von Hagen [27])), trugen Güter in den genannten Dörfern von ihnen zu Lehen.

Zu besitzgeschichtlichen, genealogischen sowie topographischen Momenten tritt die geographische Lage hinzu. Eingezwängt zwischen die Gemarkungen der umliegenden Orte und aus diesen ausgespart, im Überschwemmungsgebiet der Nidda gelegen, scheint das Lehenholz die alten Dorfgemarkungsgrenzen mitbestimmt zu haben, was wiederum ein Hinweis auf sein hohes Alter sein dürfte. Daraus erklärt sich letzthin auch der Name der sehr alten noch zu erwähnenden Scharrmühle. Treffen diese Einzelhinweise zusammen und erinnert man sich an die 1128 geschehene (Wieder-)Belehnung der Reichsministerialen von Hagen mit dem Reichsforst Dreieich, dann scheidet das Lehenholz als Erbteil aus Nürings'schem Besitz aus, da diese Familie erst um 1170 ausgestorben ist. Damit darf mit größter Wahrscheinlichkeit angenommen werden, daß das Lehenholz Bestandteil des Reichsgutes aus vorsalischer Zeit war.

In diesem Zusammenhang muß darauf hingewiesen werden, daß nicht nur das Lehenholz selbst zu dem umfangreichen Reichsgutkomplex der südlichen Wetterau und des Frankfurter Vorlandes gezählt werden darf; auch die es einschließenden Orte waren dem Reich unterstellt gewesen. War doch das Dorf Dortelweil frühzeitig dem Reichsfiskus Frankfurt angegliedert [28]) und gehörte Gronau dem Reichs-

---

24) Guden, a. a. O., V 961   25) Böhmer-Lau, a. a. O., I Nr. 12
26) Böhmer-Lau, a. a. O., I Nr. 15 u. Anm. 8
26a) Vgl. K. E. Demandt, Geschichte des Landes Hessen, Kassel u. Basel 1959, 328.
27) Böhmer, a. a. O., 21 u. 46
28) B. J. Römer-Büchner, Beiträge zur Geschichte der Stadt Frankfurt am Main und ihres Gebietes, Frankfurt 1853, 88; Ph. F. Schulin, Die Frankfurter Landgemeinden, Frankfurt 1895, 8 ff.; A. Hensel, Dortelweil, seine Geschichte und sein Name. In: Festprogramm anläßlich des 90-jährigen Bestehens des Männerchor „Liederzweig" vom 7.—9. Juni 1952, 37 ff., u. Kropat, a. a. O., 98

gericht Bornheimerberg an [29]), während Rendel und Karben schließlich bis ins Spätmittelalter zum Freigericht Kaichen und darüber hinaus zur Reichsburg Friedberg gehörten [30]). Zudem weist der Mangel an königlichen Schenkungen im 8. und frühen 9. Jahrhundert in diesen Orten an das Reichskloster Lorsch im Gegensatz zu geringen privaten Schenkungen an dieses (die genealogische Einordnung der Schenker steht noch aus) auf einen in diesem Bereich nahezu geschlossenen Reichsbesitz hin.

Läßt sich nun das Lehenholz als Reichslehen ebenso in späterer Zeit verfolgen? Die 1300 genannten drei Mansen, die 90 wetterauischen Morgen entsprechen, werden erst 1404 [31]) wieder urkundlich greifbar. Am 20. Juli erhielt Hartmann von Heusenstamm von König Ruprecht die Erlaubnis, 32 Morgen Wiesen und 13 Morgen Acker, zwischen Karben und Dortelweil gelegen, an den Frankfurter Bürger Johann Frosch auf Wiedereinlösung zu verpfänden. Sein Bruder Eberhard war im Besitz eines gleich großen Reichslehens, das beide von ihrem Vater Eberhard dem Alten ererbt hatten. Offenbar waren die 1300 verkauften Mansen an diesen wieder zurückgelangt. Nachdem die königliche Einwilligung vorlag, verkaufte Hartmud im Jahre 1406 [32]) mit Zustimmung seines Bruders Eberhard und dessen Sohnes Heinrich seinen Anteil an dem Reichslehen, das „gelegin tzuschen Carben und Durckelwile bij Carben uff der Nydde" war, für 300 Gulden Frankfurter Währung an den genannten Johann (Henne) Frosch den Alten auf Wiederkauf. Der 1419 gestorbene Henne war Frankfurter Schöffe und Gesandter [33]). Eberhards von Heusenstamm Witwe Anna von Gemmingen und ihre Söhne Philipp, Eberhard und Gewar verkauften 1442 [34]) ebenfalls ihre Hälfte des Reichslehens für 440 Gulden Frankfurter Währung auf Wiederkauf. Noch im gleichen Jahre erreichten sie die Zustimmung zu diesem Verkauf von König Friedrich III. [35]). Die Käufer waren die Frankfurter Bürger Wicker Frosch, Sohn des genannten Henne [36]), und dessen erste Frau Regula Weiß von Limpurg, sowie Jost im Steinhaus und dessen zweite Frau Eilchen Monis. Jost [37]) war durch seine erste Heirat mit Agnes Frosch (gest. vor 1434) der Schwager von Wicker Frosch. Dieser war Ratsmann, Schöffe und mehrfacher Bürgermeister in

---

29) Gronau. In: Hanau, Stadt und Land, Hanau 1954, 211 ff.

30) F. P. Mittermaier, Studien zur Territorialgeschichte der südlichen Wetterau. In: Mitteilungen des Oberhess. Geschichtsvereins, NF 31 (1933) 23—88

31) J. Chmel, Regesta Chronologico-Diplomatica Regis Romanorum (1400—1410), Frankfurt 1834, Nr. 1814.

32) Gräfl. Schönborn'sches Archiv Wiesentheid, Urk. Heusenstamm: 1406 des nächsten Freitags nach Arheiligin tzwelff Aposteln tage. Ausf.: Org. Perg. Siegel teilweise ab u. zerstört

33) Stadtarchiv Frankfurt: J. C. v. Fichard, Frankfurter Geschlechtergeschichte, Bd. 96 (Hs)

34) Gräfl. Schönborn'sches Archiv Wiesentheid: Urk. Heusenstamm: 1442 fer. sec. proxima post dominicam quacanta Judica. Ausf.: Org. Perg. mit 4 Einschnitten durch den Umbug, Siegel fehlen

35) J. Chmel, Regesta Chronologico-Diplomatica Friderici Romanorum Regis, 1. Abt. 1440—1452, Wien 1838. Nachdruck Hildesheim 1962.

36) H. Grotefend, Quellen zur Frankfurter Geschichte, Frankfurt 1884, I 420, setzt irrigerweise Jungo als Vater Wickers ein; vgl. Tafel III

37) Fichard, a. a. O., 290

Frankfurt [38]). Er konnte nun zusammen mit seinem Schwager das gesamte Reichslehen von 90 Morgen vereinen, nachdem bereits die erste Hälfte von ihrem inzwischen verstorbenen Vater und Schwiegervater Henne auf sie gekommen war. Doch konnte das Reichslehen für 740 Gulden wieder eingelöst werden. Dies muß bereits innerhalb der nächsten zwei Jahre erfolgt sein, da schon 1444 [39]) Anna von Gemmingen und ihre Söhne mit Zustimmung König Friedrichs III. das gesamte Reichslehen wiederum auf Wiederkauf an den Komtur des Deutschordens-Hauses in Sachsenhausen, Albrecht „Fortschn" von Turnau, verkauften. Doch läßt sich das Reichslehen, „nemlich die wysen genannt das Lehenholtz mit irem begriff unnd zuegehordt unnderhalb Klain Carben auf der Bachs", weiterhin über Jahrhunderte im Besitz der Familie von Heusenstamm verfolgen. Die zahlreichen Lehnsbriefe (1536, 1544, 1551, 1559, 1566, 1575, 1603 u. 1617) [40]) lassen eine kontinuierliche Besitzgeschichte zu.

Dann gelangte 1661 [41]) das seit 1394 [42]) genannte Lehenholz in den Besitz der Freiherrn von Schönborn, nachdem Philipp Erwein von Schönborn am 30. August des Jahres die gesamten Besitzungen Weickards von Heusenstamm erworben hatte. Als Reichslehen läßt sich dieser Besitz bis ins 19. Jahrhundert nachweisen (Lehnserneuerungen: 1661, 1670, 1706, 1742, 1749, 1766, 1791, 1810, 1832 u. 1843 [40]), die letzten vom Großherzogtum Hessen), und noch 1942 gehörte das Lehenholz dieser Familie [43]).

Zusammen mit dem Lehenholz gelangte 1661 [41]) auch die Scharrmühle, die am Mühlbach in unmittelbarer Nähe des Lehenholzes gelegen ist, in ihren Besitz. In der seit 1328 [41]) genannten Mühle darf eine sehr alte Grenzmühle gesehen werden [44]).

38) Grotefend, a. a. O., I 420 u. 430; vgl. Tafel III
39) Gräfl. Schönborn'sches Archiv Wiesentheid: Urk. Heusenstamm: 1444 Nürnberg am Freitag nach St. Matheustag des Heil. „Zwelfbotn", Ausf.: Org. Perg., Siegel hängt an; Reg. bei Chmel, Frid., a. a. O., Nr. 1879, dort nur Jahresangabe — ebenso: Scriba, a. a. O., II Nr. 2269; Hauptstaatsarchiv Wiesbaden: Abt. 82 fol. 211 unter Aug. 10 1444 (an Laurentius) u. ebda. Rep. 82 Nr. 340. Vgl. ebda. fol. 212 vom 25. Sept. 1444 (Freitag nach Matheus) u. ebda. Rep. 82 Nr. 341.
40) Gräfl. Schönbornsches Archiv Wiesentheid: Lehnsbriefe; Hauptstaatsarchiv Wiesbaden: Abt. 82 fol. 211a und ebda. Rep. 82 Nr. 500. Am 22. Sept. 1544 gestatteten der Komtur Jorge zu Rodenstein und der Konvent des Deutschordens-Hauses in Sachsenhausen dem Martin von Heusenstamm, Amtmann zu Höchst, die 64 Morgen Wiesen und 26 Morgen Ackerland zwischen Karben und Dortelweil gelegen zurückzukaufen, die der Orden 100 Jahre als Pfand inne gehabt hatte.
41) G. Großkopf, Die Scharrmühle. In: Rendel, ein Dorfbuch, Rendel 1956, 33 ff. u. Anm. 40; vgl. auch Wett. Geschbll. 7/8 (1959) 81—101.
42) L. Clemm, Die Urkunden der Prämonstratenserstifter Ober- u. Niederilbenstadt. Hess. Regesten, 2. Heft, Darmstadt 1927, Nr. 284
43) Gräfl. Schönborn'sches Archiv Wiesentheid: Akten
44) E. J. Zimmermann, Die Deutschen Ortsnamen in Bezug auf Grenzen u. Verkehr, Ostheim/Hanau 1929, 61; W. Schoof, Flurnamenstudien eines Germanisten, Gießen 1968, 166 ff., im Gegensatz zu Großkopf, a. a. O.,; G. Wolff, Die südliche Wetterau in vor- u. frühgeschichtlicher Zeit, Frankfurt 1913, zeichnet in seiner Fundkarte eine an ihr vorbeiführende Römerstraße ein.

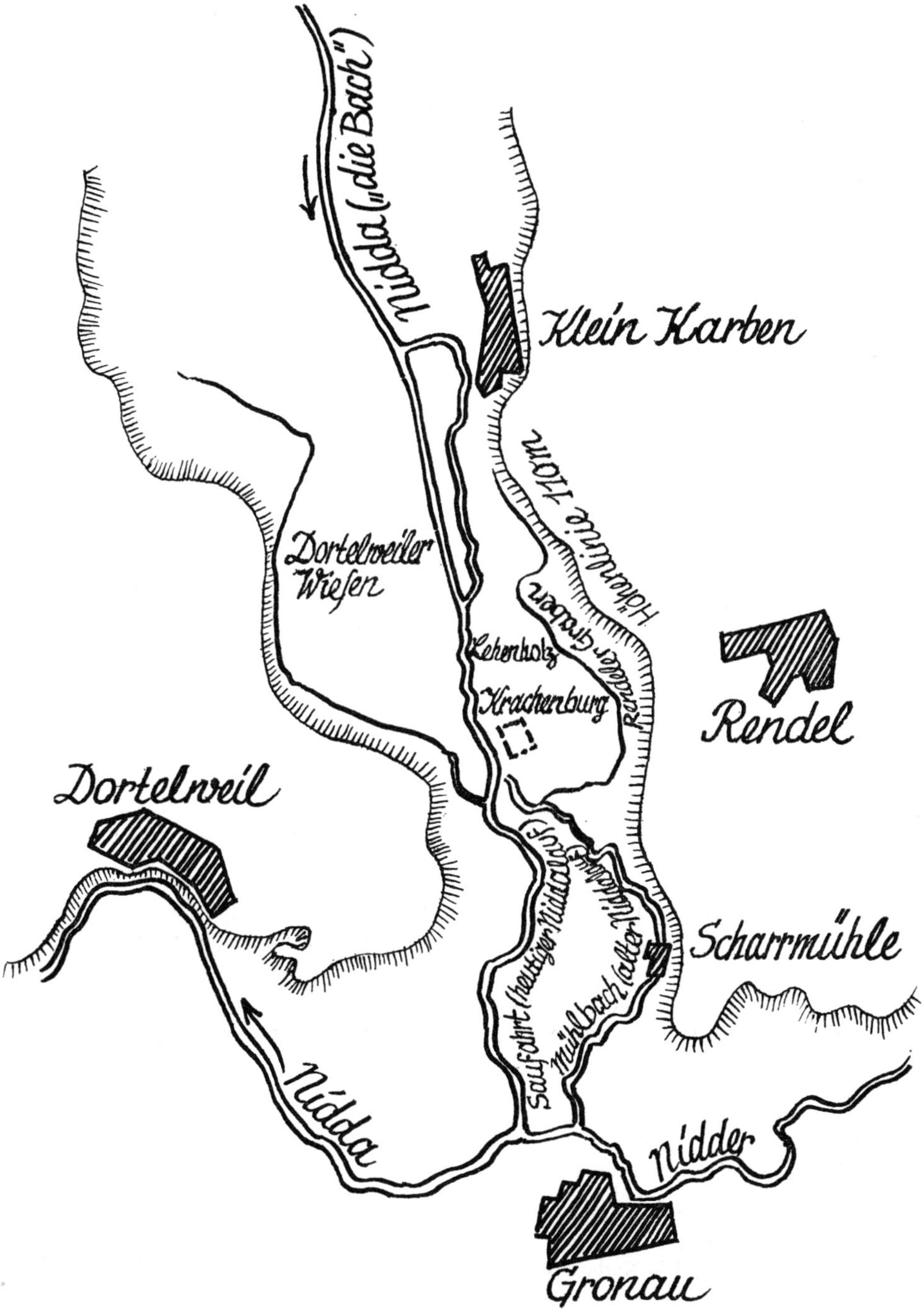
Nidda („die Bach")
Klein Karben
Höhenlinie 110m
Dortelweiler Wiesen
Lehenholz
Rendeler Graben
Krachenburg
Rendel
Dortelweil
Saufahrt (heutiger Niddalauf)
Mühlbach (alter Niddalauf)
Scharrmühle
Nidda
Nidder
Gronau

Sie war seit 1564 [45]) im Besitz der von Heusenstamm; 1699 [46]) suchten die neuen Eigentümer um Belehnung für sie vom Reich nach. Auch sie läßt sich wie das Lehenholz bis in die Neuzeit hinein besitzgeschichtlich verfolgen [47]).

Im Jahre 1683 [48]) ließen die neuen Eigentümer das Lehenholz vermessen. Dieses „Ländbuch Daß Leehenholtz bey Rendel" hat sich im Gräflich Schönborn'schen Archiv Wiesentheid noch erhalten und beschreibt exakt das Lehenholz, das von Nidda und Mühlbach, einem alten Niddalauf, sowie einem Steilhang nach Rendel zu begrenzt wird.

Ursprünglich befand sich hier ein Auwald, wie der zweite Namensbestandteil „holz" vermuten läßt und der noch von einer Karte um 1700 [49]) bestätigt wird; auf dieser sind Wald und Wiesen in einem Verhältnis von 1 : 2 eingezeichnet. Jedoch muß mit der Rodung des Waldes schon frühzeitig begonnen worden sein, da Äcker und Wiesen urkundlich genannt werden. Zur Zeit der Messung, also 1683, umfaßten die „Leehenholtz Wießen" etwa 116 Morgen. Sie stellten einen zusammenhängenden Komplex dar, der im Norden von der „Adligen Hubwiese" begrenzt wurde. Seine einzelnen Parzellen sind gesondert vermessen worden:

Müllerwiese	4 Morgen	2 Viertel	$10^{1}/_2 \cdot {}^3/_{16}$	Ruten
Pfarr-(Zehnt) Wiese	7 „	3 „	$28^{7}/_{16}$	„
Lehenholzwiesen am Graben	89 „	2 „	$21^{1}/_2 \cdot {}^3/_{32}$	„
Lehenholzwiesen an der Krachenburg	3 „	$^{1}/_4$ „	$38^{7}/_8$	„
„ mit	3 „	—	$39^{7}/_8$	„
„	2 „	—		„
„	2 „	—	15	„
„ am Bach	2 „	—	$18^{1}/_4$	„
Krachenburg	1 „	$^{3}/_4$ „	$21^{3}/_4$	„
	116 Morgen	3 Viertel	$37^{1}/_4 \cdot {}^1/_8 \cdot {}^1/_{16} \cdot {}^1/_{32}$ Ruten	

Die Lehenholzwiesen liegen eingebettet zwischen „der Bach" und „dem Rendeler Graben". „Die Bach" ist die Nidda, die 1683 jedoch nicht vom Lehenholz nach Süden zum heutigen Zusammenfluß mit der Nidder am Gronauer Hof strömte, sondern dem Bach bis Gronau folgte; nach 1700 hat also die Nidda ihren Lauf vom (Mühl-)Bach zum heutigen Flußbett, das 1700 noch „Saufahrt" hieß, verlegt. Der

---

45) Gräfl. Schönborn'sches Archiv Wiesentheid: Kaufbrief v. 1564; auch Großkopf, a.a.O.
46) Gräfl. Schönborn'sches Archiv Wiesentheid: Lehnbrief v. 1699; Akten Tit. XXI: Nr. 1 Amt Heusenstamm, Saalhof und Scharrmühle betr. v. 9. 11. 1699
47) Dass.: Lehnsbriefe und Akten
48) Dass.: Nr. I b 22: „Ländbuch Daß Leehenholtz bey Rendel" v. 1683, 26 Bll. Ausf.: Pap., 19 x 23 cm, geb.
49) K. A. Cost, Klein-Karben, Ortschronik, Klein-Karben 1960, s. Plan der Carber Mark (um 1700)

im Vermessungsbuch genannte „Graben" läßt sich im heutigen Rendeler Graben erkennen, der die Grenze nach Rendel bildet. Die „Einfahrt" von Rendel her wird heute noch durch einen dem Steilhang, dem „Rain", zum Graben folgenden Einschnitt in die sumpfigen Wiesen, die bis 1863 noch häufige Überschwemmungen aufwiesen [50]), angedeutet.

Im Vermessungsbuch wird eine inmitten des Lehenholzes gelegene Stelle als Krachenburg bezeichnet. In einer Urkunde von 1394 [42]) wird der „Berg in dem Lehinholcz" erwähnt. Als einzige geringfügige Erhebung in den Sumpfwiesen des Lehenholzes läßt sich noch heute ein Gelände erkennen, dem der Flurname „Krachenburg" anhaftet. Auch sie wurde 1683 vermessen und ihre Größe dabei mit 1³/₄ Morgen angegeben. In der Literatur wurde die Krachenburg 1836 [51]) erstmals beschrieben und als ziemlich regelmäßiges, von niedrigem Wall und Graben begrenztes Viereck bezeichnet, das in seiner Mitte nochmals ein sehr viel kleineres, mit höherem Wall und tieferem Graben umgebenes Gelände enthalten haben soll. Weiterhin sei die westliche Seite dieser Anlage von der Nidda selbst gebildet worden. Der anonyme Autor deutete die so von ihm beschriebene Anlage als römisches Sommerlager, was durch keinerlei Funde römischer Mauern oder Siedlungsspuren bisher bestätigt werden konnte; auch erscheint die Annahme, die Römer hätten sich im Sumpf ein Lager erbaut, unwahrscheinlich. Obwohl G. Wolff die widersprüchlichen Deutungen der Krachenburg kannte und ihm keine römischen Funde bekannt waren, bezeichnete er diese auf seiner Karte als römische Niederlassung [52]). Die folgenden Bearbeiter, Ph. Dieffenbach [53]) und B. J. Römer-Büchner [54]), übernahmen diese Theorie des römischen Sommerlagers, bis A. Hammeran [55]) in der Krachenburg eine mittelalterliche Anlage zu erkennen glaubte. F. Kofler [56]) griff diese Ansicht auf und vermutete eine spätmittelalterliche Burganlage der Ritter Dugel von Carben, die dort ihre 1405 auf König Ruprechts Befehl zerstörte Burg erbaut hätten. Diese Vermutung dürfte insofern nicht zutreffen, als Ruprecht nur ein Jahr zuvor Hartmann und Eberhard von Heusenstamm im Besitz des Lehenholzes bestätigt hatte und der „Berg in dem Lehinholcz", wohl ein Ruinenhügel, schon 1394, also 11 Jahre vor der Zerstörung der Dugel-Burg erwähnt wird [57]). Auch wird in den

---

50) Gräfl. Schönborn'sches Archiv Wiesentheid: Akten
51) Anonymus, Das Lehnholz und die Krachenburg. In: Intelligenzblatt für die Provinz Oberhessen, Nr. 47 (1836) 343 f.
52) Wolff, a. a. O.
53) Ph. Dieffenbach, Zur Urgeschichte der Wetterau, Darmstadt 1843, Sonderdruck aus: Archiv f. Hess. Gesch. u. Altertumskunde, IV (1845) 233 ff.
54) Römer-Büchner, a. a. O., 86 ff.
55) A. Hammeran, Urgeschichte von Frankfurt am Main und der Taunusgegend, Frankfurt 1882, 56 ff.
56) F. Kofler, Die Krachenburg bei Klein-Karben, In: Quartalbll. des Hist. Vereins f. das Großherzogtum Hessen, NF II (1899) 474 ff. mit Plan
57) Die Frage muß offenbleiben, ob die 1405 zerstörte Dugel-Burg in den Grundmauern eines Hauses in der Rittergasse in Klein-Karben (nach Mitteilung der dortigen Gemeinde-Verwaltung) zu erkennen ist.

nachfolgenden Entschädigungsansprüchen der Dugel von Carben an Friedberg [58]) und dem angeblich an dem Zerstörungszug nicht beteiligten Frankfurt [59]) niemals die Krachenburg erwähnt, sondern nur von einem Schloß in Karben gesprochen [58]).

Ohne eine weitere Hypothese hinzufügen zu wollen, sei doch folgendes zur Diskussion gestellt. Zimmermann [60]) gibt für das lateinische crena = Einschnitt, Kerbe verschiedene Abwandlungen im gemeinromanischen Sprachraum als: Grenze, Verzäunung, so grâo = krâe, krahen, kraja im Sinne von Grenzbezeichnung. Aus crena verderbte Krähen-Ortsnamen möchte er ebenfalls als Grenzpunkte auffassen. Allerdings läßt er die Grenznamengruppe nur bis in das 10. und 11. Jahrhundert gehören. Ob in dem „obwendig der Gredenburg uff dem Berge" (oberhalb der Krachenburg auf dem Hohenberg = Flurname Hochburg) bei Rendel [61]) vom Ende des 13. Jahrhunderts die Krachenburg gesehen werden kann, bleibt unbestimmt. Ein ähnlicher Flurname läßt sich als Krahenberg, Krehenburn in Vilbel [62]), als Crahenlohe in Fauerbach [63]) und in Bonhofen als Craynlo [64]) nachweisen. Die Möglichkeit, den Namen Krachenburg als Grenzburg zu sehen, könnte in der nahe gelegenen Scharrmühle eine Bestätigung erhalten. Schoof [44]) sieht ebenso wie Zimmermann [44]) in ihr die Grenzbedeutung; Letzterer bringt dies auch in Zusammenhang mit Königsgut, wobei auch an die ursprüngliche Bedeutung der „scarii" zu denken wäre.

Könnte es sich bei dem Namen Krachenburg nicht nur um einen Flurnamen handeln, sondern tatsächlich um eine Burganlage (die Verschiebung zu „berg" hätte in dem Sumpfgebiet keine Berechtigung) und könnte weiterhin diese als Grenzburg gedeutet werden, so würde sich ihr Bestehen sprachlich gesehen in das 10., höchstens in das 11. Jahrhundert einordnen lassen. Ihre geographische Lage wohl im nördlichsten Gebiet des Reichsforstes Dreieich und inmitten eines Auwaldes gelegen sowie ihre Anlage, die nach den früheren Beschreibungen der Anlage in Dreieichenhain ähnlich erscheint, könnte die Vermutung aufkommen lassen, es habe sich hier ebenfalls um einen ottonischen Jagdhof — wenn nicht um eine Falknerei — gehandelt, die nur aus Holz und Lehm erbaute Gebäude und Wälle enthielt. So wäre ihr frühes Verschwinden, 1394 nur noch als Ruinenhügel erkennbar, erklärlich. Allerdings wäre dann eine königliche Anlage, zumindest eine beauftragte, anzunehmen. Daß die Reichsministerialen von Hagen in der Lage dazu gewesen wären, ist an dem Beispiel des ottonischen Jagdhofes in Dreieichenhain ersichtlich. Um welche Anlage

---

58) M. Foltz, Urkundenbuch der Stadt Friedberg, Marburg 1904, I Nr. 838 v. 1409 Dez. 4

59) Stadtarchiv Frankfurt: Reichssachen I Nr. 5617: 1468—1470 verhandelte Entschädigungsansprüche v. Jorg und Erwin Dugel v. Carben

60) Zimmermann, a. a. O., 49 f.

61) W. Jost, Der Deutsche Orden im Rhein-Main-Gau, Gießen 1941, Nr. 1211; Hauptstaatsarchiv Wiesbaden: Abt. 82 fol. 61 u. ebda. Rep. 82 Nr. 305 vom 23. 4. 1407 stimmt mit dem Regest bei Jost, a. a. O., Nr. 165 und Text Nr. 1210 u. 1211 überein.

62) Ders. Nr. 1224 u. 1225

63) Ders. Nr. 1094

64) Ders. Nr. 1084

es sich jedoch bei der Krachenburg gehandelt haben könnte, hätte, um allen Spekulationen ein Ende zu setzen, eine Stichgrabung zu klären.

Sei es, daß innerhalb des Lehenholzes eine Anlage des 10. Jahrhunderts (einen späteren Zeitpunkt scheint die geschichtliche Entwicklung nicht zuzulassen) vermutet werden dürfte oder nicht, so darf hier aber ein Reichsgut mindestens seit ottonisch-salischer Zeit als sicher angenommen werden. Damit wäre ein Ansatzpunkt zur Beweisführung der These Kropats erbracht. Darüberhinaus ist festzuhalten, daß hier ein Beispiel gefunden wurde für die Kontinuität eines Reichsgutes vom frühen Mittelalter bis in die Gegenwart.

Beständer des Lehenholzes 1683

Als Pächter (Beständer) des Lehenholzes im Jahre 1683 werden folgende Einwohner aus den benachbarten Orten genannt [48]):

Groß-Karben:
* Gundeloch, Andreas (1669 wird ein Andreas Gunderloch aus Eyternhayn, Amt Kassel, als Rendeler Einwohner genannt [65]); 1830 und 1842 wird ein Johann Gunderloch als Beständer des Lehenholzes wohnhaft zu Rendel erwähnt; 1843 werden Peter und Christian, 1844 Konrad genannt [66])
Lantz, Johanneß
Maiß (Meyß, Mayß), Johann
—, Martin
Trabandt, Han(n)ß Georg
Weyl, Johann Georg

Klein-Karben:
* Becker, Ebert, (Witwe) (1753 wird ein Johann Christoff Becker aus Klein-Karben als Rendeler Einwohner genannt [65]))
—, Michael
* Beckh, Johann Conradt (1578 war Conradt Beck untergref in Rendel [65]))
Bender, Philipp, (Witwe) (1764 wird ein Johann Jacob Bender als Rendeler Einwohner genannt [65]))
Eckert, Michael, Schultheiß von Klein-Karben
Glaßer, Johanneß
Gräff, Michael
Peter, Johann der Ältere
—, Johann der Junge
Petri, Meb(i)us
—, (Peter), Velten

65) Großkopf, Zur Familiengeschichte von Rendel, a. a. O., 96 ff.
66) Gräfl. Schönborn'sches Archiv Wiesentheid: Akten: 24 Fasz. I betr. Rentamt Heusenstamm

Rimroth, Johann
Ritter, Johannes
Schmidt, Hanß Jacob
* Schneyder, Hanß, (Witwe) (Der Familienname Schneider ist in Rendel seit 1410 bezeugt [65]))
Schwindt, Hanß Jacob (Der Familienname Schwindt ist seit 1545 in Rendel bezeugt; ein Johann Schwindt ist als Einwohner in Rendel 1655 bekannt [65]))
Wagner, Georg
Weyll, Johann

Rendel:
Bechelt, Philipp (Ein Hans Bechtold ist 1655 als Einwohner bekannt [65]))
* Beckh (Beckher), Velten (Der Familienname Beck tritt seit 1578 auf; 1655 wird Velten Beck genannt [65]))
* Deweyll, Kilian (1650 wird Kilian Deweyl aus dem Bayerland und nochmals 1655 genannt [65]))
* Dhiell, Johanneß (1655 genannt [65]))
Engelbach, Johann Daniel
Lumpp, Hannß (seit 1545 ist der Familienname bezeugt; 1655 wird Hanns Lumph genannt [65]))
* Mertz, Johann(eß) (1655 genannt [65]))
* Moxstadter, Velten (seit 1578 als Familienname Moxter bezeugt; 1655 wird Hanns Moxter genannt [65]))
Nordmeyer, Heynrich (1655 wird Henrich Nordmeyer genannt [65]))
* Schäffer, Harttman (Der Familienname Schäfer wird seit 1404 bezeugt; 1655 wird Hartmann Schäfer genannt [65]))
* Schneyder, Hanß (Der Familienname Schneider ist seit 1410 bezeugt; Johannes Schneider wird 1655 genannt [65]))
Schwindt, Johann (Der Familienname Schwindt ist seit 1545 bezeugt; Johann Schwind wird 1655 genannt [65]); der Name kommt auch in Klein-Karben vor)
Storgk, Johann (Der Familienname Storck ist seit 1394 bezeugt [65]))

Folgende Beständer sind ohne Wohnort angegeben:
Bechelt, Hanß
Bender, Johann Philipp (Der Familienname wird auch in Rendel bezeugt [65]))
* Groh, Johann (Der Familienname wird seit 1578 auch in Rendel genannt [65]))
* Hockh, Paulus, der Scharr-Müller (Die Müllerfamilie Hock wird in Rendel genannt [65]))
Michael, Heynrich
* Moxstadter, Hanß (Seit 1578 wird der Familienname Moxter in Rendel genannt [65]))
* Schäffer, Conradt (Der Familienname tritt auch in Rendel auf)
—, Johannes
—, Velten

Wolff, Johanneß (1655 wird Johannes Wolf als Einwohner von Rendel genannt [65]))
—, Johann Rupp
* Zinndorff, Johann (1655 wird in Rendel Peter Zinndorf [65]), 1830 Christian, 1842 und 1843 Philipp u. 1843 Kaspar Zindorf als Beständer des Lehenholzes, alle in Rendel ansässig, genannt [66]))

Die mit * gekennzeichneten Familiennamen sind noch 1830, 1842 und 1844 als Pächter des Lehenholzes und der Krachenburgwiesen genannt [66]).

GABRIEL BIEL IN BUTZBACH

Von Ludwig Hellriegel

Prof. Obermann von der Harvard Universität, USA, schrieb ein über 500 Seiten umfassendes Buch, in dem eingehend Person und Schaffen Gabriel Biels gewürdigt sind [1]). In jahrelanger mühevoller Kleinarbeit ging Prof. Landeen vom La Sierra College in Arlington/Californien/USA, dem Wirken Biels als Führer der Devotio Moderna in Süddeutschland nach [2]). Die Devotio Moderna war eine von Holland her kommende neue Denkweise und Frömmigkeit. Auch deutsche, italienische und französische Wissenschaftler haben sich mit Teilgebieten aus Biels Arbeiten befaßt[3]). Dieser Gabriel Biel, einer der größten Geister des 15. Jahrhunderts, verbrachte ein Jahrzehnt seines Lebens in Butzbach.

Die Hauptquellen für die Butzbacher Zeit, das Staatsarchiv in Darmstadt und die Universitätsbibliothek in Gießen, sind zum Teil bereits ausgeschöpft worden, aber das Butzbacher Stadtarchiv, eines der ergiebigsten kleinstädtischen Archive in Hessen, blieb bisher wenig beachtet. So können in dieser Arbeit einige noch unbekannte Urkunden, die Gabriel Biel betreffen, veröffentlicht werden.

Bisher war es z. B. ungewiß, wann Biel nach Butzbach kam. Ein Eintrag in der Butzbacher Stadtrechnung [4]) für das Jahr 1469 verschafft uns in dieser Frage Gewißheit. Es ist darin festgehalten, daß Biel Mitte September 1469 in Butzbach von den bereits anwesenden Brüdern vom Gemeinsamen Leben empfangen worden ist. Er wurde zum Rektor und Propst des 1468 errichteten Hauses gewählt. Dieses Haus löste ein bereits seit über hundert Jahren bestehendes Halbstift in Butzbach ab [5]). Wie ist es zur Übernahme dieses Stiftes, des sogenannten St. Markusstiftes, durch die Brüder vom Gemeinsamen Leben gekommen?

Nachdem Gabriel Biel 1463 die Errichtung eines Bruderhauses in Marienthal im Rheingau angeregt hatte [6]) und 1464 mit einer ähnlichen Gründung dank der Großzügigkeit des Grafen Eberhard III. von Eppstein-Königstein in der Stadt König-

---

1) A. H. Oberman, The Harvest of Medieval Theology, Gabriel Biel and the late Medieval Nominalism, Harvard University Press, 1963.
2) W. M. Landeen, Gabriel Biel and the Devotio Moderna in Germany, Research Studies, Washington 1959, part I. & II, Washington 1960, part III. & IV.
3) Vgl. Literaturverzeichnis bei A. H. Obermann.
4) Butzbacher Stadtrechnung 1469 im Butzbacher Stadtarchiv: S. 113: „Item 6 tornos 4 Hlr vor zwei maß wynß zu einem geschenkt den patribus am sondag nach crucis alß sie meyster gabriel zu eyme pater machten."
5) Dieses Halbstift, das den Stiften in Lich oder Friedberg keineswegs nachstand, ist bisher unbeachtet geblieben. G. Wagner zählt es in „Geistliche Stifte in Hessen" (Darmstadt 1873) nicht auf.
6) Wolf, Memor Buch, Staatsarchiv Koblenz, Abt. 701, Nr. 92 fol 30a: „eodem anno (1504) 13 die Augusti obiit pater Benedictus in Mergendayl primus pater in Alemania superiori per patrem Gabrielem vocatus . . . "

stein Erfolg hatte [7]), war es ihm vergönnt, in Butzbach ein drittes Bruderhaus mitzubegründen. Wieder war es Graf Eberhard, der die äußeren Voraussetzungen für den Einzug der Brüder vom Gemeinsamen Leben schuf. Er tauschte die Patronatsrechte des St. Peterstifts in Fulda über die Pfarrkirche in Butzbach gegen eine Vikarie in der Domkirche zu Mainz. Eberhard ging es darum, die kirchlichen Verhältnisse in Butzbach zu verbessern. Es war z. B. sicherlich der Seelsorge in der Stadt nicht dienlich, daß die Pfarrei als Pfründe etwa zwanzig Jahre schon dem nie hier anwesenden Weihbischof Syfrit gehörte. Syfrit wurde 1468 mit einer Rente von 70 Gulden abgefunden. Alle Priester, die in Butzbach Pfründen besaßen, wurden entweder abgefunden oder in das Bruderhaus aufgenommen [8]).

Etliche Urkunden, die rechtlichen Voraussetzungen zum Einzug der Brüder in Butzbach regelnd, finden sich in der Handschrift 50 im Staatsarchiv Darmstadt. Die eigentliche Stiftungsurkunde vom 11. Dezember 1468 wird im Rathaus Butzbach verwahrt [9]). Sie lautet:

„Wir Otto, Graf zu Solms, wir Eberhart zu Eppstein, herre zu Königstein, wir Philipp sin son, wir Gottfrit und wir Johann gebrüder Herre zu Eppstein und zu Myntzenberg, alle Herren zu Butzbach bekennen und thun kunt öffentlich in diesem brief vor uns, allen unsern erben und nachkommen, sowie vor unsern voraltern, herren zu Eppstein und zu Königstein, daß wir in der pharkirche zu Butzbach, gewihet in ehre des heiligen Evangelisten Sanct Marci, die gotteslehen und altaria mit namen Johannis des Evangelisten, des heil. Bartholomäus, des heil. Valentini, des heil. Nikolaus, der Apostel Peter und Paul, der heil. Anna, aller Apostel, des heil. Kreuzes, in der Michaelskapelle des heil. Michael und der heil. Katharina, in der Kapelle des Hospitals: der St. Wendelinsaltar, und alle rechte, die wir han an der schule und dem glockenampt daselbst zu Butzbach, es sy gemeinschaft unser oder eines einzelnen, got dem almechtigen, der würdigen jungfrau Marien und allen heiligen zu lob und ehr, uns, unsern voraltern, denen got gnad, unsern erben und nachkommenden Selen zum trost und heil für andechtige und fleißige gottesdienste gestiftet haben und an die ehrsame versammlung der geistlichen priester, brüder und gesellschaft zu Wydenbach in Köln übergeben haben, damit sie ebenso wie dort und in Sankt Mergenthal (Marienthal) im Rheingau auch in Butzbach ein gemeinsames Leben führen. Und daß sie desto besser und ruhiger got dem almechtigen dienen und dem folke mit messelesen, predigen, beichthören und den anderen sacramenten aufwarten mögen, han wir alle gemeinlich und jeglicher besonders verzicht in craft dieses briefs vor uns, allen unsern erben und nachkommen off all das recht, das wir han an der pharkirchen und den gotteslehen, an allen geistlichen lyhungen und wenden sie dene brüdern des gemeinsamen Lebens zu mit allen iren renten, zinsen, gütern, gefällen, husern, gärten, wiesen und anderem, wie man es nennen mag, so lang sie solche zucht und erbarkeit des gemeinsamen Lebens halten, wie es die Bulle des heil. Vaters, des Papstes vorschreibt. Und daß die gottesdienst gemehrt werden mögen, so sollen die brüder befreit sein von aller bede, steuer, allen diensten,

---

7) Zur Zeichnung der Gründungsurkunde des Königsteiner Hauses war Biel im Juli 1467 eigens nach Köln gereist. Landeen, I, S. 163.
8) So läßt sich Peter Murer, Pleban (Pfarrer) zu Pohlgöns, da er zudem Pfründer des St. Annen-Altars in Butzbach war, 1475 in das Kugelhaus einbrüdern. Vgl. W. Müller, Regesten von Butzbach, Staatsarchiv Darmstadt.
9) Die ältesten Butzbacher Urkunden befinden sich nicht im städtischen Archiv, sondern im Rathaus selbst.

wechtergeld und jeglichen besserwissen und sollen doch wasser, weide und wald der gemarkung Butzbach ausnutzen, wie es unsere burgmanne und priester bisher gethan han. Were es aber sache, daß dieses vorhaben nit vollendet würde, so sollen wir, unser erben und nachkommen zu allen unserer rechten und lyhungen der vorgemelten gotteslehen ungehindert dieser verschreibung wider kommen und dabei bleiben."

Gabriel Biel ist es, der nicht nur diese, sondern ein Dutzend Neugründungen der Brüder vom Gemeinsamen Leben in wenigen Jahren mit Leidenschaft und Zähigkeit betreibt. Es war dem (um 1410) in Speyer gebürtigen Biel nicht leicht gemacht worden auf seinem Weg zu den Brüdern vom Gemeinsamen Leben. Biel hatte 1432 mit dem Studium der Theologie und Philosophie in Heidelberg begonnen [10]). Bis 1441 blieb er dort, erlangte die akademischen Grade des Bakkalaureates (1435) und des Magisters (1438). In der Zeit zwischen 1443 und 1453 wird er an der Universität Erfurt erwähnt. Er erwirbt dort den Titel eines Licentiaten der Theologie. Später nennen sich in Erfurt die Anhänger Biels, zu denen auch Martin Luther zählte, „Gabrielista". Am 25. Mai 1453 kam Biel zusammen mit seinem Freund Eggeling Becker aus Braunschweig an die Universität Köln. Dort scheint er bereits engsten Kontakt zu den Brüdern vom Gemeinsamen Leben gefunden zu haben. Wahrscheinlich 1455 wurde er schließlich als Domprediger und Generalvikar nach Mainz gerufen. Er wurde in den Streit um den erzbischöflichen Stuhl zwischen Diether von Isenburg und Adolf von Nassau verwickelt. Biel setzte sich für den, durch den Papst bestätigten, Adolf von Nassau ein. Dennoch verweigerte Papst Pius II. 1463 Biel die Bitte, bei den Brüdern in Marienthal eintreten zu dürfen. Erst als 1464 Paul II. Papst geworden war, scheint Biel die Erlaubnis zum Eintritt in Marienthal erhalten zu haben.

Kurz vor seinem Übersiedeln nach Butzbach hat Biel gewissermaßen als Apologie für seinen Eintritt bei den Brüdern vom Gemeinsamen Leben seine Schrift „De communi vita" verfaßt. Darin weist er nach, daß es sich bei den Brüdern, die um 1380 von Gerhard Groot in Holland gegründet worden waren, nicht um einen Orden handelt, sondern um den Versuch, das einfache Leben Christi und der Apostel nachzuahmen. Er zeigt auf, daß dieses gemeinsame Leben zu allen Zeiten in der Kirche gepflegt worden ist. Dennoch blieben die Brüder als Träger einer neuen Frömmigkeit und Förderer einer freiheitlichen Zucht, neuer Lehr- und Lernmethoden und volksnaher Seelsorge weiten Kreisen suspekt. Mit Schwierigkeiten mußte Biel daher auch an seiner neuen Wirkungsstätte Butzbach rechnen.

Mit den Brüdern vom Gemeinsamen Leben, die auch Kugelherren [11]) genannt werden, kam ein neuer Aufschwung in die über zweitausend Seelen zählende Stadt Butzbach. Von den verschiedensten Kreisen wurden die Brüder tatkräftig unterstützt. Nicht nur der Adel setzte sich für sie ein, auch einheimischer Klerus und Bürger der Stadt machten Stiftungen zum Wohl der Brüder und zur Förderung des kulturellen Lebens.

Graf Otto von Solms und Graf Eberhard III. bemühten sich darum, daß bis zum Jahre 1474 das St. Markusstift mit allen seinen Altären und den damit verbundenen Einnahmen den Brüdern gehörten. Die Straße vom Griedeler Tor bis zum

---

10) G. Toepke, Heidelberger Universitätsmatrikel, 1884, S. 191: „Gabriel Bihel, premissarius altaris X milium martirum in capella Petri Spyrensis."
11) Von cuculla = Kappe, der Kopfbedeckung der Brüder.

Schwalbacher Hof wurde ihnen gänzlich überlassen. Als Wohnung gab man den Kugelherren ein geräumiges Haus neben der St. Markuskirche, damit sie so bequem, ruhiger und ungehinderter wohnen, ihre Gebete verrichten und ihre anderen Aufgaben besser erfüllen könnten [12]).

Der aus Butzbach stammende Kanonikus am Frankfurter Domstift, Hartmann Moller, bedachte die Brüder mit einem Haus, damit sie darin eine moderne Schule ähnlich den Schulen von Deventer und Zwolle errichten könnten. Er stiftete 1474 auch eine Kapelle bei dem Feldsiechenhaus am Ostheimer Weg, in der die Brüder für die Aussätzigen Messen lasen.

Erheblich waren auch die Stiftungen, die durch den Eintritt von Männern, Frauen und Ehepaaren in das Kugelhaus gemacht wurden. So stifteten die beiden gebürtigen Butzbacher und späteren Professoren der Universität Tübingen, Heinrich und Wendelin Steinbach, bei ihrem Eintritt in das Butzbacher Kugelhaus ihren gesamten Besitz der Gemeinschaft. Metze, die Witwe des Nicolaus von Bettenhusen, verschwesterte sich 1481 im Kugelhaus auf Lebenszeit und vermachte dem Haus all ihre Habe. Die Eheleute Peter und Katharina Spoler wurden 1473 vor versammeltem Kapitel in die Bruderschaft aufgenommen; auch sie vermachten dem Stift all ihre Habe. Die Kugelherren verpflichteten sich, das Ehepaar mit einer Wohnung, mit Kleidung, Holz und allem sonst Notwendigen zu versorgen [13]).

Das Kopialbuch des St. Markusstiftes in Butzbach im Staatsarchiv Darmstadt nennt für die Zeit von 1476 bis 1509 insgesamt 76 Schenkungen an das Bruderhaus. Dazu kommen noch weitere Stiftungen, wie etliche Urkunden im Stadtarchiv Butzbach ausweisen. All diese Schenkungen sollten zu gesetzlichen Verwicklungen und auch zu neidischer Mißgunst führen, die dem Vorsteher des Kugelhauses, Meister Gabriel Biel, die Arbeit in Butzbach sauer werden ließen.

Im Jahre 1478 beschwerte sich der Rat der Stadt Butzbach über angeblich angemaßte Sonderrechte der Brüder. Die Klageschrift ist an die vier Stadtherren gerichtet, den Grafen Otto von Solms-Braunfels, die Grafen von Lich, den greisen Grafen Philipp von Katzenelnbogen und den Grafen von Eppstein-Königstein. Die zwölf Punkte der Beschwernis lauten:

1. Sie (die Kugelherren) nehmen an sich Behausung, Hofreit, Acker, Zins und anderes, wodurch der Gemeinde merklicher Schaden entsteht, insbesondere dadurch, daß sie von diesen Gütern keine Bede an die Gemeinde zahlen, wie es von alters Herkommen ist.

2. Außer den sieben Häusern, drei Scheuern und einem Hof, sowie 150 Morgen Acker, Wiesen oder Garten betrifft dies zehn weitere Gebäude.

3. Sie haben ihren Besitz befestigt, obwohl das nicht vereinbart war. Ebenso haben sie ein Loch in der Mauer für ihre „bequemlichkeit" (Abort) mit Überlauf, was ebenfalls nicht vereinbart gewesen.

4. Sie haben den Wächtergang an der Mauer verbaut, sodaß man nicht in den Turm gelangen kann.

5. Sie haben sich die Besetzung der Schulmeisterstelle angemaßt.

6. Ebenso haben sie sich die Besetzung des Glockenamtes (Glöcknerstelle) angemaßt.

7. Ferner haben sie Befreiung von der Gartenbede erlangt.

12) Hs. 50, Staatsarchiv Darmstadt.
13) Hs. 49/50, Staatsarchiv, Darmstadt.

8. Der den Brüdern gehörende Schwalbacher Hof zahlt keine Gefälle an die Stadt.
9. Brüder und Angestellte des Kugelhauses sind mit Freizeichen für die Mühle usw. ausgestattet.
10. Das Bruderhaus hält sich eigene Bäcker, Schmiede und andere Handwerker, für die ebenfalls Freizeichen verlangt wurden.
11. Die Zünfte werden auf diese Art erheblich geschädigt.
12. Die Verpflichtungen an der Wendelskirmess wurden nicht eingehalten [14]).

Wahrscheinlich in Unkenntnis des Urteils der Stadtherren und der tatsächlichen Verhältnisse kommentierte 1935 ein Lokalhistoriker die Klageschrift: „Nur eine ganz grundsätzliche Beseitigung der angemaßten Vorrechte hätte damals die gepeinigte Bürgerschaft von diesem Krebsschaden befreien können" [15]).

Am 25. Juli 1479 versammelte sich nämlich die gesamte Bürgerschaft auf dem Kirchhof, wo ihr die Entscheidung der Stadtherren durch den Notar Wicker verlesen wurde. Es wurde anerkannt, daß die Brüder von den weltlichen, ihnen überlassenen Gütern, an die Stadt Bede zu zahlen haben. Die meisten Klagepunkte, wie die Frage der Schulmeister- oder Glöcknerstelle, erledigten sich mit dem Hinweis auf die Stiftungsurkunde von selbst. Da die Klageschrift einer gewissen Komik nicht entbehrte, insbesondere bezüglich der Abortfrage, scheint man dann doch gutgelaunt auseinander gegangen zu sein. Die Stadtrechnung weist jedenfalls einen Posten von 3 Gulden und 7 Heller auf, die von den Ratsherren verbraucht wurden für Zehrung anläßlich dieser Angelegenheit.

Die Stadtväter waren auch nicht knauserig, wenn es darum ging, den Patres, von denen ja einige mittlerweile aus Butzbach selbst hervorgegangen waren, den Durst zu löschen. Nach jeder Fronleichnamsprozession ließen sie es sich ein Fäßel Wein kosten. Und auch bei einer außerordentlichen Gelegenheit, wie im Folgenden ersichtlich, spendierten sie großzügig Wein: „Item 5 fl. 3 hlr. vor ein fetzl wynß meyster Gabriely geschenkt als von Urach und von cappitel kommen waß" [16]).

Dieser Eintrag zeigt uns, daß Biel nicht ständig in Butzbach anwesend war; er unternahm Reisen vor allem zur Ausbreitung der Bruderbewegung. Auch in Urach war nämlich ein neues Bruderhaus gegründet worden. Das kleinliche Verhalten, das Biel in den Streitigkeiten mit dem Rat in Butzbach entgegentrat, scheint ihm den Aufenthalt hier ein wenig verleidet zu haben.

Es ist durchaus denkbar, daß Biel bereits in Butzbach Pläne zur Gründung einer Universität hegte. Die Voraussetzungen wären hier vielleicht nicht schlechter gewesen als in Tübingen, der Universitätsstadt, deren Ruhm Biel schließlich einmal mitbegründen sollte. Weniger nämlich in seinem Bestreben um die Ausbreitung der Brüder vom Gemeinsamen Leben, noch in seinen überragenden Leistungen als Pädagoge oder Prediger, sondern in seiner umfassenden Tätigkeit als Theologe, Philosoph und Volkswirtschaftler ist die eigentliche Bedeutung Biels zu suchen.

Gabriel Biel hat während seiner Studienjahre die beiden großen theologischen Richtungen seiner Zeit, die „via antiqua" und die „via moderna" kennengelernt und verarbeitet. Man bezeichnet ihn als den „letzten großen Scholastiker" [17]), doch

---

14) Verkürzt nach Hs. 49 im Staatsarchiv Darmstadt wiedergegeben.
15) B. W. Butzbacher Heimatblätter, 1935, 9/10.
16) Butzbacher Stadtrechnung von 1477.
17) Linsenmann F. X. Gabriel Biel, der letzte Scholastiker und der Nominalismus, Theologische Quartalschrift 47/1865.

dürfte diese Bezeichnung zu Mißverständnissen Anlaß bieten, denn er fühlte sich keinem philosophischen System, sondern vor allem der Heiligen Schrift verpflichtet. Eine grundsätzliche Skepsis gegen die Fähigkeiten der menschlichen Vernunft zieht sich durch Biels Werk. Die Vernunft kann uns von Gott nicht mehr sagen, als daß Gott die Erstursache ist. Eine unüberwindliche Kluft liegt zwischen Natur und Übernatur. Alle Aussagen über Gott, z. B. daß Gott allgegenwärtig oder allmächtig ist, sind lediglich Zeichen, die auf Gott hinweisen, aber sie vermitteln keine wirkliche Kenntnis Gottes. Wir können Gott nicht erforschen. Gott selbst kommt uns entgegen und offenbart sich uns im Wort der Heiligen Schrift. Sehr stark betont Biel daher Gottes Liebe zu uns und die Bedeutung des menschlichen Willens, durch den eine Antwort auf Gottes Liebe gegeben werden kann. In all seinen Werken bekennt Biel seine Treue zur Kirche. Extreme oder schismatische Gedanken lagen ihm fern. Er verlor sich auch nicht in Haarspaltereien, wie andere zeitgenössische Theologen. Seine klare, milde und inspirierende Art bewegte selbst Luther noch 1538 zu sagen: „Wenn ich Biel las, dann blutete mein Herz" [18]).

Werke Biels wurden in Deutschland noch bis ins 17. Jahrhundert hinein aufgelegt. In Spanien und Portugal berief man sich auf die Autorität Biels bis ins 18. Jahrhundert und hatte eigene Lehrstühle zur Kommentierung seiner Werke errichtet. Der mächtige Einfluß der Lehren Luthers in protestantischen Kreisen und das Unvermögen der nominalistischen Theologie, einen Platz innerhalb der nachreformatorischen katholischen Kirche zu behaupten, sind zweifellos die Ursachen dafür, daß der einst so populäre Biel in Vergessenheit geriet. Erst in jüngster Zeit hat gerade die nominalistische Theologie, die Biel vertrat, wieder neues Interesse auf katholischer und evangelischer Seite gefunden.

Einen großen Teil seiner privaten Bibliothek hat Gabriel Biel dem Kugelhaus in Butzbach überlassen. Im Jahr 1771 wurden auf Befehl Landgraf Ludwigs IX. insgesamt 205 Handschriften des Butzbacher Kugelhauses, darunter etliche von Biel selbst geschriebene Bücher, nach Gießen verbracht. Unter diesen Handschriften befinden sich auch einige, die nicht der Kugelhausbibliothek entstammen, so z. B. die Stadtrechnung Butzbachs aus dem Jahre 1522. Aus den Einbänden der Butzbacher Handschriften konnten etliche ältere Schriften freigelegt werden. Das älteste so gewonnene Bruchstück enthält einige Zeilen einer insularen Handschrift aus dem 8. Jahrhundert mit Sätzen aus der Osterliturgie. Ebenso befinden sich in Gießen eine beträchtliche Anzahl früher Drucke, die der Kugelhausbibliothek entstammen. Vierhundert jüngere Drucke dieser bedeutenden Butzbacher Kugelhausbibliothek sind immerhin noch wertvoll genug, um den Ruhm der Bibliothek des Predigerseminars in Friedberg zu begründen. Es handelt sich dabei vor allem um theologische Kontroversliteratur des 16. und 17. Jahrhunderts. Etwa 50 Bände aus dem gleichen Besitz sind in eine theologische Bibliothek in Darmstadt geraten. Im Staatsarchiv Darmstadt befinden sich dagegen die für die Butzbacher Geschichte so wichtigen Kopialbücher des Kugelhauses.

Sicher war es ein Glück für die verschollen geglaubte größte und bedeutendste spätmittelalterliche Bibliothek in diesem Raum, daß sie aus Butzbach entfernt worden ist. Ob es jedoch weiterhin rechtens ist, daß eine solche Sammlung zerrissen und an fremden Orten ist, müßte genauer untersucht werden. Es wäre höchst angebracht, daß eine aufstrebende Stadt, die die Ausgaben für ein anspruchsvolles Archiv nicht

---

18) Zitiert nach Landeen, part IV, p. 62.

Biels Handschrift.

Anfang der 1472 anläßlich der Butzbacher Kirchweih gehaltenen Predigt.

scheute, auch die Ausgaben für Fachkräfte nicht scheuen möge, damit ihr einmalig reiches Archivmaterial zu jeder Zeit allen Interessierten zugänglich gemacht wird.

Unter den Handschriften des Butzbacher Kugelhauses in Gießen sind etliche von Gabriel Biel selbst kopierte Schriften, so ein Band der Predigten des hl. Ambrosius, den Biel bereits 1436 in Heidelberg abgeschrieben hat. In Gießen befindet sich aber auch eine Sammlung von 234 Predigten Biels. Nicht alle diese Predigten, die von Biel mit eigener Hand geschrieben und ständig verbessert worden sind, wurden von Biels Schüler Wendelin Steinbach später veröffentlicht und gedruckt. Eine dieser unveröffentlichten Predigten wurde von Biel im Jahre 1472 anläßlich der Butzbacher Kirchweih gehalten [19]).

Biel, obwohl selbst ein großer Förderer der Druckkunst [20]), ließ nur wenige seiner Arbeiten drucken. Daher ist es nicht einfach festzustellen, wann und wo er seine Werke konzipierte. Mit einiger Sicherheit läßt sich jedoch sagen, daß Biels Schulbuch „Ars Grammatica", sein pädagogisches Lehrbuch „Regula Puerorum" und eine große Zahl seiner Predigten in Butzbach entstanden sind.

Biel hat seine Predigten in lateinischer Sprache geschrieben. Wenn er zu Klerikern im Mainzer Dom gesprochen hat, dann wird er sie wohl auch in lateinischer Sprache gehalten haben. Wenn er zu einer Gemeinde, wie in Butzbach sprach, dann hat er sicher deutsch gesprochen. Biel predigte für die damalige Zeit verhältnismäßig kurz, etwa zwanzig Minuten, manchmal etwas länger, aber nie länger als eine Stunde. Aus Biels Predigten können wir etwas von seinem Wesen erfahren. Der Aufbau seiner Predigten ist maßvoll und stets von seinem wissenschaftlichen Geist geprägt. Doch steigert er sich auch in wirkliche Höhen voll Wärme und Herzlichkeit. Dem Effektvollen oder gar Bizarren, dem manch andere zeitgenössische Prediger huldigten, war er abgeneigt. Biel nimmt selten zu Problemen seiner Zeit Stellung. Lediglich, wenn er von verlotterten Klerikern und den wilden Ehen spricht, scheint er konkrete Verhältnisse seiner Umgebung vor Augen zu haben. Ein andermal sieht er zweifellos Butzbacher Zustände vor sich, wenn er schreibt: „Heute sieht man nur wenige Eltern, die ihre kleinen Kinder zur Kirche bringen, damit sie das Wort Gottes hören; ja, selbst die älteren Kinder schickt man selten. Dagegen sind die Straßen voll mit spielenden Kindern und wie sind doch unsere Söhne und Töchter heute dem Mob der Straße, schlechter Gesellschaft und üblen Zusammenkünften ausgesetzt" [21]).

Kurz bevor Biel die Leitung des Bruderhauses in Butzbach übernahm, hat er seine Schrift „De communi vita clericorum" verfaßt. Aber in Butzbach selbst hat er zum erstenmal seine Vorstellungen vom gemeinsamen Leben über längere Zeit hin in die Praxis umsetzen können.

Von den Brüdern und Schwestern erwartet er den Geist der Armut. Aber nicht durch Betteln, sondern durch Studium und Bücherkopieren sollen die Mitglieder der Gemeinschaft ihr Brot verdienen. Ausführlich beschreibt Biel die Kunst des Bücherkopierens, die er selbst so hervorragend beherrschte. Acht wunderbare, handgeschriebene Bibeln mit herrlichen Initialen — die leider zum Teil von barbarischer Hand

---

19) Hs. Sermones de sanctis, S. 249 (Vgl. Abb. S. 79).
20) Biel ließ 1468 in Marienthal eine Druckerei einrichten.
21) Zitiert in Übersetzung nach Landeen, part III, S. 30.

Abbildung Gabriel Biels auf dem Titelblatt seines Werkes: „Passionis dominice"
(Gutenberg-Museum in Mainz)

Die St. Markuskirche in Butzbach mit Häusern und dem Gelände, das den Kugelherren gehörte. Ein Teil der Gebäude ist über fünf Jahrhunderte hin fast unverändert erhalten geblieben.

herausgeschnitten sind — befinden sich unter den aus Butzbach stammenden Handschriften in Gießen.

Bei seinen Bemühungen um ein gemeinsames Leben in der Nachfolge Christi zeigt sich Biel jeder Übertreibung abgeneigt. Er erlaubt den Brüdern zum Beispiel auf die Jagd zu gehen. Die hl. Messe wird nicht vor sechs Uhr begonnen, der Tag dagegen frühzeitig mit dem Nachtgebet beendet. Jeder Priester soll wenigstens drei Messen in der Woche halten. Die häufige Beichte empfiehlt Biel sehr, übertriebenes Fasten oder Nachtwachen lehnt er ab.

Für die Aufnahme in ein Bruderhaus durften Reichtum oder Armut keine Rolle spielen, allein das Verlangen, Gott recht zu dienen, war maßgebend. Die Verfassung der Häuser war demokratisch. Jeder durfte freimütig bei den Versammlungen seine Meinung äußern, ob er nun Geistlicher oder Laienbruder war. Die Vorsteher eines Hauses wurden von allen gewählt.

Die drei Bruderhäuser in Marienthal, Königstein und Butzbach hatten sich zu einem eigenen Generalkapitel, das mit den holländischen und niederdeutschen Häusern in Verbindung stand, zusammengeschlossen. Am 10. Juli 1477 war eine Sitzung des Generalkapitels in Butzbach. Gabriel Biel präsidierte. Man besprach vor allem die Gründung eines neuen Bruderhauses in Urach in Württemberg. Schon am 16. August 1477 konnte Biel in Urach die Stiftungsurkunde aus der Hand des Grafen Eberhard im Barte in Empfang nehmen. Biel hielt die Festansprache und stellte die neuen Brüder vor. Es waren Benedikt von Helmstadt aus dem Haus in Marienthal, die Priester Gottfried Messerschmied und Siegfried Ernbracht sowie die Diakone Wendel Steinbach und Peter Hexpacher, alle aus dem Butzbacher Haus. In der Sakristei wurde einstimmig Benedikt zum Vorsteher gewählt. Biel verkündete die Wahl und Benedikt begab sich auf den Ehrenplatz rechts im Chor. Das „Te Deum" wurde gesungen und mit der Messe „De Spiritu Sancto" die Feierlichkeit beschlossen. Ähnlich war es ein Jahr später bei einer weiteren Neugründung. Am 3. Juli 1478 war Biel von Butzbach aus nach Wolff an der Mosel gekommen, um dort bei den Gründungsfeierlichkeiten eines Bruderhauses mitzuwirken. Er führte den neuen Rektor des Hauses, Philipp Sartor von Weißenau, in sein Amt ein. In den Gründungsdokumenten heißt es unter anderem, daß die Brüder so leben sollen, wie es bei den Brüdern von St. Markus in Butzbach üblich ist.

Biel hat im Juni 1479 Butzbach verlassen und die Leitung des Uracher Hauses übernommen. Doch blieb er den Brüdern und Schwestern in Butzbach verbunden, auch noch als er Professor und Rektor der Tübinger Universität geworden war. Von 1484 bis 1492 dozierte Biel in Tübingen, dann übernahm der greise „Monarch der Theologen", wie er von Steinbach genannt wurde, noch einmal die Leitung eines Bruderhauses, des Hauses Einsiedeln im Schönbusch bei Tübingen. Dort ist Biel 1495 gestorben und begraben worden. Wäre Biel dem Butzbacher Hause nicht bis zu seinem Tod verbunden geblieben, dann hätte er sicherlich seine Bücher nicht hier gelassen.

Das Bruderhaus in Butzbach ging infolge der Reformation 1555 endgültig unter. Ein Kugelhausfond besteht bis auf den heutigen Tag. — Möge dieser Aufsatz dazu beitragen, daß der Name Gabriel Biel auch in Butzbach, dem er die vitalste Zeit seines Lebens schenkte, wieder besser bekannt wird.

Verzeichnis der Werke Gabriel Biels

Ars Grammatica: Tractatus utilis artis grammatice regiminum, constructionum et congruitatum generalia fundamenta declarans pro iunioribus ex diffusis grammaticorum principiis stilo facili deflorans (Reutlingen c. 1486).

De communi vita: Tractatus magistri gabrielis Byell de communi vita clericorum. (Hs. Koninklijke Bibliotheek, s'Gravenhage, gedruckt in Research studies, Washington State University 28, (1960) als Anhang zu W. M. Landeens Untersuchungen).

Defensiorum: Defensiorum obedientie apostolice, 1462 (Hagenau, 1510).

De potestate: Tractatus de potestate et utilitate monetarum (Oppenheim, 1516, in englischer Übersetzung veröffentlicht von R. B. Burke, Philadelphia, 1930).

Epistola I: Anfang: „Gnade und erluchtunge des heyligen geystes . . . " Ende: „fronefasten anno etc. LXII" (1462) (Hs. Stadtbibliothek Mainz, gedruckt in „Neues Archiv der Gesellschaft für ältere deutsche Geschichtskunde, 35 (1910), F. W. E. Roth).

Epistola II: Anfang: „Gnediger Lieber Junckher . . . " Ende: „ . . . anno LXX (1470) ewer gnade Capplan Gabriel bruder zu sant Marcus zu Butzbach." (Hs. Staatsarchiv Darmstadt, gedruckt in „Die Anfänge der Universität Tübingen", Stuttgart, 1927, J. Haller).

Expositio: Sacri canonis Misse expositio resolutissima (Basel 1510).

Noticia: Omnibus presencium inspectoribus subscriptorum noticiam cum salute litteras apostolicas indulgentiarum plenarie remissionis (Tübingen, 1479).

Regula: Regula puerorum bona et doctrinalis eximii magistiri Gabrielis Biel (Leipzig c. 1497).

Sermones I: Sermones dominicales de tempore (Hagenau, 1510).
Sermones II: Sermones de festivitatibus christi (Hagenau, 1510).
Sermones III: Sermones de festivitatibus gloriose virginis marie (Hagenau, 1510).
Sermones IV: Sermones de sanctis (Basel 1519).
Sermones V: Passionis dominice sermo historialis (Hagenau, 1510).

Sacrosancti: Sacrosancti canonis misse exposito . . . in Epitomen contracta (Tübingen 1499). Dieses Buch erschien in zwölf Auflagen, zuletzt wurde es 1612 in Brescia gedruckt.

Sententiae: Epithoma pariter et collectorium circa quattuor sententiarum libros (Tübingen, 1501). Vollendet von Wendelin Steinbach aus Butzbach.

Mehrere ungedruckte Werke Biels befinden sich in der Universitätsbibliothek Gießen, so „Dictata varia de dialectica" Hs. 1250, B. G. XVI f 86—199.

Im Staatsarchiv Stuttgart werden zwölf Briefe Biels an den Abt von Bebenhausen aufbewahrt.

WEITERE MITTELALTERLICHE SCHEIBENKREUZ-GRABSTEINE DER WETTERAU [1])

Von Friedrich Karl Azzola

In einer ersten, 1965 erschienenen Arbeit [2]) wurden sechs mittelalterliche Scheibenkreuz-Grabsteine aus Arnsburg, Butzbach, Friedberg und Nieder-Weisel beschrieben. Hinzu kam als Nachtrag die Besprechung eines im Oktober 1965 bei Schachtungsarbeiten in der Markuskirche zu Butzbach aufgefundenen Steins [3]). Durch weitere Funde erhöhte sich die Zahl der bis Ende 1968 in Hessen aufgenommenen Scheibenkreuz-Grabsteine auf 33 Stück [4]), darunter drei inschriftlose Steine aus Södel und Rockenberg, beides Orte im Kreis Friedberg.

Der Södeler Scheibenkreuz-Grabstein (Abb. 1)

Material: roter Sandstein
Abmessungen: Scheibendurchmesser 14,5 [5];
Breite des Sockelansatzes 8;
Breite der Kreuzbalken 2.

Der Stein ist in die Westfront des Kirchturms in ca. 3,50 m Höhe eingemauert [6]). Er ist bemerkenswert klein, wodurch er ganz aus dem Rahmen der anderen Wetterauer Scheibenkreuz-Grabsteine herausfällt; ihm steht nur der bei Grabungsarbeiten auf dem ehemaligen Friedhof zu Stockheim (Kreis Büdingen) aufgefundene Stein nahe. Kennzeichnend ist weiterhin das schwache Flachrelief, das erst bei günstigem Streiflicht alle Strukturen deutlich erkennen läßt, sowie eine geringfügige Verschiebung des Längsbalkens nach rechts.

Der Södeler Stein ist in seiner Substanz erheblich beeinträchtigt. Er zeigt nicht nur rechts oben (Abb. 1) merkliche Beschädigungen, sondern ihm fehlt auch der Sockel, wobei man den Sockelansatz noch einwandfrei erkennen kann. Datieren ließe sich der Stein leichter, wenn man auch seine leider nicht zugängliche Seite in die Überlegungen miteinbeziehen könnte. Trägt die andere Seite ein Kreuz in gleicher Ausführung wie auf Abbildung 1, was wahrscheinlich ist, so müßte man ihn dem 14. bis 15. Jahrhundert zuordnen. Eine genauere Datierung ist nicht möglich, da

---

1) Zugleich 31. Beitrag zur Frage früher Grabsteinformen in Hessen.
2) Friedrich Karl Azzola: „Mittelalterliche Scheibenkreuz-Grabsteine der Wetterau", Wetterauer Geschichtsblätter *14* (1965), 49—60 mit
3) Nachtrag: „Ein weiterer Scheibenkreuz-Grabstein aus Butzbach", Wetterauer Geschichtsblätter *14* (1965), 109—111.
4) Bis Ende 1967 waren 31 Steine bekannt geworden. Siehe hierzu bei Friedrich Karl Azzola: „Neues über Scheibenkreuz-Grabsteine in Hessen", Hessische Heimat NF *18* (1968), Nr. 1, 1—6.
5) Alle Abmessungen in cm.
6) Dem evangelischen Pfarramt zu Södel sei auch an dieser Stelle für die Genehmigung zur Veröffentlichung des Steins herzlich gedankt.

dem schlichten, wohl bäuerlichen Stück charakteristische Strukturen fehlen. Trägt die andere Seite hingegen ein Handwerkszeichen oder gar — was kaum anzunehmen ist — eine kurze Inschrift, so dürfte er dem 16. Jahrhundert zugehören.

Die beiden Rockenberger Scheibenkreuz-Grabsteine

Die beiden inschriftlosen Rockenberger Scheibenkreuz-Grabsteine traten im Herbst 1967 beim Abbruch der nördlichen Langhauswand der 1754 an Stelle einer mittelalterlichen Kirche erbauten Pfarrkirche zutage [7]). Sie waren als Werksteine wiederverwandt worden. Man darf jedoch als gesichert annehmen, daß sie vom Rockenberger Kirchhof stammen.

Der Rockenberger Scheibenkreuz-Grabstein Nr. 1 (Abb. 2 und 3)

Material: Basalttuff (Lungstein);
Abmessungen: Scheibendurchmesser außen 22, innen 16;
Dicke 8;
Länge des Kreuzes 14,5.

Obgleich dem Stein der Sockel fehlt, ist die Scheibe nahezu einwandfrei erhalten. Die beiden Seiten der Scheibe (Abbildungen 2 und 3) sind fast identisch; sie tragen je ein Tatzenkreuz mit eingezogenen Balkenenden, wobei die Ausführung handwerkliches Können verrät.

In seinem Erscheinungsbild tritt das Stück in die Nachbarschaft des Scheibenkreuzes von Brakel in Westfalen [8]), das in die Ostwand der dortigen St. Michaels-Pfarrkirche eingelassen ist und aufgrund seiner Inschrift dem Jahr 1335 zugeordnet werden kann. Dieser Rockenberger Stein dürfte somit ebenfalls dem 14. Jahrhundert entstammen. Zwar ist das Tatzenkreuz auch der Romanik bekannt, doch schließen die eingezogenen Balkenenden einen romanischen Ursprung sicher aus.

Der Rockenberger Scheibenkreuz-Grabstein Nr. 2 (Abb. 4)

Material: Basalttuff (Lungstein);
Abmessungen: Resthöhe 53;
Dicke 14,5;
Scheibendurchmesser waagerecht 26;
Schaft: Länge 31, Breite 17 bis 18.

Das Stück ist unter den 33 hessischen Scheibenkreuz-Grabsteinen einmalig. Seine beiden Seiten stimmen wie bei dem zuvor besprochenen Stein überein. Darum ist hier nur die besser erhaltene Seite im Bild wiedergegeben.

Der inschriftlose Stein gehört zu den wenigen hessischen Exemplaren, deren Sockel noch erhalten ist. Beim vorliegenden Stein ist jedoch der Sockel nicht roh bossiert, sondern bemerkenswert fein geglättet, weshalb man in diesem Fall besser von einem Schaft oder einem Steckfuß sprechen sollte.

7) Die Kenntnis der beiden Steine verdanke ich Herrn Dr. Müller, Darmstadt, mit Schreiben vom 18. 12. 1967. Dem katholischen Pfarramt zu Rockenberg sei auch an dieser Stelle für die Genehmigung der Veröffentlichung der beiden Steine herzlich gedankt.
8) Wilhelm Brockpähler: „Steinkreuze in Westfalen", Münster 1963, insbesondere S. 62 bis 63 und Abb. 73.

Abb. 1: Mittelalterlicher Scheibenkreuz-Grabstein in der Westfront des Kirchturms zu Södel.

Abb. 2: Mittelalterlicher Scheibenkreuz-Grabstein aus Rockenberg mit Tatzenkreuz.

Abb. 3: wie Abbildung 2.

Abb. 4: Mittelalterlicher Scheibenkreuz-Grabstein aus Rockenberg mit einem zum Vierpaß weiterentwickelten Kreuz.

Leider zeigt die Scheibe im Bild links und oben Schäden, die sie wohl erlitt, da der Stein als Werkstück wiederverwandt wurde. Trotz dieser Beeinträchtigungen vermittelt die Scheibe den Eindruck, als sei sie nicht kreisförmig, sondern in Längsrichtung elliptisch ausgeweitet. Auch das Kreuz ist hier nicht mehr verstanden, sondern zu einem Vierpaß verändert. Dadurch klingen zwar Beziehungen zum Butzbacher Scheibenkreuz-Grabstein Nr. 2 an [3]), es bleiben jedoch bemerkenswerte Unterschiede. Während auf dem Butzbacher Stein der Vierpaß in Flachrelief wiedergegeben ist, erinnert die Ausführung beim vorliegenden Rockenberger Stück mehr an die Kerbschnittechnik der Holzbearbeitung. Zwar können beide Steine aus der gleichen Werkstatt stammen, die in Butzbach zu suchen wäre, doch ist beim Rockenberger Scheibenkreuz-Grabstein der Bruch mit der überkommenen Tradition konsequenter als beim Butzbacher Stein. Demnach wäre das Rockenberger Stück entwicklungsgeschichtlich jünger und dem ausgehenden 15. Jahrhundert zuzuordnen.

Die Inventarisation der in Hessen oberirdisch erhaltenen mittelalterlichen Scheibenkreuz-Grabsteine scheint abgeschlossen zu sein, doch können weitere Funde bei künftigen Grabungen im Bereich mittelalterlicher Friedhöfe zutage treten.

DIE ALTEN GRABSTEINE
DER FAMILIE LÖW VON UND ZU STEINFURTH

VON WILHELM HANS BRAUN

In der Steinfurther evangelischen Pfarrkirche, einem gotischen Bau aus der Zeit um 1500, sind einige bemerkenswerte Grabmäler der Familie Löw von Steinfurth [1] erhalten. Das auffallendste ist das an der Nordwand angebrachte große, aus Marmor, Metall, Stuck und Wandmalerei bestehende barocke Prunkdenkmal des Oberhofmarschalls und Kammerpäsidenten Georg Philipp Löw, der 1712 starb und in der „neuen Gruft" (unter der Sakristei) beigesetzt wurde. Vor einem mächtigen, von Engeln gehaltenen blauen Baldachin steht ein mit Kriegstrophäen und dem Löwschen Wappenschild geschmückter Katafalk. Auf ihm ruht, von einem Barockrahmen mit zwei Engeln umgeben, ein halbgeöffneter schwarzer Sarkophag in Hochrelief. Ein weißes Tuch mit einer Widmungsinschrift hängt breit über die vordere Sargwand. Darüber ist das Löwsche Vollwappen angebracht. Über dem oberen Rahmen erhebt sich eine mit den Wappenschwertern besetzte schlanke Pyramide; auf deren Spitze steht der Wappenvogel der Familie, der Kranich mit dem Stein in der erhobenen Kralle. Ein großer fliegender Engel mit wehendem Gewand hält mit der Linken das ovale Brustbild des Verstorbenen in die Höhe und ruft ihn durch die Posaune zur Auferstehung. Von den drei Putten, die sich um das Bild tummeln, weist einer den Weg nach oben.

Neben dem Sarkophag, wahrscheinlich rechts, als Kontrapost zu dem Posaunenengel, stand ursprünglich und noch 1839 die marmorne Gestalt des Todes als Gerippe, das den Sargdeckel aufhob, um die Seele aus dem doppelten Gefängnis zu entlassen.

Da der Sensenmann nicht nur auf Dieffenbach [2] sondern auch auf die Familie und die Gemeinde „den widrigsten Eindruck" machte, wurde er schon vor 1868 entfernt und steht jetzt (Juli 1969) stark beschädigt in der Sakristei.

---

[1] J. M. Humbracht, Die höchste Zierde . . . , Ffm. 1707, Taf. 58 — D. H. von Hattstein, Die Hoheit . . . Bd. 1. Hildburgh, 1754, Taf. 364—369 u. pass. — W. Frh. Löw, Notizen über die Familie derer Freiherrn Löw von und zu Steinfurth, Darmst. 1868 — W. Möller, Stammtafeln westdeutscher Adelsgeschlechter. Bd. 2 (1933), 178 — Genealogisches Handbuch des Adels (GHdA) Bd. 27 (1962), 165. — F. C. Mader, Sichere Nachrichten von der . . . Burg Friedberg, Bd. I (1766), S. 33, 54, 99, 125. 207—266. 271—327. 345. Anhang S. 4. — Bd. II (1767), 95. 122. 164—186, 191, 192. 209. 240. 291. 363. — Bd. III (1774), 7. 25. 90. 156. 184—213, 241. 312. 388. 389.

[2] Intelligenzblatt für die Provinz Oberhessen 1839, Nr. 26 — W. Löw, S. 86.

Über das Leben des Oberhofmarschalls berichten die „Notizen" von Wilhelm Freiherrn Löw ³). Rudolf Adamy ⁴), der das Denkmal beschrieb, kannte den Künstler noch nicht. Es ist der bedeutende Fuldaer Bildhauer Johann Heinrich Ernst Mockstatt ⁵), der auch die Grabdenkmäler des Fürstabts von Schleifras im Dom zu Fulda, das Buttlarsche Epitaph zu Johannesberg bei Fulda und eine Reihe weiterer Werke geschaffen hat, darunter einen interessanten Kupferstich mit dem Bildnis des Verstorbenen für die Trauerschrift „Ehren- und Liebes-Gedächtnis...", zu der die Pfarrer Keipff (Steinfurth, seit 1719 Friedberg) und Venator (Friedberg) Predigten beisteuerten, während ihre Amtsbrüder Mettenheimer (Staden) und Treudt (Nd.-Florstadt) ebenso wie Amtmänner, Sekretäre und Schulmeister Gedichte lieferten ⁶).

Von den Grabsteinen der Kirche stammt der älteste aus der alten Friedberger Burgkirche, die am Platz der heutigen Aufbauschul-Turnhalle stand und 1783 ff. abgebrochen wurde ⁷). „Er liegt jetzt", schreibt Dieffenbach 1835 ⁸), „in dem westlichen Teil des Hofraums, welcher sich vor dem von Löwschen Burghause (seit 1932 Eigentum der Familie Metzger, Burg 32) befindet, an dem Eingange in ein Gärtchen, und dient zu einem Stege. Die Aufschrift des Steines, wie er gegenwärtig liegt, (wird) schwerlich mehr lange lesbar bleiben". Diese Veröffentlichung wird die Familie veranlaßt haben, das historische Denkmal nach Steinfurth zu holen. Vielleicht gab auch erst die folgende „Bekanntmachung" im Intelligenzblatt ⁹) den Ausschlag: „Nach höherer Verfügung sollen die zur Burgkirche gehörenden Epitaphien und Grabsteine an die beteiligten Familien zurückgegeben und weggeschafft, jene aber, zu denen sich in einer zu bestimmenden Frist niemand gemeldet hat, als herrenlos der Stadt überlassen werden. Dieser hohen Verfügung zu entsprechen, werden die beteiligten Familien aufgefordert, ihre Ansprüche auf diese Epitaphien und Grabsteine binnen vier Wochen geltend zu machen und sie wegzubringen. Nach Ablauf dieser Frist werden die besagten Steine auf Kosten der Stadt weggeschafft, und können spätere Ansprüche nicht weiter berücksichtigt werden. Friedberg, den 18. Juli 1836. Der Bürgermeister D. Fritz". Die wenigen danach übriggebliebenen und in den Schloßgarten verbrachten Grabmäler wurden übel behandelt: Durch den Brendel'schen Stein schlug man neben dem Kopf einen eisernen Kloben, von dem des Ritters von Reinberg ließ man den Sand rieseln, und von dem der Schelme von Bergen ¹⁰) schlug man den Oberteil ab, damit er in die Nische paßte.

---

3) W. Löw, S. 83—88.
4) Kunstdenkmäler im Großherzogtum Hessen: Kreis Friedberg von R. Adamy, Darmstadt 1895, S. 272. Nach ihm drückte der Tod den Deckel des Sarkophags zu.
5) F. Dettweiler in: Fuldaer Geschichtsbll. 1932, S. 113; 1933, S. 7. 58. 73 (bes. 77—80); 1934, S. 86.
6) F. Wecken, Katalog der Fürstl. Stolbergschen Leichenpredigt-Sammlung 2 (1928) — Die Pfarrer nennt W. Diehl, Hassia Sacra 4 (1930), 461.
7) K. Rübeling, Die alte Fbg'er Burgkirche, in: Wett. Gesch. Bll. 14 (1965), 1 ff.
8) Intelligenzblatt 1835 Nr. 14 S. 84.
9) Intell. Bl. Nr. 30 v. 23. 7. 1836, S. 223.
10) W. H. Braun in: Wett. Gesch. Bll. 6 (1957), 131.

Diesem Schicksal ist der Löwsche Grabstein entgangen. Schon 1857 sah ihn Dieffenbach [11]) in der Steinfurther Kirche. Er ist in die innere südliche Chorwand eingemauert [12]), rechts von der Sakristeitür, und trägt links oben beginnend die Umschrift in gotischen Minuskeln: „anno.dni.m. / cccc.XLVII.off.dorstag.nach.sant. veltins.tag. / starb.der.streng.here. / Eberhart.lewe.von.steinfurt.ritter.burggrave./ (innen:) dem.got.gnade.amen". Die Datierung nach dem Valentinstag ist nicht ganz sicher, da zwei Heilige dieses Namens in Betracht kommen [13]). Nach meiner Kenntnis des Friedberger Kalenderbrauchs in späterer Zeit dürfte es sich hier um den Bischof von Terni handeln. Sterbedatum ist also der 16. Februar 1447. Adamy [4]) bringt die falschen Lesungen *dinstag* und *niclastag*, die natürlich eine falsche Datierung ergeben [14]). Auch „burg*man*" kann es nicht heißen, da Eberhard (V.) Löw von 1407 bis 1447 Burg*graf* war. In der Mitte des Steins sind die Wappen Löw und von Muschenheim ausgehauen. Da es sich nicht um einen Doppelgrabstein handelt, möchte man den Sparren derer von Muschenheim auf die Mutter des Ritters beziehen; aber abgesehen davon, daß die beiden Schilde unter einem Helm zusammengefaßt scheinen, kennt Humbracht (der sich allerdings oft in den Filiationen irrt) eine Muschenheim als Ehefrau des Burggrafen. Möller und das Genealogische Handbuch nehmen leider von diesem Grabstein keine Notiz, was besonders nötig gewesen wäre, da der Name Eberhard in mehreren aufeinander folgenden Generationen vorkommt und mehrfache Ehen berücksichtigt werden müssen.

Es ist verständlich, daß die Burggrafen in der Kirche der Reichsburg Friedberg beigesetzt wurden. Die übrigen Familienmitglieder fanden bis zum Beginn des 18. Jahrhunderts ihre Ruhestätte im Innern der Steinfurther Kirche. Die meisten der den Fußboden bildenden Grabsteine wurden im Lauf der Zeit so abgetreten, daß schon Dieffenbach nicht mehr viel von den Inschriften entziffern konnte [15]).

Der Enkel jenes Burggrafen Eberhard, der 1520 verstorbene Jörg Löw, liegt vor dem Altar bestattet. Auf dem Stein ist fast nichts mehr zu lesen.

Jörgs Sohn, Conrad Löw, ist auf dem künstlerisch wertvollsten und heraldisch interessantesten Grabstein der Kirche in lebensgroßem Relief dargestellt [16]). In voller Rüstung steht der Ritter halbschräg nach rechts gewendet vor der rechteckigen Sandsteinplatte und überschneidet auch noch oben und an den beiden Längsseiten

---

11) Ph. Dieffenbach, Gesch. von Friedberg, 1857, S. 335.
12) Seine Maße lassen sich deshalb nicht genau angeben. Die jetzt sichtbare Höhe beträgt 1,97 m, die Breite 0,96 m (vgl. Anm. 31).
13) Valentin von Passau (7. Januar) und Valentin von Terni (14. Februar). Dieffenbach (Anm. 8) nennt den 7. Januar als Valentinstag. W. Möller und das GhdA (Anm. 1) nehmen den 16. Februar als Sterbetag an.
14) Ch. Waas errechnet nach Adamys irriger Lesung das Datum 12. Dez. 1447 in seinem Aufsatz „Von Burggrafen und Burgmannen der Burg Friedberg" in: Fam. Gesch. Bll. 12 (1914), Sp. 367 ff.
15) Im Juni 1969 wurde (nach der wohlgelungenen Außenrenovierung der Kirche) mit einer völligen Erneuerung des Innern begonnen. Dabei wurde auch eine ganze Anzahl liegender Grabsteine entfernt. Vgl. auch die Empfehlung des Denkmalspflegers 1912 bei W. Diehl: Hassia Sacra 8 (1935), 630.
16) Abbildung ohne den unteren Teil in: GHdA 27, 168.

mit Helm, Ellbogen und Hand den erhöhten Schriftrahmen. So entsteht der Eindruck, als ob der Verstorbene aus einer Tür hervortrete. Dieser Kunstgriff findet sich ebenso wie die ganze Raumverteilung und Oberflächenbehandlung, wie die Art der Gestaltung aller Einzelheiten bis zur Haltung der Arme und der Richtung von Schwert und Dolch, so genau bei dem Grabstein des Burggrafen Johann Brendel von Homburg wieder, daß mit größter Wahrscheinlichkeit derselbe — uns leider unbekannte — Bildhauer für beide Denkmäler angenommen werden kann. Das Löw'sche wird um 1560 geschaffen worden sein, das des Burggrafen Brendel (gest. 1569) wurde noch zu seinen Lebzeiten im Jahre 1557 errichtet [17]). Bemerkenswert bei dem Löw'schen Stein ist der Streithammer, den der Ritter in der Rechten hält. Die Umschrift auf dem Rahmen, links unten beginnend, lautet: „Anno dni 1560 den 6. Augusti [18]) stharb der edel und ehrnfest / Conrad Lewe von / Steinvordt welches Selen Got genedig und barmhertzig sei. Amen."

In den vier Ecken finden sich wie üblich die Ahnenwappen: links (vom Beschauer aus) die Vater- oder Schwertseite, rechts die Mutter- oder Spindelseite; oben die Großväter, unten die Großmütter. Die Eltern Conrad Löws waren: Georg Löw (gest. 1520) und Margarethe von Muschenheim; die väterlichen Großeltern: Eberhard (VI.) *Löw* (1478 tot) mit dem (silbernen) Kranich im (blauen) Feld, und Catharina von *Hochweisel*. Ihr (schwarzer) Wappenschild mit einem durch eine Zickzacklinie abgeteilten (goldenen) Schildhaupt ist mit sechs (3 : 2 : 1) (goldenen) Kreuzen belegt. Die mütterlichen Großeltern waren: Johann von Muschenheim mit einem (silbernen) Sparren im (roten) Feld und Catharina Rau von Holzhausen mit einem (roten) Balken im (silbernen) Feld [19]).

Nun weist der Stein aber noch eine Besonderheit auf, die in der Literatur noch nicht erklärt wurde und im Lichtbild [16]) wegen des verdeckenden Gestühls nicht gezeigt werden konnte. Unter der Gestalt des Ritters auf dem schriftlosen Teil des Rahmens sind nebeneinander noch drei Wappenschilde angebracht, die aber nicht weitere Ahnen, sondern die drei Ehefrauen Conrad Löws bezeichnen:
1) (in Silber) das (schwarze) Ankerkreuz die Clara *von Buches* zu Staden, die nach ihrem Grabstein 1537 starb (s. u.);
2) (in Gold) der (grüne) gekrönte Papagei mit (rotem) Halsband die Anna *von Buchenau*, Tochter des Boos von Buchenau [20]) und der Catharina Riedesel zu Eisenbach, und
3) der gevierte Schild eine *von Breidenbach zu Breidenstein*: im 1. und 4. Feld das Stammwappen: (in Gold) die (schwarze) doppelte Wolfsangel (Doppelhafte); in 2 und 3 das von dem Palästinafahrer Bernhard von Breidenbach hinzugefügte

---

[17]) Allerdings ist davon nur noch das Mittelstück erhalten. Abbildung in „Friedberg in der Wetterau" hrsg. v. d. Stadt Fbg., Verlag Mehler (1966). Das Fußgestell mit der Inschrift in Knittelversen (Text: FGB 17, 16) und die zugehörigen Denkmäler für zwei seiner (vier?) Frauen sind verschwunden.

[18]) Unter der Bildtafel im GHdA 27, 168 steht die falsche Zahl „16. Augusti".

[19]) GHdA 27, 166 hat *Luckel* Rau. Aber diese war nach Buttlar, St. T. mit *Conrad* von Muschenheim verheiratet.

[20]) Stammtafel in: Fuldaer Gesch. Bll. 40 (1964), 44. — GHdA 27, 166 hat *Apel* v. Buchenau.

Wappen des Katharinenordens vom Berg Sinai: (in Gold) der mit 3 (silbernen) Kleeblättern belegte (blaue) Kesselhaken in Form eines lateinischen Z. Diese dritte Gattin fehlt im Genealogischen Handbuch ganz [21]), Möller vermutet „eine von Hatzfeld?" Tatsächlich hat diese Familie das gleiche Stammwappen wie die von Breidenbach, aber in den Feldern 2 und 3 führt die Wildenburger Linie in Silber drei (2 : 1) rote Rosen. Da der Stein noch zu Lebzeiten oder kurz nach dem Tod dieser dritten Frau geschaffen wurde, erscheint eine Verwechslung ihres Wappens ziemlich ausgeschlossen. Sie wird also eine von Breidenbach gewesen sein [22]).

Conrad Löw wurde 1526 Burgmann. Über den Bereich seines Hauses in Friedberg (heute Burg 32) erhalten wir durch Mader eine interessante Nachricht [23]): „Im Jahre 1547 hat das Regiment der Burg Friedberg Melchiorn und Philippsen von Stockheim ihr hinder oder an Conrad Löwen gelegenes Haus zu besserer Befestigung der Burg gegen eine an Heussenstams Haus gelegene, der Burg zuständige Behausung abgetauschet und noch 200 fl Zugabe bezahlet. Diese Behausung ist nachher abgebrochen und eine Bastey dargegen erbauet worden, so noch vorhanden." Auch heute noch ist diese Bastei in der Nordwestecke der Burg erhalten und vom oberen Stockwerk des Löw'schen Hauses zugänglich. Das Haus selbst aber wurde erst 1754 bei einem Umbau auf die Burgmauer gesetzt [24]).

Von der obengenannten ersten Frau Conrad Löws ist der Grabstein erhalten und steht links unter der Kanzel. Die Verstorbene ist im Relief dargestellt mit gefalteten Händen, in langem, pelzbesetztem Mantel mit hoher Halskrause; auf dem Kopf trägt sie eine Haube mit langen Bändern, um den Hals ist eine Kette mit einem Kreuz gelegt. Die Umschrift, unten links beginnend, lautet: „Anno 1537 den 16. dag [25]) febriarij verschid die edle und ehrndugenthafte/ Fraw Clara geborne von Bucheß/ . . . . . . und barmhertzig sey. Amen."

Von den vier Wappen in den vier Ecken des Steins [26]) sind nur die beiden auf der (vom Beschauer aus) rechten Seite ihre Ahnenwappen: oben das (schwarze) Ankerkreuz ihres Vaters Erasmus *von Buches* zu Staden, unten im (schwarzen, rot) bordeten Schild fünf (weiße) Kugeln im Quincunx, das Wappen ihrer Mutter Beatrix *von Sickingen*, die in erster Ehe mit dem 1505 verstorbenen Johann Brendel vermählt gewesen war und 1507 Erasmus von Buches geheiratet hatte. Für die Schilde ihrer Großmutter, der Kunigunde Döring genannt Biedenkapp und der Anna von Bayern war auf dem Stein kein Platz, denn die linke Seite wurde eingenommen von den Elternwappen ihres Mannes: *Löw* und *Muschenheim*.

21) Humbracht und W. Löw kennen nur die erste Ehe mit Clara von Buches.
22) Vielleicht läßt sich aus den Akten eines Prozesses an der Fuldischen Canzlei, den Wilhelm Löw erwähnt, noch Klarheit gewinnen. Er kann aber nicht 1572 begonnen haben, wenn von der Witwe des 1590 verstorbenen Johann Löw die Rede ist, sondern 1592 (?), oder es handelt sich um Anna von Breidenbach, die 3. Frau und Witwe Conrads.
23) Mader (Anm. 1) Bd. 2, 240.
24) F. Dreher, Friedberg in Wort u. Bild, 1925. S. 66. — F. H. Herrmann, Wett. Gesch. Bll. 6 (1957), 38. — Über Reste des Stockheimschen Hauses vgl. Oberhessischer Anzeiger vom 8. 9. 1949.
25) GHdA 27, 166 hat fälschlich den 19. 2.   26) Nicht „*über ihr*" (Adamy S. 271).

Aus der zweiten Ehe Conrad Löws, die er nach 1537 mit Anna von Buchenau einging, stammt Johann Löw (1546—1590), der 1571 Burgmann wurde, aber niemals Burggraf war, wie seit Wilhelm Löw immer wieder geschrieben wird [27]. Sein Grabstein, in der Nordostwand des Chors, ist viel plumper gearbeitet als der seines Vaters. Auch Johann Löw ist als gepanzerter Ritter mit Schwert und Dolch stehend dargestellt. Die Hände hat er vor der Brust gefaltet. Die Umschrift, oben links beginnend, lautet: „Anno 1590 den 21./Octobris verschyd der edel und/ ernvest Johan/Lewe zu Steinfurt seins Alter 44." Zwischen den Knien findet sich ein Steinmetzzeichen [28]. Die vier Wappen bieten keine Schwierigkeiten: links (v. B.) die des Jörg *Löw* (gest. 1520) und der Margarethe *von Muschenheim;* rechts oben das des Boos *von Buchenau,* der 1500 Burgmann in Friedberg geworden war und am 15. 11. 1507 die Catharina *Riedesel zu Eisenbach* (gest. 1530) geheiratet hatte. Ihr Wappen rechts unten zeigt nur den Eselskopf, noch nicht die Marschallstäbe, die die Familie erst bei der Erhebung in den Reichsfreiherrenstand 1680 annahm.

Dieser fromme Ritter Johann Löw hatte Sinn für Humor — oder was er darunter verstand. Mit zwei Kumpanen, den Burgmannen Johann Eberhard Riedesel von Bellersheim und Emmerich von Carben begab er sich 1576 „nach gehaltener Fastnachts-Gesellschaft" in die Judengasse. Dort schlugen sie „unter dem Schalle der Pfeifen und Trommeln den Juden die Fenster ein, vergriffen sich auch an den Juden selbst und zwangen dieselben, den Pfeifern und Trommelschlägern für ihre gehabte Mühe ihren Lohn zu geben" [29]. Ein Kommentar ist überflüssig. Aufschlußreich ist, daß das Burggericht erst tätig wurde, als „es anfing, in der Stadt unruhig zu werden". Aber der verhängten Strafe unterwarfen sich die drei Herren nicht. Sie kannten offenbar ihre liebwerten Vettern vom Burgregiment. Auch als man die Strafe dahin milderte, daß jeder 12 Taler an das Siechenhaus (keineswegs an die Geschädigten!) zahlen sollte, machten sie Schwierigkeiten und zogen die Sache zwei Jahre hinaus. Mit Hexenverbrennungen ging es in diesen Jahren schneller.

Johann Löw heiratete im Alter von 24 Jahren Juliane von Bellersheim, die ihm in zehnjähriger Ehe 7 Kinder schenkte und 1580 starb. 1582 heiratete er Anna von Breidenbach (gest. 1593), von der er drei Kinder hatte. Nur eine Tochter aus erster und ein Sohn aus zweiter Ehe überlebten ihn [30].

Außer den bisher besprochenen Grabsteinen, die auch von Adamy erwähnt werden, sind zwei weitere zu nennen, die noch keine Beachtung gefunden haben, wahr-

---

27) W. Löw: Nr. 35 — Möller, Tafel 68 (aber in einem Korrekturblatt berichtigt) — GHdA 27, 166.

28) Abbildung bei Adamy, S. 271. Dort werden nur 2 der 4 Wappen, das Löwsche und das Riedeselsche genannt.

29) Dieffenbach, Gesch. v. Friedberg, S. 207.

30) Humbracht hat die beiden Ehen (ohne Jahreszahlen) vertauscht. Möller brachte eine Berichtigung auf einem Korrekturblatt. Bedenklich ist die Methode des Bearbeiters für das GHdA: Irgendwoher hat er das Datum 1576 für die Ehe mit Juliane von Bellersheim, ein Druck- oder Lesefehler statt 1570. Nun übernimmt er von Humbracht die Reihenfolge der Ehen und erfindet das Todesjahr der ersten Frau: ein Jahr vor der neuen Heirat. Also schreibt er: „gest. 1575". Bei etwas mehr Sorgfalt (auch der Fehler Windheim statt Lindheim ist bezeichnend) hätte er in dem Buch von W. Löw die richtigen Daten finden können.

scheinlich weil auf ihnen keine Personen dargestellt sind und weil sie für Frauen geschaffen wurden, die in die Familie Löw eingeheiratet haben.

Der ältere wurde aus dem Fußboden der Kirche herausgenommen und liegt z. Zt. (Juli 1969) vor dem Westportal. Seine Maße betragen 2,07 x 1,04 m [31]. Er ist stark abgetreten, doch läßt sich einiges ergänzen. Die Umschrift begann oben links. Zu lesen ist noch: „ . . . morgens/umb 4 Uhr starb selig die woledle ehrntugendsam Fraw Anna Löwin von Stein/furt . . . . . . " In der Mitte befindet sich gut erkennbar das Wappen der *Greiffenclau von Vollrads*. Der gevierte Schild zeigt in 1 und 4 einen (goldnen) Lilienhaspel (auch Glevenrad genannt) in (silber-blau) geteiltem Feld. In 3 und 4 das Wappen der ausgestorbenen Familie von Yppelbrun (Eppelborn): ein (silberner) Schräglinksbalken (in Schwarz) [32].

Das Wappen der Greiffenclau ist auch über dem Portal der Aufbauschule in Friedberg angebracht (1705). Die vier Großelternwappen in den Ecken des Steins sind nur noch zum Teil erkennbar, lassen sich aber nach der Ahnentafel [33] ohne Schwierigkeit ergänzen: links (v. B.) oben: Friedrich *Greiffenclau*, unten (völlig abgetreten): das (schwarze) Ankerkreuz (in Silber) der Anna *von Buches* zu Staden; rechts oben: (in Schwarz) drei (2 : 1) (silberne) Kreuze des Dieter *von Schönberg*, unten das Wappen der Anna *Kämmerer von Worms genannt Dalberg*: wahrscheinlich nur das Stammwappen der Kämmerer: unter einem durch eine Zickzacklinie abgeteilten (goldnen) Schildhaupt sechs (3 : 2 : 1) (silberne) Lilien (in Blau).

Der letzte Stein steht in der Vorhalle der Kirche (unter dem Turm) an der nördlichen Wand. Er hat die gleichen Maße wie der Greiffenclau'sche Stein, also 6 x 3 Burgfriedberger Fuß des alten Maßes. Die Umschrift beginnt links oben und lautet: „Ao 1622 den 19. Martij umb 5 Uhr nachmitag/starb die wohledle ehrentugentsame Frau Anna Zeitlosa Lewin zu Steinfurth geborne von/Urf, des wohledlen Johan Lewe Hausfrau/selige ihres Alters . . . .n Selen Gott der almechtige Gnad verleihe. Amen" [34]. Ihr Vater war Friedrich von Urff (gest. 1613), der 1585 die Dorothea Löw geheiratet hatte, die Tochter des Georg II. Löw und der Anna Greiffenclau, deren Grabstein wir gerade kennengelernt haben. Anna Zeitlosa ist also die Enkelin der Anna Greiffenclau und des Georg II. Löw und zugleich die Schwiegertochter

---

31) Das Seitenverhältnis 2/1 scheint in Steinfurth üblich gewesen zu sein (vgl. Anm. 12). Es hat den Anschein, daß dabei das alte Friedberger Burgmaß verwendet wurde. 6 x 3 Fuß entsprechen 209 x 104,5 cm.

32) Dieses vermehrte Wappen wird also nicht, wie Möller, Stammtafeln N. F. 1, 29, schreibt, erst seit der Erhebung in den Freiherrenstand 1664 geführt.

33) Ahnentafel der Anna geb. Greiffenclau bis zur 16er Reihe bei von Hattstein 1 (1754), Taf. 237. Ihre Eltern waren: Richard („Reich") Greiffenclau, gest. 1558, Amtmann zu Stromberg, und Anna von Schönberg. Der Stein läßt sich durch eine Berechnung der Lebensdaten der Verstorbenen ziemlich genau datieren. Ihr Gatte, Georg II. Löw († 1612) wurde 1558 Burgmann, dürfte also etwa 1533, sie selbst um 1535 geboren sein. 1607 lebte sie noch, war also damals etwa 72 Jahre alt. Danach kann ihr Tod um 1610 angenommen werden.

34) Das GHdA 27, 167 nennt 1617 als ihr Sterbejahr. Diese Zahl ist wohl von Humbracht übernommen worden, bei dem sie aber die urkundliche Erwähnung des Johann Löw bedeutet.

von Georgs Halbbruder Johann dem Älteren († 1590 s. o.) oder anders gesagt: Johann der Jüngere († vor 1643) heiratete die Tochter seiner Halbcousine Dorothea Löw vermählte von Urff. Die Anordnung der Wappen ist wie auf dem Stein von Zeitlosas Großmutter und Tante: In der Mitte das Wappen derer *von Urff:* im (goldnen) Feld zwei voneinandergekehrte (schwarze) Adlerrümpfe. Links (v. B.): oben nochmals das Stammwappen für den Großvater, Christoph *von Urff;* unten für dessen Frau, Elisabetha *Specht von Bubenheim,* im (goldnen) Feld ein (schwarzer) Gitterbalken, auf dem ein (roter) Specht sitzt. Rechts oben der Kranich des Georg *Löw* (gest. 1612) und unten Lilienhaspel und Schrägbalken der Anna *Greiffenclau* von Vollrads.

Es sind keine großartigen Kunstdenkmäler, über die zu berichten war, und ihre Inschriften künden nicht von überragenden Persönlichkeiten. Und doch gehören auch diese Grabsteine zur Ortsgeschichte wie die Menschen, zu deren Gedächtnis sie geschaffen wurden. Die alten Herrschaftsrechte und Machtverhältnisse haben längst neuen Gesellschaftsformen Platz gemacht, in denen sich Zielstrebigkeit und Gemeinschaftsgeist voll entfalten können. Und wenn die Bewohner des Rosendorfs alljährlich ihr großes Fest feiern, wenn sie selber Hand anlegen, um ihre Kirche zu renovieren, dann geschieht das nicht nur aus dem Bewußtsein der Verantwortung vor der Zukunft, sondern auch vor der Vergangenheit. Ein wenig zu helfen, das Gewesene lebendig zu halten und zugleich einen Beitrag zur Kritik der Überlieferung zu leisten, war der Sinn dieser Betrachtung.

Anhang

Die fünf Friedberger *Burggrafen* aus der Familie Löw von und zu Steinfurth waren:
1. Eberhard IV. (1367) 1386—1405
2. Eberhard V. 1407—1447
3. Ludwig 1526—1532
4. Conrad 1617—1632
5. Johann 1706—1710 (Johann geb. 1546, gest. 1590 war entgegen der Angabe im GHd.A. kein Burggraf). Zur „Regierungszeit" von 1 u. 2 vgl. F. Friederichs, Die Burggrafen von Friedberg bis 1504, Ffm. 1968, S. 30: „Der Ritter E. L. v. St. der Alte war 38 J., danach 36 J. (im Jahr 1443) und länger s. Sohn, Ritter E. L. v. St. jetziger Burggraf".

Unterburggrafen und Stellvertreter sind hier nicht berücksichtigt.

Burgmannen seit 1473 waren:

1479 Philipp — 1487 Jorge (Bruder v. Philipp) — 1496 Philipp — 1499 Ludwig (Bruder v. Philipp) — 1511 Eberhard — 1522 Caspar (Bruder v. Eberhard) — 1526 Conrad (Bruder v. Eberhard) — 1529 Egidius (Bruder v. Eberhard) — 1532 Blasius — 1539 Dietert (Bruder v. Blasius) — 1558 Georg — 1571 Johann — 1607 Conrad (gest. 1632) — 1611 Johann — 1652 Eberhard — 1681 Johann — 1686

Joh. Friedrich Ferdinand — 1689 Philipp Georg — 1692 Lothar Franz — 1698 Johann Adolph und August Henrich Leopold — 1699 Friedrich Ludwig — 1727 Friedrich Wilhelm — 1729 Joh. Friedr. Ferdinand — 1734 Franz Carl August — 1770 Carl Georg Hermann und Joh. Carl — 1771 Joh. Hugo Wilhelm — 1772 Philipp Friedrich — 1777 Sigmund Christoph Gustav.

Das Löw'sche *Wappen* findet sich in der Burg Friedberg: Am Torbogen und an der Bastei (Burg 32): 16. Jh. — an der Südmauer der Burgkanzlei (heute Aufbauschule): 1706 — Am St. Georgsbrunnen: 1738 — in der Burgkirche: 1808 und (vielleicht): unter einer Konsole mit weiblichem Brustbild an der Südseite des vorderen Burgtors, rechts vom Eingang: Anfang des 15. Jahrhunderts. Das Tor könnte danach von Burggraf Eberhard IV. oder Eberhard V. erbaut worden sein.

Burgfriedbergische *Münzen* wurden nur von Burggraf Conrad Löw in den Jahren 1618—1623 geprägt in verschiedenen Nominalen vom Hohlpfennig bis zum Goldgulden, die geringwertigen Kipperdreier in großen Mengen.

Links oben: Clara Löw geb. von Buches († 1537)
Rechts oben: Johann Löw († 1590)
Links unten: Conrad Löw († 1560)
Rechts unten: Grabstein des Eberhard Löw († 1447). Aus der alten Friedberger Burgkirche.

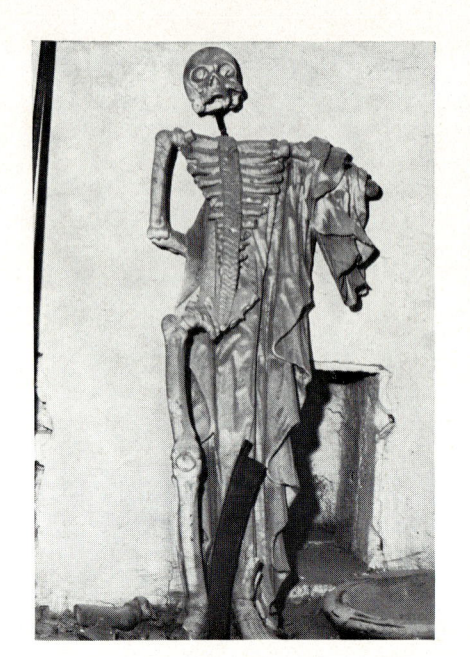

Links oben: Der Tod als Gerippe (früher an dem Grabdenkmal von 1712)
Rechts oben: Prunkdenkmal des Georg Philipp Löw v. u. zu Steinfurth (1712)
Unten: Exuvien unter dem Sarg von Georg Philipp Löw
von Joh. Heinr. Ernst Mockstatt

KINDHEIT IN FRIEDBERG 1858—1876

Aus den Lebenserinnerungen des Konteradmirals Georg Friedrich Scheibel

MITGETEILT VON GERTRUD SCHEIBEL

Die folgenden Erinnerungen an eine glückliche in Friedberg verlebte Jugend entstammen den umfangreichen Aufzeichnungen meines Vaters, des Konteradmirals Georg Friedrich Scheibel, die er nach seinem in der damaligen Zeit ungewöhnlichen Lebenslauf als erster Hessensohn in der Kaiserlichen Marine für seine Kinder niederschrieb. Die Niederschrift stützt sich dabei nicht nur auf Erinnerungen, sondern vor allem auf sorgfältige Tagebucheintragungen sowie auf zahlreiche Briefe an seine Eltern, alteingesessenen und angesehenen Bürgern von Friedberg. Da der vorliegende Text nur das Anfangskapitel — die Friedberger Zeit — enthält, jedoch viele der daran anschließenden Berichte von besonderem — wenn nicht historischem — Interesse sein dürften, möchte ich einige der darin geschilderten Begebenheiten zusammenfassend darstellen.

Der Seekadett und spätere Unterleutnant z. See hatte das Glück, zweimal eine zweijährige Reise um die Erde auf einem Segelschiff zu machen. Das erste Mal — von 1877—1879 — befand sich der junge Friedberger an Bord des Seekadettenschulschiffs S.M.S. „Leipzig", das ihn über den Atlantik, den südamerikanischen Kontinent entlang, durch die Magellanstraße, über den Pazifik zu einem zehnmonatigen Aufenthalt in Japan und einem kürzeren Besuch Chinas führte, um nach Umsegelung des Kaps der guten Hoffnung entlang der westafrikanischen Küste in den Heimathafen Kiel zurückkehren. Das zweite Mal umsegelte er die Erde mit ähnlicher Route als Unterleutnant z. See an Bord S.M.S. „Elisabeth" von Oktober 1881—Oktober 1883. Wenn auf diesen Fahrten seemännische Ausbildung und oft einförmiger Dienst im Vordergrund standen und in den Aufzeichnungen nur kurz behandelt werden, nehmen der häufige Landaufenthalt mit der Schilderung des bunten Lebens oder besondere Ereignisse an Bord einen breiten Raum ein. So erlebt der junge Friedberger auf der Fahrt durch die Sunda-Inseln an Bord der „Elisabeth" im Jahre 1883 — nur wenige Stunden nachdem sie dort den Anker gelichtet hatten — den gewaltigen Ausbruch des Krakatoa, dessen Eruptionsstoffe noch jahrelang in der Erdatmosphäre herumwirbelten und die seltsamsten Dämmerungserscheinungen auf der ganzen Erde verursachten.

Als den Höhepunkt seiner Laufbahn bezeichnet der Verfasser seine Tätigkeit an Bord des Kreuzers S.M.S. „Kondor", den er als Kommandant im Oktober 1899 übernahm, eine Tätigkeit, die ihn — vollverantwortlich, d. h. keinem Vorgesetzten als dem Kaiser unterstellt als „Vertreter der militärischen Macht Deutschlands" — fast zwei Jahre lang aufs engste mit der Entwicklung der gerade erst gegründeten deutschen Kolonie in Ost-Afrika in Verbindung brachte, ein Gebiet, in dem elf Jahre zuvor bereits „Elisabeth" bei ihrer Erdumsegelung deutsche Pionierarbeit geleistet hatte durch ihre Unterstützung der dort ansässigen deutschen Kaufleute und Handelsgesellschaften und im Verein mit den Wißmanntruppen Teilnahme an den Gefechten gegen die „aufständischen" Araber. Nun umfaßte ein Küstengebiet, das sich von Kapstadt bis zum Nil erstreckte, den Bereich seiner Tätigkeit, die die Lösung der mannigfachsten Aufgaben von dem Kommandanten forderte. Galt es doch nicht nur Kontakte mit den hier wohnhaften Deutschen aufzunehmen, ihre Interessen zu vertreten, ihre Probleme lösen zu helfen, ihre Schiffe auf dem Meere zu schützen, sondern auch das Land zu erkunden, es stellenweise zu vermessen, Plätze ausfindig zu machen, die sich zur Einrichtung von Kohlenstationen oder im Kriegsfalle sich als Zuflucht oder Versteck für Schiffe eigneten, bei den Eingeborenen nach Ölvorkommen zu forschen etc., und manche Entscheidungen von weittragender Bedeutung mußten getroffen werden. Diese Tätigkeit vollzog sich auf dem Hintergrunde des Burenkrieges, in den auch er diplomatisch-politisch verwickelt wurde, sie führte zu Begegnungen mit bedeutenden Zeitgenossen wie Paul Krüger, dem Präsidenten der von England bedrohten Burenrepubliken, oder General Buller, dem Oberstkommandierenden der englischen Streitkräfte für Südafrika oder dem jungen Winston Churchill, der als Berichterstatter an diesem Kriege teilnahm. Alle diese Persönlichkeiten finden in seinen Aufzeichnungen eine sorgfältige Beurteilung.

Die Skepsis, mit der wir heute nach zwei Weltkriegen und veränderten Regierungsformen die damalige Entstehung oder Erweiterung von Kolonialreichen betrachten, war dem 1858 geborenen Hessensohn fremd. Mit Stolz und Freude nahm er an dieser Entwicklung teil, und mit Schmerz erlebte er in seinen späteren Jahren den Verlust „seiner" deutschen Kolonie in Ost-Afrika. Mit der Außerdienststellung von S.M.S. „Kondor" enden die Aufzeichnungen.

Meinen lieben Kindern sind die nachstehenden Zeilen gewidmet. Ich will ihnen darin einiges erzählen aus dem Leben meiner Vorfahren, aus meiner Jugendzeit und von meinen Erlebnissen in der Kaiserlichen Marine. Ebenso, wie es mir von jeher viel Vergnügen gemacht hat, nach dem Leben und Wirken meiner Vorfahren zu forschen, den Familienüberlieferungen nachzugehen und diese hochzuhalten, so will ich hoffen, daß auch bei meinen Kindern der Familiensinn geweckt und die Liebe zu den Verwandten der einzelnen Stämme gewahrt bleibt. Das gegenseitige Interesse und das Gefühl der Zusammengehörigkeit sind das Bindemittel, das die verschiedenen Familienstämme zusammenschweißt in Not und Gefahr, und sie bilden die Grundlage für ein ungestörtes, friedliches und glückliches Zusammenleben in der Familie.

Das Familienglück ist die Lebenssonne, in deren Strahl die reine Freude blüht, und ist des Hauses starke Säule, um die sich die Gatten- und Kinderliebe ranken.

Mein Vater, geb. am 29. 9. 1826 zu Friedberg/Hessen, mit Vornamen Martin, war der zweitälteste Sohn meines Großvaters Georg Scheibel. Er erlernte die Kaufmannschaft und ging Anfang 1850 nach Paris, wo es ihm gelang, sich ein kleines Vermögen zu erwerben. In Paris lebte damals sein älterer Bruder Gottfried, der mit einer Französin, geb. Defremont, verheiratet war und dort eine Fabrik besaß, die sich mit der Herstellung von Metallbügeln für Portefeuillewaren befaßte.

Um das Jahr 1856 kehrte mein Vater nach seiner Heimat zurück und erwarb in Friedberg eine Ziegelei in der Nähe des sog. Steinernen Kreuzes. Nach seiner 1857 mit meiner Mutter Christine Sieck, geb. am 1. 3. 1838, erfolgten Verheiratung zog er in das Siecksche Haus und betrieb dort mit seinem Schwager Friedrich Sieck, dem ältesten Bruder meiner Mutter, die Bewirtschaftung der meiner Großmutter Elisabeth Sieck geb. Horn (geb. am 6. 7. 1814, gest. am 11. 5. 1884) gehörenden Ländereien. Gleichzeitig gründete er eine Weinhandlung, wozu die großen, tiefen Keller in unserem Hause sich besonders eigneten.

In diesem altehrwürdigen Hause, Kaiserstraße 114, das seit 1780 im Besitz der Familie war, wurde ich am 13. 3. 1858 geboren. Meine Mutter, eine zarte, kleine Gestalt mit lebhaften, dunklen Augen und dunklen, fast schwarzen Haaren, kränkelte bald nach meiner Geburt und starb schon 1862, am 9. Februar. Ich war damals kaum vier Jahre alt und kann mich nur noch ganz dunkel meiner leider so früh verstorbenen Mutter, der ich sehr zugetan gewesen sein soll, erinnern.

Am 24. 6. 1863 heiratete mein Vater die Schwester meiner Mutter, Sophie. Ich kann mich dieses Ereignisses nur insofern noch entsinnen, als meine Eltern eine Hochzeitsreise nach Paris machten und mir nach Rückkehr neben verschiedenem Spielzeug ein französisches Käppi, eine rote Hose und eine Trommel zum Geschenk machten, woran sie jedoch die Bedingung knüpften, zu meiner neuen Mutter nicht mehr „Deda", wie ich in Kinderkauderwelsch bisher die Tante Sophie nannte, sondern „Mama" zu sagen. Der Trommel wegen versprach ich das auch. Die Hose und die Mütze trug ich nur ungern und warf schon nach kurzer Zeit die Mütze (Puhlschepper) heimlich weg. Destomehr erfreute ich mich am Trommelschlag und brachte es in dieser geräuschmachenden Kunst sogar zu einiger Fertigkeit, so daß mich mein Vater vom Tambourmajor des in Friedberg garnisonierenden Schützenbataillons im kunstgerechten Trommeln unterweisen ließ.

Meine Kindheit war überaus schön. In dem großen Haus, einem der größten und höchsten der Stadt, und in dem landwirtschaftlichen Getriebe fand ich alles, was ein Kinderherz begehrt und erfreut. Wir hielten Pferde, Kühe, Schweine, 10—12 Schafe, Hühner, Gänse und Tauben. Karo, eine gelb und weiß gescheckte Bulldogge, hütete Haus und Hof und warf alle Jahre 6—8 Junge. Das alte Haus, das in früheren Jahren den Namen „Zu der Reußen" (Rusen) trug und, wie der Schlußstein im Torbogen besagte, 1598 erbaut worden war [1]), enthielt manche leere, geheimnisvolle Räume und Winkel, die Kinder interessieren und zum Aufenthalt beim Spiel anzogen. Auch kramte ich gern im Urväterhausrat herum, der oben auf dem Speicher stand, durchstöberte alte Kommoden und Schreibsekretäre und fand hier auf alten, vergilbten Dokumenten manche prachtvolle Siegel vor, die ich für eine Siegelsamm-

---

1) Es handelt sich um das heutige Haus Kaiserstraße 114, dessen Fenster im ersten Stock im letzten Krieg verbreitert wurden, und in dessen Erdgeschoß man bei der letzten Instandsetzung das Fischfanggerät, eine Reuse, auf den Verputz malte mit der Inschrift „Haus zur Reusen". Das beruht, wie Hermann Roth nachwies, auf einem Irrtum; das eigentliche Haus zur Reusen ist die heutige Nummer 82 der Kaiserstraße. Der alte Name des Gebäudes, in dem Scheibel seine Kindheit verbrachte, ist nicht bekannt.

lung abschnitt, die ich aber leider, nach Kinderart, später wieder gegen allerhand Nichtigkeiten umtauschte.

Im Hof mit seinen vielen Nebengebäuden, im Haus und Hintergarten konnte ich ein freies, ungebundenes Leben führen und mich nach Herzenslust tummeln.

Ein besonderes Vergnügen aber machte mir der hinter der Scheune liegende Hintergarten, „Grasgarten" genannt, der an der einen Seite durch einen 3 Meter dicken Stadtmauerteil abgegrenzt war. Nur an dieser Stelle war die Stadtmauer Friedbergs noch erhalten geblieben. Selbstverständlich war das Besteigen der dem Verfall entgegensehenden hohen Stadtmauer für mich ein Hochgenuß. Der Garten lag damals etwas tief, war nur mit Gras und einigen wenigen Obstbäumen bestanden und wurde an der Stadtmauer von fünf Eschen und ebensovielen uralten Nußbäumen beschattet. Das war mein Reich, in dem ich mich glücklich fühlte. Zur Winterszeit war ein großer Teil des Grasgartens überschwemmt und bot eine vorzügliche Eisbahn für mich und meine Freunde. In den 80er Jahren wurde dieser Rest der Stadtmauer abgetragen und zum Bau des Gymnasiums verwandt[2]), der Grasgarten wurde von meinem Vater höher gelegt und in einen Obst- und Gemüsegarten verwandelt. Leider mußten dabei die Eschen und Nußbäume zum Opfer fallen; dafür prangte aber später herrliches Edelobst auf Hunderten von Zwerg- und Hochstämmen.

Nach Ostern 1864 kam ich mit sechs Jahren in die Schule, in die Volksschule Friedbergs, eine Knaben- und Mädchenschule. Die Mädchen saßen rechts, die Knaben links auf ihren kleinen Bänken. Zur Freude der Eltern war ich immer einer der Ersten; wenn ich auch gerade nicht fleißig war, so machte ich doch aus Pflichtgefühl ohne elterliche Hilfe meine Schulaufgaben ordentlich und ließ es in der Schule an Aufmerksamkeit nicht fehlen.

Am 18. April, am Tag der Erstürmung der Düppeler Schanzen, kam mein Bruder August zur Welt. Weniger dieses Familienereignis als die Tatsache, daß sich im Norden Deutschlands ein ruhmvoller Krieg gegen die Dänen für uns abspielte, blieb in meinem Gedächtnis haften, und mit Begeisterung sang ich täglich „Schleswig-Holstein meerumschlungen" mit den kraftvollen Endversen: „Schleswig-Holstein stammverwandt, wanke nie, mein Vaterland". Auch die Ereignisse des Krieges 1866 sind mir noch gut in Erinnerung. Mein Onkel Friedrich, der Bruder meiner Mutter, wurde damals eingezogen und marschierte mit den Hessen südwärts, kam aber nicht in das einzige von den Hessen gegen die Preußen am 13. Juli gelieferte Gefecht bei Laufach, in dem die Preußen, wie sonst überall, Sieger blieben.

Um diese Zeit war ein österreichisches Armeekorps in einer Stärke von ca. 15 bis 20 000 Mann, meist Kroaten, nach Friedberg gekommen und richtete auf den zwischen Friedberg und Ockstadt gelegenen Wiesen ein Biwak ein. Für uns Knaben ein nie dagewesenes Ereignis und ein herrlicher Anblick! Mit hohem Interesse beschauten wir das bunte Lagerleben, wie die Soldaten Hütten aus Holz, Ästen und Laub-

---

2) Der Neubau des Gymnasiums entstand 1898—1901. Die Steine von diesem Stück der Stadtmauer, die keineswegs nur noch am Scheibelschen Haus erhalten geblieben war, könnten zum Bau des Amtsgerichts, das 1880 errichtet wurde, verwandt worden sein.

zweigen bauten, Kochgelegenheiten schufen und ihre Mahlzeiten einnahmen. Die Freude dauerte aber nicht lange. Das Lager wurde nach kurzer Zeit plötzlich abgebrochen, im Nu verschwanden Soldaten, Pferde und Kanonen, als sich die Nachricht vom Anmarsch der Preußen verbreitete. Nach dem Abzug der stolzen Armee marschierten hernach nur wenige Preußen durch Friedberg, aber die Furcht der Österreicher, im Süden abgeschnitten zu werden, ließ sie fluchtähnlich südwärts retirieren.

Wir Kinder spielten eifrig Soldaten und empfingen nach Friedensschluß an der Pappelallee (Pfingstweide) auf der Landstraße südlich von Friedberg die heimkehrenden Krieger unseres Schützenbataillons, denen wir uns nach dem Vorbeimarsch mit Trommeln und Pfeifen anschlossen zum Einzug in die geliebte Heimatstadt, die frühere Reichsstadt Friedberg.

Das Jahr 1867 warf einen Schatten in unser Leben durch den Heimgang meines Großvaters Georg Scheibel. Nach 25-jähriger glücklicher Ehe mit Maria Ursula Mondigler verlor er seine geliebte Frau am 17. 10. 1849. Da auch alle jüngeren Kinder einen frühzeitigen Tod gefunden hatten, fühlte er sich in seinem schweren Geschick vereinsamt und beschloß, seinen Lebensabend in Paris bei seinem ältesten Sohne Gottfried zu verbringen und in dessen Fabrik sich tätig zu erweisen, soweit es in seinen Kräften stand. Nach zehnjährigem Aufenthalt in Paris, kurz vor dem 70. Lebensjahr stehend, trieb ihn das Heimweh nach Friedberg zurück. Hier verlebte er in unserer Familie seine letzten Lebensjahre.

Er war ein freundlicher, stiller Mann und saß, wenn es kalt wurde, immer am Ofen im Lehnstuhl und rauchte seine lange Pfeife mit sichtlichem Behagen. Ab und zu gab er mir einen Kreuzer, wofür ich mir zum Naschen Süßholz, Johannisbrot oder, wenn es hoch kam, Bonbons kaufte. Pralinés und die anderen modernen Näschereien waren damals noch nicht erfunden. Er war, wie mein Vater, ein schlechter Katholik und besuchte nie die katholische Kapelle. Er trug sein Evangelium in sich und schien schlechte Erfahrungen mit der Pfaffenwirtschaft gemacht zu haben. Nach kurzem Krankenlager und, nachdem er noch durch Vermittlung seines Schwagers Mondigler die letzte Ölung erhalten, starb er am 13. 4. 1867 an Altersschwäche. Meine Mutter und ich, beide evangelischen Glaubens, besuchten längere Zeit hindurch wöchentlich zweimal frühmorgens die katholische Kapelle, um der Totenmesse für meinen Großvater beizuwohnen.

Im Sommer 1867 wanderte ich von der Volksschule in die Realschule zu Friedberg, die damals in dem früheren Augustinerkloster, jetzigem Technikum, untergebracht war.

Eine große Freude brachte uns das nächststehende Jahr durch den Besuch meines Pariser Onkels mit Tante Augustine und den beiden Bäschen Marie und Amélie. Ich war bei dem Empfang am Bahnhof zugegen und wartete freudevollen Herzens auf unsere lieben Verwandten. Schon war das Signal für die Ankunft des Zuges durch kräftiges Läuten einer an einem Gerüst hängenden großen Glocke gegeben — elektrische Signalapparate kannte man damals noch nicht —, und bald hörte man auch den langgezogenen schrillen Pfiff der Lokomotive, der das Einfahren des Zuges ankündigte. Jetzt war er angelangt, und aus den Wagen sprangen freudestrahlend zwei allerliebste kleine Mädels im Alter von zwölf und zehn Jahren, denen ein älterer, würdiger Herr, mein Onkel, und die behäbige Tante mit leichtem Handgepäck nachfolgten. Wir liefen ihnen winkend entgegen, und kaum hatte ich Onkel und Tante begrüßt, da sprang auch schon die kleine Amélie auf mich zu, schlang ihre weichen Kinderarme um meinen Hals und küßte stürmisch meine beiden Wangen. Ich konnte mich ihrer Zärtlichkeiten kaum erwehren und wurde vor all den herumstehenden Leuten puterrot, eine äußerst peinliche Szene für einen zehnjährigen Knaben.

Uns beide jungen Menschenkinder umschloß nachher eine innige Freundschaft, und an das einseitige Küssen hatte ich mich bald gewöhnt. Auch die ältere Schwester Marie war ein herziges Mädchen, hübscher und schlanker als Amélie, mehr zurückhaltend und weniger lebhaft. Über sechs Wochen hatten wir unsere lieben Verwandten bei uns, und als sie uns verließen, ahnten wir nicht, daß wir uns so bald unter anderen Umständen wiedersehen sollten.

Um diese Zeit begann auch mein Klavierunterricht unter der Leitung eines musikbegabten Seminaristen des Friedberger Volksschullehrerseminars. Als im Herbst der junge, angehende Schullehrer Urlaub erhielt, bekam ich von meinem Vater die Erlaubnis, mit ihm nach Worms zu reisen, um einige Wochen auf dem Lande in seinem Elternhause zu verbringen. Sein Vater war Lehrer in einem Dorf unweit Worms, dessen Name mir leider entfallen ist. Herrlich und etwas ganz Neues war für mich die Reise auf dem Rhein an Bord eines Dampfers von Mainz bis Worms, und mag diese erste Wasserfahrt vielleicht den Anstoß zur Wahl meines späteren Berufes gegeben haben. Wir kamen gerade rechtzeitig zur Weinernte an, die mir ebensoviel Vergnügen machte wie die Beteiligung am Lutherfeste in Worms zur Feier der Enthüllung des großartigen Lutherdenkmals .

Am 5. Mai 1870 wurde mein jüngster Bruder Albert geboren. Ich kann mich noch ganz gut des Tauffestes entsinnen mit dem großen Kranz geschmückter Damen; fast nur die holde Weiblichkeit war vertreten. Albert hatte ja auch „nur" drei Patinnen.

Friedliche Zeiten waren es, in denen wir lebten, ein glückliches Philistertum, einfach in seiner Lebensweise und bescheiden in seinen Ansprüchen, genoß man mit Behagen und Zufriedenheit sein sorgenloses Dasein.

Allmählich aber zogen leichte Wolken am politischen Horizont auf, die sich mit der Zeit verdichteten und den bisher in so klarer Helligkeit strahlenden Himmel umwölkten. Das Jahr 1870 nahte heran. Ich war damals zwölf Jahre alt und kann mich noch gut jener einzelnen, rasch aufeinander folgenden Ereignisse erinnern, die zur einmütigen Erhebung ganz Deutschlands gegen welsche Frechheit und zum Kriege gegen Frankreich führten. Begeistert begleiteten wir den Ausmarsch unseres Jägerbataillons, und jubelnd begrüßten wir die unsere Stadt passierenden Truppen, am Bahnhof, die dort von der Friedberger jungen Damenwelt bewirtet und mit Zigarren versehen wurden. Und dann folgte Sieg auf Sieg, mit hellflammendem Enthusiasmus von der Jugend unter Absingung der „Wacht am Rhein" gefeiert. Sooft es meine Zeit erlaubte, eilte ich nach dem Bahnhof, um hier die durchlaufenden

Telegramme abzuschreiben, die von dem großen Hauptquartier an die Königin Augusta in Berlin gerichtet waren. Als nachher noch Gefangene nach Friedberg kamen, die in den Kasernen interniert wurden, gab es manch Interessantes zu sehen. Die Rothosen wurden recht gut behandelt und konnten sich in ihren dienstfreien Stunden in der Stadt frei herumbewegen, Gasthäuser besuchen und Einkäufe machen, wo sie wollten.

Nach Friedensschluß kehrte die alte Ruhe wieder in Friedberg ein. In mir erwachte der Wandertrieb und die Lust, im Feld und in dem waldreichen Taunus herumzustreifen. Die kleinen Spaziergänge mit den Eltern nach Nauheim, die aus Mangel an Zeit recht selten unternommen wurden, genügten mir nicht. Ich strebte weiter, zum mindesten mußte der zwei Stunden entfernte Winterstein das Ziel einer Nachmittagswanderung sein. Mit dreizehn Jahren machte ich sogar einmal eine dreitägige Wanderung über den Feldberg nach dem Main zusammen mit zwei ein bis zwei Jahre älteren Freunden. Mit der umgehängten Botanisiertrommel — den praktischen Rucksack kannte man noch nicht — und mit einer Pistole bewaffnet, zogen wir drei fröhlichen Gesellen eines schönen Sommertags in aller Frühe auf die Landstraße hinaus, die nach Homburg führt, bogen bei Köppern in den Wald und marschierten nach der Lochmühle, dem in alten Zeiten verrufenen Räubernest. Nach kurzer Ruhe ging es weiter über die Saalburg, den Pfahlgraben entlang, nach dem Feldberg, wo wir abends gegen sieben Uhr eintrafen. Im alten Feldberghaus nahmen wir Quartier und bezogen für die Nacht gemeinsam eine Mansardenstube.

Lautes Getöse vor dem Hause, wuchtige Schläge an das Tor wecken uns in der Nacht aus dem Schlafe, die Rufe: „Feuer, Feuer, aufgewacht!" tönen an unser Ohr. Angsterfüllt springen wir aus den Betten und an das Fenster, ich mit der Pistole in der Hand; ein blutroter Feuerschein leuchtet in unser Gemach. Nun hören wir deutlich die Rufe: „Ungeheuer, Ungeheuer, aufgemacht!" Es sind die Frühgäste, die beim Aufgang der Sonne erschienen sind und Einlaß begehren. Der Wirt, dessen Namen sie so laut geschrien hatten, hieß „Ungeheuer", und so hatte es denn wie der herzbeklemmende Angstruf „Feuer, Feuer, aufgewacht!" in unser Ohr geklungen, als man unten „Ungeheuer, Ungeheuer, aufgemacht!" gerufen hatte. Bei unserer Verschlafenheit und angesichts des blutroten Himmels gerade vor Sonnenaufgang sehr wohl erklärlich.

Am anderen Morgen zogen wir weiter über Falkenstein, Königstein, Eppstein, durch das Schwarzbachtal nach Hattersheim am Main. Hier übernachteten wir und reisten am nächsten Tage mit der Bahn über Frankfurt nach Hause zurück. Wir hatten anstrengende Märsche hinter uns.

Mein Onkel Gottfried war bei Beginn des Krieges mit Familie aus Paris nach Brüssel geflüchtet. Nach Beendigung des Krieges siedelte er im Sommer 1871 nach Friedberg über und nahm Wohnung in unserem Hause, dessen dritter Stock gerade frei geworden war. Die Rückkehr nach Paris blieb ihm vorläufig noch verschlossen, und die Entschädigungsansprüche waren noch nicht geregelt.

Marie, die älteste Tochter, war allmählich erwachsen, und Amélie war kein Kind mehr. Unser treues kameradschaftliches Verhältnis war aber das alte geblieben, wenn auch ihr stürmisches, lebhaftes Wesen nicht in dem früheren Grade in Erscheinung trat. Ich hatte jetzt auch für die Schule mehr zu arbeiten und war zu Spielereien nicht mehr so aufgelegt. Pfingsten 1872 wurde ich konfirmiert; ich war in meiner Schulklasse einer der größten, und ein kleiner Schnurrbart zierte schon damals meine Oberlippe. — Die beiden jungen Mädchen lernten unter Leitung eines Lehrers fleißig die deutsche Sprache, besuchten im Winter die Bälle und nahmen an vielen gesellschaftlichen Vergnügungen teil. Mein Onkel blieb fast zwei Jahre in Friedberg und kehrte nach Regelung der Entschädigungsforderungen nach Paris zurück.

Marie verheiratete sich dort, starb aber bald darauf. Amélie heiratete 1876 den Advokaten Deturk. Viele Jahre nachher, gelegentlich einer Schweizerreise, traf ich mit Deturk und Amélie in Villars sur Olonne in der Nähe des Genfer Sees zusammen und besuchte sie im Sommer 1898 auf einige Wochen in Paris, wo ich auch ihre drei Söhne, prächtige Menschen, kennenlernte. Jean, der älteste, ist Rechtsanwalt geworden, Georges wurde Arzt und der jüngste, Maurice, Kunstmaler.

Als der Schwager meines Vaters, mein Onkel und Pate Friedrich Sieck, am 27. 8. 1872 starb, wurde es für meinen Vater schwierig, die bisher fast ausschließlich von meinem Onkel Fritz geleitete Ökonomie allein weiterzuführen und gleichzeitig seinem eigenen Geschäft vorzustehen. Die Aufgabe der Ökonomie mußte daher in Aussicht genommen werden. Sobald die Umstände es zuließen, wurden das Vieh und die landwirtschaftlichen Inventarien verkauft und die Äcker an Bauern verpachtet.

Mein Vater war ein tüchtiger Geschäftsmann, arbeitsam, ein Mann der Tat und nicht des Wortes, aber zur Weiterführung des landwirtschaftlichen Betriebes fehlte ihm die Zeit, vielleicht auch das nötige Interesse.

Im Frühjahr 1874 verließ ich die Realschule zu Friedberg ein halbes Jahr vor Schluß der Schulzeit, um das Gymnasium zu Büdingen zu besuchen. Nach bestandener Aufnahmeprüfung wurde ich in die Unterprima aufgenommen, wodurch ich ein halbes Jahr gewann.

Büdingen, die Perle des Vogelsberges, das hessische Rothenburg, ward nun meine zweite Heimat. Das alte Städtchen mit seinen herrlichen wohlerhaltenen Toren und hohen Umfassungsmauern, seiner prachtvollen waldreichen Umgebung und seinen gemütlichen, damals noch nicht von der modernen Kultur beleckten Einwohnern wurde mir bald lieb und wert. Ich wohnte in einer geräumigen Mansardenstube bei einem Metzger, der noch zwei andere Gymnasiasten, im Büdinger Volksmunde „Klassiker" benannt, in Pension hatte. Die Verpflegung war sehr gut und reichlich.

Ich habe in Büdingen zwei schöne Jahre verlebt, an die ich noch gerne zurückdenke. Wir Primaner waren ein verträgliches Völkchen, das mit den Lehrern in einem guten Verhältnis stand, die häuslichen Schularbeiten nahmen nicht allzuviel Zeit in Anspruch, so daß die Nachmittage für einen ausgedehnten Naturbummel zumeist frei waren, und an den Réunion-Abenden stand uns sogar das Kasino zur Verfügung, wo wir als gern gesehene Tänzer manche vergnügte Stunde verlebten. — Oft marschierte ich zu Fuß das Ränzel auf dem Rücken, mit Lust und Freude samstags nach Friedberg, um am Sonntagnachmittag auf demselben Wege nach Bü-

Konteradmiral a. D. Scheibel auf dem Balkon seines Hauses im 75. Lebensjahr

Georg Friedrich Scheibels Elternhaus, Kaiserstraße 114, aufgenommen 1915

dingen zurückzukehren. Ein anstrengender Marsch, ca. 6—7 km in der Stunde, da jedesmal über 30 km zurückzulegen waren.

Ich war mir schon beim Übergang auf das Gymnasium vollkommen klar darüber, daß ich nach bestandenem Abiturium den Seeoffizierberuf ergreifen wollte, zur damaligen Zeit fast ein Wagnis, auf jeden Fall aber etwas ganz Besonderes. War ich doch der Erste aus dem Hessenlande, der sich diesem Beruf später widmete. Unser Direktor, bei dem wir die Horaz'schen Oden lasen, ergriff dann auch häufig die Gelegenheit, auf meine Berufswahl hinzuweisen, um daran anschließend mich aufzufordern, *meine* Ode vorzutragen: „Illi robur et aes triplex circum pectus erat, qui fragilem truci commissit pelago ratum" usw. (Jenem war dreifaches Erz um die Brust, der es wagte, den brechlichen Kiel auf das trutzige Meer...).

Erst vier Jahre später trat der nächste Hessensohn in die Marine ein, und nach weiteren zwölf Jahren meldete sich sogar ein Neffe des zu meiner Zeit regierenden Fürsten von Isenburg zu Büdingen, der Prinz Karl, zum Eintritt in die Marine, der nach der Revolution 1923 als Korvettenkapitän seinen Abschied nahm und kurz darauf durch besondere Erbfolgeumstände als regierender Fürst in das Büdinger Schloß einzog. (50 Jahre später haben Anna und ich ihn daselbst aufgesucht).

Im Frühjahr 1876 legte ich die Maturitätsprüfung ab, die ich mit „Gut" bestand.

Alle Vorbereitungen zum Eintritt in die Marine hatte ich schon vorher getroffen und stellte mich dem mir gegebenen Befehl entsprechend etwa Mitte April in Kiel bei der Direktion der Marineschule ein. Als Abiturient war ich vom Eintrittsexamen befreit.

Mein Wunsch, Seeoffizier zu werden, war erfüllt. Am 28. April 1876 wurde ich als Kadett in die Kaiserliche Marine eingestellt und zusammen mit vierunddreißig anderen jungen Leuten, die das Eintrittsexamen in Kiel bestanden hatten, an Bord des Seekadettenschulschiffs „Niobe" eingeschifft. — Ein neues Leben begann für mich.

NEUE ORTSWAPPEN IM LANDKREIS FRIEDBERG

Von Heinz Ritt

Das kommunale Wappenwesen hat nach dem letzten Krieg im Land Hessen — wie auch in den anderen Bundesländern — einen kaum erwarteten Aufschwung genommen. Hierfür gibt es hauptsächlich zwei Gründe: Die Gemeinden als Selbstverwaltungsorgane haben einmal das Bedürfnis, sich durch einprägsame, für sie typische Symbole repräsentieren zu lassen; zum anderen hat sich die Erkenntnis durchgesetzt, daß Wappen sich hervorragend für Werbezwecke verwenden lassen, weil es sich bei ihnen in der Regel um einfache, ausdrucksstarke Zeichen handelt, die sogar in einigen Fällen den Ortsnamen bildhaft darstellen.

Die Verwendungsmöglichkeit der Ortswappen ist vielfältig. So erscheinen sie nicht nur im Gemeindesiegel zur Beurkundung, auf dem Briefkopf der Bürgermeisterei, der Ortsflagge, dem Amtsschild, den Ärmeln der Polizeibeamten und Feuerwehrleute, sondern auch auf Verkehrsmitteln, Medaillen, Plaketten, Münzen, Plakaten, Ehrenbürgerbriefen, ferner in Ortsgeschichten, als Wandschmuck inner- und außerhalb von öffentlichen Gebäuden u. s. w.

Eine erstmalige Inventarisierung aller hessischen Ortswappen erfolgte nach dem Krieg durch das von Dr. Otto Renkhoff und Dr. Karl E. Demandt bearbeitete und von Pfr. i. R. Hermann Knodt im Verlag C. A. Starke herausgegebene Hessische Ortswappenbuch, 1956, mit Zeichnungen von H. Ritt. In diesem für die weitere Entwicklung der kommunalen Nachkriegsheraldik in der Bundesrepublik richtungweisenden Werk sind von den 71 Gemeinden des Kreises Friedberg 43 mit einem Ortswappen vertreten.

Die Wappen setzen sich wie folgt zusammen:

Altüberlieferte- und geführte Wappen	5
Bisher verliehene bzw. genehmigte Wappen	14
Durch Übernahme von in Farben gesetzten Siegelbildern neu entstandenen Wappen	14
Von den Bearbeitern vorgeschlagene Wappenfassungen	9
Von der Gemeinde angenommenes, jedoch nicht genehmigtes Wappen	1
	43

Daß auch die Gemeinden des Kreises Friedberg an einem eigenen Wappen interessiert sind, geht aus der Tatsache hervor, daß seit dem Erscheinen des Hessischen Ortswappenbuches Anfang 1957 insgesamt 21 Gemeinden beim Innenministerium Antrag auf Genehmigung eines Wappens gestellt haben. Die so unter der Sachbearbeitung des Darmstädter Staatsarchivrats Dr. Walter Gunzert, in Zusammenarbeit mit dem Verfasser neu entstandenen und vom Hessischen Innenministerium genehmigten Wappen weichen zum größten Teil mehr oder weniger von den Fassungen des Hessischen Ortswappenbuches ab bzw. sind völlig neu gestaltet worden. Drei Gemeinden (Klein-Karben, Ostheim und Kirch-Göns) sind in dem oben genannten

Werk überhaupt nicht enthalten. Wir stellen hier diese einundzwanzig neuen Ortswappen des Kreises Friedberg, die bisher nicht in zusammengefaßter Form veröffentlicht worden sind, vor. Es ist zu hoffen, daß auch die übrigen 25 Gemeinden des Kreises, die heute noch keine Wappen haben, sich über kurz oder lang zur Annahme eines solchen entschließen. Im benachbarten Kreis Usingen gibt es z. B. seit 1954 keine Gemeinde mehr ohne Wappen. Auch alle 66 Gemeinden des Kreises Biedenkopf führen seit einigen Jahren ein eigenes Wappen.

Büdesheim

Das 1957 vom Innenministerium genehmigte Ortswappen nimmt in seiner oberen Hälfte durch den halben Reichsadler, der in ganzer Figur bereits im Gerichtssiegel im 18. Jahrhundert erscheint, Bezug auf die ehemalige Zugehörigkeit des Ortes zur Burggrafschaft Friedberg. Die untere Hälfte stellt das Wappen des Burggrafen Johann Brendel von Homburg in verwechselten Farben dar, der Mitte des 16. Jahrhunderts den ehemaligen Mönchs- oder Bruderhof in Büdesheim erwarb. Beschreibung: „Von Gold und Rot geteilt, oben ein wachsender, rotgekrönter und bewehrter schwarzer Adler, unten ein goldener Dreispitzbalken."

Dorheim

Sogenannte redende Wappenbilder sind in der Heraldik sehr beliebt. Bei dem 1957 der Gemeinde genehmigten Wappen erscheint im unteren Feld als Anspielung auf die erste Silbe des Ortsnamens ein Tor bzw. Torturm, wie ihn bereits ein Abdruck des Gerichtssiegels des Ortes von 1605 zeigt. In der oberen Hälfte kommt die ehemalige Zugehörigkeit der Gemeinde zur Grafschaft Hanau zum Ausdruck. Die amtliche Beschreibung des Wappens lautet: „In geteiltem, oben 5 mal von Gold und Rot gesparrtem Schild unten in Schwarz ein silberner Torturm."

Harheim

„In Schwarz ein silberner, mit drei roten Sparren belegter Pfahl, rechts beseitet von einem goldenen Schwert und links von einem goldenen Stab", so lautet die heraldische Beschreibung des 1968 genehmigten Wappens der Gemeinde. Alle Figuren gehen auf ein Siegel der Gemeinde zurück, das Anfang des 18. Jahrhunderts benutzt wurde und einen wachsenden Schultheißen mit dem Gerichtsschwert und Schöffenstab in den Händen über dem Schild der Herren von Eppstein zeigt.

Heldenbergen

Auch Heldenbergen gehörte ehemals zur alten Reichsburg Friedberg. Aus diesem Grunde zeigt bereits das Gerichtssiegel aus dem Jahre 1699 den Reichsadler. Zur Unterscheidung von anderen Adlerwappen ist dieses Wappentier hier heraldisch linksgewendet dargestellt. Außerdem wurde der Schild mit Bezugnahme auf weitere ortsgeschichtliche Verhältnisse in den münzenbergischen Farben tingiert. Das Wappen wurde Ende 1968 vom Innenministerium genehmigt. Beschreibung: „In von Rot und Gold gespaltenem Schild ein links gewendeter schwarzer Adler mit rotem Schnabel und roter Zunge."

Kaichen

Vor die Wahl gestellt, als Wappentier in das 1967 genehmigte Gemeindewappen den kaiserlichen Doppeladler oder den solmser Löwen zu übernehmen, hat sich die Gemeindevertretung für den Löwen entschieden. Dieser wird in der Literatur des 18. Jahrhunderts als „Kaicher Löwe" erwähnt und ist mit dem Wappentier der Grafen von Solms, welche ehemals die Vogteiherrschaft in Kaichen ausübten, identisch. Die amtliche Beschreibung des Wappens lautet: „In Blau ein rotbewehrter und -bezungter goldener Löwe." In der Farbgebung unterscheidet sich der Löwe des Ortswappens dadurch von dem herrschaftlich solmser Löwen, daß letzterer blau, ersterer aber golden tingiert ist, wodurch er erst zum eigentlichen „Kaicher Löwen" geworden ist.

Kirch-Göns

Das der Gemeinde im Jahre 1969 vom Hess. Innenministerium genehmigte Ortswappen zeigt in Rot über zwei gekreuzten goldenen Schwertern einen silbernen Kirchturm mit goldener Tür und romanischem Doppelfenster, bekrönt von einem rechtsgewendeten Hahn über einem rhombisch gefaßten Turmkreuz. Kirch-Göns war der Stammsitz der Herren von Göns. Daher zeigt das neue Gemeindewappen auch die gekreuzten Schwerter aus dem ortsherrlichen Schild. Vorrangig dargestellt ist der baugeschichtlich bedeutende romanische Turm der Kirche des Ortes, die einst Mutterkirche der Gönser Mark war.

Klein-Karben

Das neue Wappen der Gemeinde weist durch die drei Kreuze darauf hin, daß die Klein-Karbener Kirche früher die Mutterkirche für die Orte Groß-Karben, Burg-Gräfenrode und Kaichen war. Die Garbe enthält eine doppelte Bedeutung insofern, als sie einmal als Symbol der Fruchtbarkeit gelten kann, zum anderen eine Beziehung auf das Wappen des ortsansässigen Rittergeschlechts der Dugel darstellt, die darin drei Garben führten. Beschreibung: „Unter einem goldenen Schildhaupt mit 3 schwarzen Kreuzen in Rot eine goldene Garbe mit blauem Band." Die amtliche Genehmigung erfolgte im Jahre 1961.

Nieder-Erlenbach

Im Jahre 1968 wurde der Gemeinde das hier gezeigte Wappen, das seinen Ursprung in einem Siegel aus dem 17. Jahrhundert hat, amtlich genehmigt. Das Wappen ist geteilt und zeigt in seiner oberen Hälfte in Rot einen wachsenden silbernen, goldbekrönten Adler. Hierbei handelt es sich um den Adler der freien Reichsstadt Frankfurt/M., die früher die Gerichtshoheit in Nieder-Erlenbach inne hatte. Der blaue Bach in der unteren silbernen Schildhälfte ist eine Anspielung auf die Silben „Nieder..." und „...bach" aus dem Ortsnamen.

Nieder-Mörlen

Der Gemeinde wurde im Jahre 1964 das abgebildete Wappen genehmigt. Es zeigt in Gold ein blaues Schrägkreuz, belegt mit einem roten Herzschildchen, darin ein silbernes Lamm mit schwarzem Kreuzstab und goldenem Kelch. Die Berechtigung zur Führung des Schrägkreuzes ergibt sich aus der früheren Zugehörigkeit der Gemeinde zur Grafschaft Gleiberg und Gießen. Als Hinweis auf die jahrhundertelange Zugehörigkeit der Gemeinde zur Johannisbergkirche bei Bad Nauheim ist das Lamm mit Kreuz und Kelch aufgenommen worden, als Attribute Johannes des Täufers, der Patron dieser Kirche war. Die Hauptfarben des Herzschildchens Rot und Silber können schließlich als Hinweis auf die spätere Zugehörigkeit des Ortes zu Kurmainz gelten.

Nieder-Wöllstadt

Ober-Erlenbach

Ober-Mörlen

Nieder-Wöllstadt

Eine Rose sowie ein Hufeisen wurden bereits im Gerichtssiegel der Gemeinde aus dem 18. Jahrhundert geführt. Während die Rose als Gerichtszeichen anzusehen ist, geht das Hufeisen auf eine Ortssage zurück, die berichtet, daß ein Pferd auf der Brücke ausgeschlagen hätte, wobei sich ein Hufeisen löste und in hohem Bogen an den Kirchturm flog, wo es heute noch in beachtlicher Höhe an einem Stein befestigt zu sehen ist. Das im Jahre 1961 der Gemeinde genehmigte Wappen ist in den Farben Gold (oben) und Blau (unten) gehalten, womit auf die ehemaligen Ortsherren, die Grafen von Solms, Bezug genommen worden ist. Die Schwarze Rose mit rotem Butzen und roten Blättern als das Wappenzeichen derer von Solms-Wildenfels deutet ebenfalls auf die alten Besitzverhältnisse hin. Das Hufeisen ist golden tingiert.

Ober-Erlenbach

Das den Ortsnamen von Ober-Erlenbach bildlich darstellende Wappen wurde bereits im Jahre 1720 im örtlichen Gerichtssiegel geführt. Neu sind die Farben, die dem Wappen der ehemaligen Ortsherren entnommen wurde. Beschreibung: „In Gold zwischen zwei roten sechsstrahligen Sternen ein aus einem blauen Bach wachsender grüner Baum (Erle). Das Wappen wurde im Jahre 1962 genehmigt.

Ober-Mörlen

Der Gemeinde wurde im Jahre 1967 das abgebildete Wappen vom Hess. Innenministerium genehmigt. Es zeigt in silbernem Feld drei rote Sparren, begleitet oben von zwei schwarzen Mohrenköpfen und unten von einem sechsspeichigen roten Rad. Die Gerichtssiegel der Gemeinde enthalten bereits seit Mitte des 16. Jahrhunderts die Sparren der Grafen von Eppstein und den auf den Ortsnamen hindeutenden Mohrenkopf. Später kam dann noch das Rad von Kurmainz hinzu, das man heute noch häufig auf alten Grenzsteinen (z. B. im Frauenwald bei Bad Nauheim) sehen kann. Das neue Wappen enthält wiederum die überlieferten Figuren in einer wohl ausgewogenen Komposition und in verbesserter Farbgebung. Die Gemeinde war gut beraten, den Mohrenkopf, der ja das traditionelle eigentliche Ortszeichen ist, auch im neuen Wappen den ihm gebührenden Platz einzuräumen.

Ockstadt

Das im Jahre 1964 der Gemeinde amtlich verliehene Wappen beinhaltet und verbindet in glücklicher Weise historische und wirtschaftliche Gegebenheiten. Während die obere Hälfte das bekannte Beileisen der Ortsherren von Frankenstein, das sich übrigens auch als Ortszeichen auf einem Grenzstein des 17. Jahrhunderts befindet, zeigt, sind in der unteren Hälfte drei Kirschblüten abgebildet. Die Kirschblüten stellen einen Hinweis auf den in der Gemeinde in größerem Rahmen betriebenen Kirschenanbau dar. Die exakte Beschreibung lautet: „Schild schräglinks geteilt, vorn in Gold ein rotes Beileisen, hinten in Schwarz drei fünfblättrige silberne Kirschblüten mit goldenen Fruchtknoten."

Ostheim

Das Wappen zeigt die stilisierte 700-jährige Gerichtslinde der Gemeinde, die durch Beigabe der Waage der Gerechtigkeit besonders als solche gekennzeichnet ist. Die heraldische Beschreibung lautet: „In Rot eine stilisierte, bewurzelte silberne Linde vor einer goldenen Waage." Mit den Hauptfarben Rot und Silber nimmt das Wappen Bezug auf die Zugehörigkeit der Gemeinde zu Eppstein und Hessen, deren Wappen die gleichen Farben aufweisen. Die Genehmigung erfolgte 1964.

Petterweil

Das 1959 der Wetterau-Gemeinde Petterweil genehmigte Wappen zeigt in von Rot und Silber schräglinks geteiltem Schild oben einen silbernen sechsstrahligen Stern und unten ein gestürztes blaues Füllhorn mit roten Früchten und goldenen Ähren. Bei dem Stern handelt es sich um das überlieferte Ortssymbol aus einem Siegel des Gerichts Petterweil aus dem 16. Jahrhundert. Als weiteres Emblem enthält das Wappen ein Füllhorn in der Form, wie es eine römische Statue zeigt, die sich im Wetterau-Museum in Friedberg befindet.

Reichelsheim

Im Jahre 1960 hat der Hessische Minister des Innern der Stadt Reichelsheim das hier abgebildete Wappen genehmigt. Zur Erinnerung an die Zugehörigkeit zu Nassau zeigt der Schild in seiner oberen Hälfte — wie übrigens bereits ein Siegelabdruck aus dem 17. Jahrhundert — den goldenen nassauischen Löwen in Blau. Die beiden roten Weinblätter im unteren goldenen Feld erinnern daran, daß Reichelsheim ehemals eine Weinbaugemeinde gewesen ist, während das Kreuz einen Hinweis auf Fulda darstellt, in dessen Besitz sich die Gemarkung Reichelsheim befand.

Rendel

Der Gemeinde wurde im Jahre 1957 das hier wiedergegebene Wappen amtlich genehmigt. Es zeigt in Gold über einer roten Rose mit goldenem Butzen und schwarzen Kelchblättern zwei abgewendete schwarze, rot bewehrte Adlerköpfe. Diese beiden Adlerköpfe gehen zurück auf ein altes Ortssiegel, das den Reichsadler zeigte. Zugleich soll durch dieses Symbol sowie den Farben des Wappens auf die frühere Abhängigkeit der Gemeinde von der Burg Friedberg hingewiesen werden. In Erinnerung an die alte Marienkirche mit ihrem bedeutenden Altar wurde die Marien-Rose ins Wappen aufgenommen.

Rockenberg

„In Silber über einem grünen Dreiberg, aus dem drei goldene Roggenähren wachsen, drei rote Sparren", so lautet die Blasonierung des 1960 der Gemeinde amtlich genehmigten, an ein altes Ortssiegel aus dem 16. Jahrhundert anknüpfenden Wappens. Es handelt sich dabei um das Wappen der ehemaligen Ortsherren, der Grafen von Eppstein, erweitert um die „redenden" Figuren Roggenähren und Berg. Die Hauptfarben Rot und Silber können außerdem auf Kurmainz bezogen werden, an das Rockenberg später gefallen ist.

Rodheim v. d. Höhe

Die obere Hälfte des Ortswappens von Rodheim zeigt die rot-goldenen Sparren und Balken von Hanau und Rieneck. Der silberne Torturm in der blauen unteren Hälfte erinnert daran, daß Rodheim früher eine befestigte Stadt war. Diese Wappenbilder erscheinen bereits in einem Ortssiegelabdruck aus dem Jahre 1607. Die Genehmigung dieses Wappens hat die Gemeinde 1959 erhalten.

Schwalheim

Im Jahre 1966 wurde das hier abgebildete Ortswappen der Gemeinde vom Innenministerium genehmigt. Im Gegensatz zu dem Gemeindesiegel aus dem Anfang des 19. Jahrhunderts, das den landesherrlichen hessischen Löwen und den Schild der Grafen von Hanau, also rein geschichtliche Symbole, zeigt, enthält das neue Wappen auch ein örtliches Symbol, nämlich das große Rad, welches als Wahrzeichen Schwalheims weithin bekannt ist. Die drei Jahrhunderte hindurch ausgeübte Herrschaft der Grafen von Hanau wird eindrucksvoll dadurch zum Ausdruck gebracht, daß die drei Hanauer Sparren über dem Rad angebracht sind und es gewissermaßen überdachen. Die Blasonierung lautet: „In Gold unter 3 roten Sparren ein rotes Wasserrad über blau-silbern gewelltem Schildfuß."

Wohnbach

Zurückgehend auf ein Gerichtssiegel aus dem 18. Jahrhundert zeigt das 1964 der Gemeinde genehmigte Ortswappen in seinem oberen Teil den halben Löwen aus dem Wappen der Grafen von Solms. Die untere Hälfte zeigt eine Kirche als Hinweis auf die mittelalterliche Kirche von Wohnbach, die ein St. Gotthardspatrozinium war; das Attribut dieses Heiligen ist ein Kirchenmodell. Die Blasonierung lautet: „In geteiltem Schild oben in Gold ein wachsender blauer, rot bezungter und -bewehrter Löwe, unten in Rot eine silberne Kirche."

FRITZ USINGER ZUM 75. GEBURTSTAG

VON ANITA BRAUN

> „... Aber die Kindheit zu singen, was ist es
> Andres als das Leben, Alles, das Vertraute,
> Das niemals abriß? Denn wo
> Lebst du nicht davon? Wo ist die Stelle,
> Da es nicht hinreicht? ..."

Fritz Usinger, der Autor dieser Verse, hat eine von ihm herausgegebene Auswahl aus den Dichtungen Friedrich Hölderlins mit einem Essay eingeleitet, in dem er — als Ausgangspunkt für die Werkdeutung — mögliche Zusammenhänge zwischen dem Leben des Dichters und seinem Werk erörtert. Usinger interpretiert insbesondere die Lyrik Hölderlins auf eine auch für den Laien verständliche Weise, dabei mit einer Intuition, die nur dem Essayisten zu Gebote steht, der zugleich selbst Lyriker ist.

Zur Zeit der frühesten Kindheit Friedrich Hölderlins lebte in Mittel-Gründau in Hessen die Familie des Sebastian Usinger, des Ururgroßvaters des Dichters. Dieser stammte aus dem gleichfalls hessischen Grebenhain im östlichen Vogelsberg, wohin schon sein Ahn aus dem nahen Ilbeshausen durch Heirat im frühen 18. Jahrhundert gekommen war. Die Ilbeshäuser Vorfahren sind zurückzuverfolgen bis 1594, dem Geburtsjahr des Forstmeisters Johannes Usener (Usinger), dessen Sohn und Enkel, ebenfalls Förster, in Ilbeshausen ansässig blieben.

> „... Und unten zieht der jugendliche Fluß,
> Der alten Ufersassen, deinen Ahnen,
> Den Namen schenkte. Ueber Kiesel zieht
> Er flach und klar, der Enten Füße treten
> Den bunten Grund ..."

Hier meint der Dichter die Usa, den bei Anspach im Taunus oberhalb des Städtchens Usingen entspringenden kleinen Fluß. Und von dort kamen ohne Zweifel die allerfrühesten Namensträger.

Nach 1770 lebten noch einige Usinger-Generationen in Mittel-Gründau; sie fanden ihre Frauen im gleichen Ort, und ihre Kinder wurden dort geboren, so auch der Großvater des Dichters, Johann Heinrich Usinger, der den Lehrerberuf gewählt hatte. Ihm waren einige Ortsveränderungen beschieden: Maar, Kreis Lauterbach (hier heiratete er Barbara Zinn); Mainzlar, Kreis Gießen; Münster bei Butzbach; schließlich Fauerbach v. d. H. (im Kreis Friedberg). Sein Sohn Friedrich, des Dichters Vater, kam als Taubstummenlehrer nach Friedberg. Neben seinem Beruf entfaltete er eine reiche Tätigkeit, die das musikalische Leben der Kreisstadt aufblühen ließ. Zwei Jahrzehnte (1900—1920) leitete er den Friedberger Musikverein, wirkte als

Pianist bei Konzerten mit, zu denen so bedeutende Solisten wie Paul Hindemith gewonnen wurden, und gelegentlich kam auch Friedrich Usingers „sympathische, feinnervige Tenorstimme" zu Gehör. Selbst während des ersten Weltkrieges blieben die Musen nicht stumm, und einmal — es war am 13. Februar 1916 — stand sogar eine Uraufführung auf dem Programm: die „Ode für Frauenchor und Orgel von Fritz Usinger d. J." (dem Jüngeren!), das erste Werk des (nach seiner Verwundung 1915 in Serbien) als Soldat in Metz stationierten Einundzwanzigjährigen.

Woran mag es gelegen haben, daß sich das musikalische Erbe im Sohn nicht so fortsetzte, wie es vorgegeben schien? Der Dichter hat hierüber einen aufschlußreichen Essay („Wort-Reich und Ton-Reich") geschrieben. Doch fragen wir weiter: welches Erbe ist noch mitzuveranschlagen, um ein Künstlertum zu begründen, das unaufhaltsam zum sprachlich-lyrischen Ausdruck drängte? Es mag dahingestellt sein, ob es hierfür überhaupt benennbare Gründe gibt.

Die mütterlichen Vorfahren Fritz Usingers stammen — bis zur vierten Ahnengeneration sind sie bekannt — aus dem oben genannten Dorf Fauerbach vor der Höhe; alle sind Bauern, und sie heiraten Töchter von Bauern, ebenfalls aus Fauerbach vor der Höhe. Dabei zeichnet sich ein offenbar starker Ahnenimplex ab — schon zu Beginn des 19. Jahrhunderts gibt es eine Reihe von Verwandtenheiraten. Daß wesentliche Anlagen der Ahnen in einem Nachgeborenen sich steigern, verdichten und so summiert ein Genie bilden können, das gehört zu den Theorien der Genealogie, die sich, wie auch im Falle Henry Benraths, immer wieder bestätigt finden. Doch wird das eigentliche Geheimnis, das über jedem Künstlertum waltet, so unerklärt bleiben wie die Verschiedenheit seiner Ausdrucksformen.

> *„Kehr ein bei Gras und Apfel und Resede*
> *Und grüße Pferd und Kuh im Ackergrund!*
> *Vor Amsel und vor Drossel blaßt die Rede*
> *Und vor dem Brunnen schweigt der Mund.*
> *Der Garten duftet kühl zu dir herein,*
> *Und alles webt in einem großen Bund.*
> *Es sieht dich an aus Katze, Huhn und Hund*
> *Und will doch ganz bei sich belassen sein.*
> *Ein Ackerweg, ein grünendes Gefild,*
> *Die Blume schwankte leis auf hohem Stiel*
> *Und Wasser klang, das über Steine fiel:*
> *Bild deiner Heimat, deines Geistes Bild."*

Für die Verwurzelung des Dichters im heimischen Boden sind diese Verse (aus dem Gedicht „Anfang und Ende") nur ein ganz kleines Beispiel aus der Fülle der Gedichte, die ihre schöpferische Zündung, ihre Strahlung, von der heimatlichen Erde empfingen. Das klingt unkompliziert, nach Heimatdichtung, doch damit hat Usingers Lyrik ihrem Gewicht nach nicht das geringste und ihrem Tone nach nicht einmal den Anklang gemein. Wir haben Grund festzustellen, daß der oberhessische Boden kein leichter ist. „Tiefer und inniger hat sich wohl nie ein Dichter mit seinem Schöpfertum in der Heimaterde verwurzelt gefühlt." Dieser Satz steht in dem 1947 erschienenen Buch von Gertrud Bäumer „Der Dichter Fritz Usinger". Die Pädagogin, Politikerin und Schriftstellerin Bäumer hat es — in Form von Briefen an einen Freund — unternommen, das bis 1944 vorliegende Werk Usingers zu interpretieren, und ihr Versuch ist durchaus als gelungen zu bezeichnen, besonders gelungen durch ein wesensverwandtes Verständnis für das „Tiefste und Höchste", das die Erde (der Schoß, der Ursprung) dem Dichter erschloß.

Man ist geneigt, immer wieder Fritz Usinger selbst sprechen zu lassen in den herrlichen Versen, die „den schöpferischen Bund mit der Heimat" (Bäumer) besiegeln — und darüber die Hauptthematik des Dichters hintanzustellen. Frau Bäumer hebt die Stille in Usingers Dichtung besonders hervor, den „Einklang von Sein und Werk, von Wesen und Kunst", wie sie ihn in dieser Vollendung selten gefunden habe. Darauf beruhe die Eindringlichkeit der Verse und eine von innen tönende Melodie, die sie fasziniere. Solche Gedichte empfinde sie als Doppelwesen, etwa wie ein Lied mit Begleitung, und diese mitklingende hintergründige Begleitung sei gerade das Ursprüngliche, die geheime Essenz. Sie wisse keinen Dichter der Gegenwart zu nennen, den sie so wie Usinger in jedem seiner Gedichte erkenne, und damit meint sie die „Wesenheit" des Menschen, das Durchschimmern ihres eigensten Fluidums. Dazu noch ein Beispiel aus dem Gedicht „Anfang und Ende":

> „... *Der wilde Ginster, der den Felsen krönt,*
> *Wacholder dunkel an dem brachen Hang*
> *Und Wort verworren, das die Quelle tönt,*
> *Sind deine Zeugen all dein Leben lang.*
> *Hier bleibe still, hier blühe dein Gesang*
> *Aus Wiesen, die der dichte Ampfer rötet,*
> *Wo Unke läutet, späte Amsel flötet,*
> *Sei deinem Ton im Laube auch nicht bang.*
> *Welt ruht im Rätsel. Alles, was erklang,*
> *Meint nur dies Gleiche, das uns hegt und tötet."*

Dies Gleiche, das uns hegt und tötet: hier haben wir schon eines jener „paradoxen Erlebnis- und Denkbilder", die in vielfältigen Findungen und Bildungen das gesamte Werk Fritz Usingers durchziehen. Doch die Schalen der Waage bleiben nicht lange im Gleichgewicht; die Klage, daß „alles Seiende traurig sei", tritt mit zunehmender Härte hervor. Der Stern Vergeblichkeit erscheint am Himmel des Dichters:

> „... *Und so geschah es. Das Vergangene*
> *Verlor sich in der Weite, Gegenwart zerbröckelt,*
> *Und Zukunft zeigt sich ohne Licht und Heil..."*

Dem Ausgesetztsein des Menschen den Elementen gegenüber, den furchtbaren Mächten des Chaos, entsprechen Gedichte wie Verwerfung des Worts, Untergang des Verses, Niemandsgesang, nach dem ein Gedichtband genannt ist. In diesem Band findet sich auch der höchst originelle „Bienenkönig". Das Gedicht, wieder aufgenommen in den Auswahl-Gedichtband Pentagramm, gehört zu den schönen Schöpfungen Fritz Usingers, in denen sich Melancholie und Humor, Trauer und ein Lächeln unter Tränen, verbinden. Usingers „Bienenkönig" — es gibt ihn nicht — gebietet über Gedankenvölker, Ritter in goldenen Panzern, die in ferne Gegenden fliegen („in Länder, die es gibt, und in Länder, die es nicht gibt..."), um goldenen Honig heimzuholen. Diese Flügelritter kennen die letzten unzerstörten Paläste, in denen noch einige Engel überleben, doch die Vorhänge der Weltfenster sind schon abgeblaßt, Staub liegt auf den Thronsesseln, und bald wird kein Honig mehr zu bergen sein. Aber noch immer sammelt der Bienenkönig

> *„das Kostbare, das kaum noch zu finden ist,*
> *Den Nektar verschwundener Götter,*
> *Den niemand mehr trinken will."*

Im Nachwort zum Gedichtband „Pentagramm" gibt Marcella Roddewig eine der weitgespannten Usingerschen Thematik angepaßte Einführung in die verschiedenen Perioden und Stile dieser aus neun Gedichtbüchern zusammengestellten Auswahl. Sie führt auch hin zum Verständnis des bisher letzten Gedichtbandes „Canopus". Der Name des Gestirns, das amerikanischen Weltraumraketen als Richtstern diente, gab dem Band seinen Titel. Im Mittelpunkt der 27 Gedichte steht der „Große Dankgesang für Hans Arp", den aus früher Zeit schon befreundeten Dichter und Bildhauer. Von ihm stammt die charakteristische Collage des Einbandes (Hans Arp hat auch den Umschlag des Bandes „Pentagramm" mit einer Collage gestaltet).

> *„... Aus Ja und Nein gefügt,*
> *Türmen sich hinauf und hinab*
> *Himmel und Hölle:*
> *Höchste Rose des Lichts und*
> *Unterster Brände infernalisches Rot ..."*

Aus solchen Versen (aus dem „Großen Dankgesang für Hans Arp") klingt bei aller Häufung der Paradoxe auch die tiefe Gelassenheit mit, wie sie dem statischen Wesen des Dichters entspricht. Bei Gedichttiteln wie „Uruk", „Tafeln der Anwesenheit", „Vas mirabile" könnte der ungeduldige Leser denken, daß hier komplizierte Vorgänge („... und Wort verworren ...") ins schwer Verständliche entrückt würden, doch nein — die Diktion ist klar, auch bei den mythischen Motiven, und die Reinheit der Gedichte bleibt stets spürbar, einerlei ob der Stoff vertraut oder unvertraut ist. Wer sich in die mehr oder weniger lakonische Sprechweise der jüngsten Lyrik eingehört hat, wird in den Dichtungen von Fritz Usinger Sichtweisen und Gedanken finden, die das große Wort nicht scheuen, es vielmehr rechtfertigen. Selbst bei einfach erscheinenden Gedichten („Hahnenrufe", „Das Dorf", „Das Unscheinbare", „Gesang an die Spinnen") erschließen sich sofort Bereiche, denen die schlichte Aussage nicht adäquat wäre.

Aus der besonderen Art der Vision entsteht das Weltbild des Dichters; ein gewisser Urimpuls des Innewerdens läßt ihn die Form finden, welche ihm gemäß ist. Als Vermittler zu dieser Formfindung dienen nicht selten große Vorbilder, zu denen sich auch Fritz Usinger bekennt.

Als Fritz Usinger Oberklassenschüler des Gymnasiums der Augustinerschule zu Friedberg war, öffnete sich ihm — so sagte er einmal selbst — die Welt der klassischen Dichtung als ein Erlebnis von erschütternder Eindringlichkeit. Es ist eine Tatsache, daß ihn die Klassik geprägt und nie mehr ganz losgelassen hat. Sein Dichterschicksal hatte sich wahrscheinlich schon entschieden, als es zu den Begegnungen mit den damals (um 1912) jungen Dichtern kam, zu denen seine Generation aufsah: Stefan George, Karl Wolfskehl, Kasimir Edschmid und — nicht zuletzt — mit dem Friedberger Albert H. Rausch (= Henry Benrath).

Fritz Usinger hat in seinem Essaywerk — von den frühen Bänden nenne ich nur „Geist und Gestalt", „Das Wirkliche" und von den neueren „Welt ohne Klassik", „Gesichter und Gesichte" und „Tellurium" — allen „seinen" Dichtern ausführliche Abhandlungen gewidmet und sich auch um die Herausgabe ihrer Werke verdient gemacht (z. B. Carlo Mierendorf, Hans Schiebelhuth). In der Weltschau Fritz Usingers nehmen Autoren wie Rudolf Kassner, Alfred Mombert, Rudolf Pannwitz, Walter Benjamin besondere Positionen ein. Mit diesen allgemein als nicht leicht lesbar angesehenen Schriftstellern hat sich Fritz Usinger immer wieder beschäftigt, auch hat er sich in größeren Aufsätzen wiederholt um die Verbreitung ihrer Werke bemüht. Ähnlich verhält es sich mit dem Franzosen Stéphane Mallarmé, der lange den Ruf hatte, der schwierigste Dichter Europas zu sein. Wer Usingers Aufsatz „Die Dichtung Stéphane Mallarmés" in dem Essayband „Welt ohne Klassik" liest, wird die Faszination mitempfinden, die von einem Künstler ausströmt, der — wie Usinger sagt — die verlorene Einheit der Welt im Kunstwerk wiederherzustellen vermocht hat (indem er „zurückgeht bis zur magischen Wurzel des Worts, dem Wortzauber").

In „Welt ohne Klassik" ist auch dem Bildner und Dichter Hans Arp ein großer Aufsatz gewidmet, der zugleich eine geistvolle Deutung des Dadaismus enthält. Mit dem Phänomen Dada hatte sich Fritz Usinger schon lange vor der Wiederbelebung des Dadaismus befaßt. Ihm gilt als gewiß, daß sich die „Wahrheit" des Dadaismus (die Wahrheit im Sinne der Kunst) durch Hans Arp vor allen anderen erwies. Doch rechnet er natürlich auch die Gründer Richard Huelsenbeck, Hugo Ball und andere zu den echten Dadaisten.

Bildende Kunst, Malerei, Musik, Jazz, auch sie gehören zum Lebensbereich Fritz Usingers. Er interpretiert die Künstler der Moderne von E. W. Nay bis Goepfert oder Benno Walldorf, der zugleich Jazzmusiker ist, eröffnet Ausstellungen, schreibt Katalogtexte, übersetzt Künstlerbiographien aus dem Französischen, verfaßt den Essay „Kleine Biographie des Jazz", schreibt über die „Metaphysik des Clowns" — in seinem Heim in der Friedberger Burg beschützen ihn und seine Schwester Engel des Barocks und Heilige aus dem Mittelalter. Sie behaupten in Ruhe ihren Platz zwischen Objekten der jüngsten Kunst, Spielkugeln, Lichtkinetik und anderen Gebilden, die an den Wänden hängen oder in den Räumen aufgestellt sind, den kennerischen Blicken ihrer Bewohner preisgegeben.

„Die Art, wie einer etwas sieht, ist immer wichtiger als das, was er sieht." Dieser Satz aus Fritz Usingers „Notizbuch, Aufzeichnungen zur Problematik des 20. Jahrhunderts" soll hier stellvertretend stehen für die in dem Buch enthaltenen Aphorismen zu den Kardinalthemen Klassik, Romantik, Unendlichkeit, Sprache, Zeit, Zahl, Kosmos.

Über die Art, wie der Dichter die Liebe sieht, d. h. wie er halb heiter, halb philosophisch „Bedenkliches und Unbedenkliches über die Liebe dem Leser ins Ohr flüstert", gibt „Das grüne Sofa" Auskunft, ein kleines Prosabuch, dem dieses (ein echt Usingersches) Motto vorangestellt ist:

„Es gehört zur Natur der großen,
bewegenden Kräfte dieser Welt,
also auch der Liebe, daß man
ihnen nicht näher kommt,
indem man ihnen näher kommt."

Vielleicht paßt hierzu und zu dem folgenden noch ein Aphorismus aus dem „Notizbuch", der sagt: „Es gibt weder Masken noch austauschbare Lebensrollen. Auch die Maske ist Wesen, auch die Lebensrolle ist Lebenslauf."

Fritz Usinger wurde am 5. März 1895 in Friedberg in Hessen geboren. Er studiert Germanistik, Romanistik und Philosophie in München, Heidelberg und Gießen. 1921 legt er das Staatsexamen ab und promoviert im gleichen Jahr (Dr. phil.). Von 1921 bis zur Versetzung in den Ruhestand (1949) unterrichtet Fritz Usinger an höheren Schulen in Hessen. Seit 1949 lebt er als freier Schriftsteller in Friedberg. Er ist Mitglied der Deutschen Akademie für Sprache und Dichtung seit ihrer Gründung in Darmstadt (15 Jahre als ihr Vizepräsident), er ist Mitglied der Akademie der Wissenschaften und der Literatur, Mainz; er ist Mitglied des PEN-Zentrums der Bundesrepublik und korrespondierendes Mitglied der Academia Goetheana zu Sao Paulo Brasilien. 1946 wurde dem Dichter der Georg-Büchner-Preis verliehen.

Parallel zur Lebenslinie verläuft stets das Werk. 1952, im Todesjahr der Mutter (Katharina Elisabeth Usinger, geb. Schneider), erscheint im Verlag Kumm, Offenbach, „Dank an die Mutter", ein Prosatext, der — wie nicht wenige Essays Fritz Usingers — der Poesie zuzurechnen ist. Im gleichen Jahr erscheint in einer Einzelausgabe der Eremiten-Presse der „Gesang gegen den Tod", der noch einmal beschwört, „was die Saiten reißt, was den Atem jagt...", der gleichzeitig das „lautlose Grün" besingt, die blühende Erde, den aus dem Stein wachsenden Strauch, die Ulme über dem Grabe Friedrich Hölderlins.

1970, im 200. Geburtsjahr Hölderlins, vollendet Fritz Usinger das 75. Lebensjahr. Es scheint, daß er sich der Vollendung seiner Lyrik nähert. Im Gedichtband „Canopus" stehen neben dem „Großen Dankgesang an Hans Arp" noch einige Gedichte, denen ich das Prädikat „Weltgedicht" (im Sinne des poème cosmique) zusprechen möchte. In solchen Gedichtgebilden gelingt es dem Dichter, den Kosmos seines Gesanges zu erschaffen, es gelingt ihm, den „ganzen Satz" zu schreiben und das Unvereinbare zu vereinen: Größe und Trauer des Worts.

NAMEN- UND SACHREGISTER

Von Hans Wolf

A

Adamy, Rudolf 88, 92
Ala I Flavia Gemina 5
— milliaria 5
— quingenaria 5
Albach b. Gießen 38
—, Herdan v. 39
—, Wigand v. 38
Albrecht, Dt. König 29, 57
Alemannen 4, 13 f.
Altenberg 58
Altkönig 18
Altmann, Joseph 47
Altsteinzeit 9
Ambrosius, Hl. 80
Anna, Hl. 74
Ansbach 47
Anspach/Ts. 115
Ariovist 11
Arlington/Californien 73
Arnsburg 39 f., 54 f., 61, 93
—, Reichsministerialen v. 25
—, Conrad II. 58 ff.
—, Luitgard 58 ff.
Arp, Hans 118 ff.
Aschaffenburg 27 f.
Ascolf 20, 24
Atlantik 97
Augusta, Königin v. Preußen 103
Augustus 11

B

Babenberger Mark 16
Bad Hersfeld 26
—, Abt Heinrich 26
Bad Homburg 9, 11, 51, 103
— — Gonzenheim 11
—, Johann Brendel v. 88, 90 f., 108

Bad Nauheim 9—14, 16, 18, 20 ff., 24 f., 30—42, 44—56, 103
—, Alte Schanze 18
—, Beune 38, 46
—, Burg 43, 46
—, Dankeskirche 37
—, Deutergraben 10
—, Donnersgraben 19
—, Eichberg 18
—, Frauenwald 111
—, Großer Teich 13, 45
—, Häuser
   Kommandantenhaus 45
   Kurhaus 10
   Pfälzer Hof 45
   Reinsberger Mühle 49
   Seligenstädter Hof 46
—, Heiligenstock 45
—, Hinter der Mühle 49
—, Johannisberg 10 f., 13, 18—27, 29 f., 34, 36 f., 42 ff., 46, 48
—, Johanniskirche 20 f., 24, 27 f., 32, 110
—, Konrad v. (Pfarrer) 38 f.
—, Ockerborn 51
—, Sauerborn 51
—, Schultheiß, Anselm 38
—, —, Volknand 38 f.
—, Solgraben 10 f.
—, Straßen
   Alicestr. 44
   Apfelgasse 32, 43
   Bachgasse 43 f.
   Bornstr. s. Brunnenstr.
   Brunnenstr. 43
   Burgstr. 43
   Enggasse 45
   Ernst-Ludwig-Ring 44
   Friedberger Str. 45
   Friedrich-Ebert-Platz 13
   Grabengasse 44

EIN GUTER WEG

KAUFHAUS LANGER FRIEDBERG

AM BAHNHOF

DURCHGEHEND GEÖFFNET · LIEFERUNG FREI HAUS

Hauptstr. 44
Hellgasse 45, 51
Bad Homburger Str. 10 f.
Kurstr. 45
Leichgasse 30
Leichweg 44
Ludwigstr. 10
Marktplatz 43
Mittelgasse s. Mittelstr.
Mittelstr. 38, 44 ff.
Obergasse 44
Otto-Weiß-Str. 38, 46
Pfaffenweg 32, 44
Rießstr. 44
Schnurstr. 32
Schwalheimer Str. 46
Steingasse 42, 44 ff., 51
Stresemannstr. 44
Taunusstr. 30
Untergasse 44 f.
—, Tore
    Falltor 47
    Mittelpor 44 f.
    Oberpforte/ -tor 30, 44 f.
    Södertor s. Untertor
    Unterpforte/ -tor 44 f.
—, Wilhelmskirche 37 f., 44
—, Wolfsgraben 18
—, Zinspflichtige zu 32
    Buricho
    Detta
    Duotlim
    Elblint
    Engilburc
    Guoterat
    Racgis
    Ratgis
    Reginwih
    Woloman
(Bad) Nauheim, Berthold v. 37 f.
—, Gerhard v. 50
—, Gilbrecht v. 38 f., 46
—, Heinrich v. 49
Bad Vilbel 9, 68
—, Walther v. 54
Bäumer, Gertrud 116 f.
Ball, Hugo 119
Bandkeramiker 10
Bartholomäus, Hl. 74
Bauernheim 21
Bayern, Anna v. 91
Bechelt s. Bechtold

Bechtold, Hans 70
—, Philipp 70
Beck, Johann Conrad 69
—, Velten 70
Becker, Ebert 69
—, Eggeling 75
—, Friedrich 45 f.
—, Johann Christoph 69
—, Michael 69
Belgien 116
Bellersheim, Berta v. 52
—, Henn v. 54
—, Johann v. 52
—, Juliane v. 92
—, Konrad v. 52
—, Kuno v. 40
Bender, Johann Jacob 69
—, Johann Philipp 70
—, Philipp 69
Benjamin, Walter 119
Benrath, Henry 116, 118
Bergen 58, 61
Berlin 103
Berstadt 34
Bettenhausen, Metze v. 76
—, Nikolaus v. 76
Biedenkapp, Kunigunde 91
Biedenkopf 108
Biel, Gabriel 73, 75—78, 80 ff.
Bilstein, Graf v. 25
Bingen 27
Bingenheim 24 f.
Birley, E. 5
Bischoff, B. 16
Bommersheim, Herren v. 30
—, Wilhelm v. 30
—, Wolf v. 30
Bonhofen 68
Bonifaz IX., Papst 39
Bornheimerberg, Freigericht 63
Brakel 84
Braubach 16
Braunschweig 75
Breidenbach zu Breidenstein, Familie 90 f.
—, Anna v. 91 f.
—, Bernhard v. 90
—, Lisa v. 47
Brendel v. Homburg, Johann 88, 90 f., 108
Bronzezeit 10, 18
Bruchenbrücken 22 ff.
Brüder vom Gemeinsamen Leben 73—77
Brüssel 103
Brunchen, Gerlach 39

Teppichboden
Teppiche
Orient-Teppiche

SCHÄFER
FRIEDBERG / H.
KAISERSTRASSE

Buchenau, Anna v. 90, 92
—, Boos v. 90, 92
Buches s. Büches
Büches zu Staden, Anna v. 93
—, Clara v. 90 f.
—, Erasmus v. 91
—, Friedrich v. 54
—, Luitgard v. 54
—, Sophia v. 54
Büchner, Georg s. Georg-Büchner-Preis
Büdesheim 108
Büdingen 24, 104
— — Großendorf 23
Buler, Eobanus 41
Buller, General 98
Burenkrieg 98
Burenrepublik 98
Burg-Gräfenrode 110
Burgunder 13
Buseck, Richard v. 54
Buttlar, Familie 88
Butzbach 11, 13, 18 f., 48 f., 73—78, 80 f., 83, 85
—, Feldsiechenhaus 76
—, Griedeler Tor 75
—, Kugelhaus 74, 76 ff., 80
—, Markuskirche 83
—, Markusstift 73, 75 f.
—, Ostheimer Weg 76
—, Schwalbacher Hof 76 f.

C

Caesar 11
Carben s. Karben
Centurie 5
Chatten 4, 9, 11 f.
Chattenkrieg 4
China 97
Chlodwig 14
Churchill, Winston 98
Codex Laureshamensis 17
Cohors quingenaria peditata 5
Cosmas, Hl. 35 f.

D

Dadaismus 119
Dädalus 6
Dagstall, Henne 30
Daker 4
Dakerkriege 12
Dalberg, Anna v. 93

Damian, Hl. 35 f.
Darmstadt 73 f., 76 f., 120
Dauernheim 24 f.
Decurio 5
Defremont, Augustine 98, 101
Demandt, Karl E. 107
Deturk, Georges 104
—, Jean 104
—, Marie 104
—, Maurice 104
Deutschland 102
Deutschordenshaus, Frankfurt-Sachsenhausen 40, 47, 61, 64
Deutsch-Ost-Afrika 97 f.
Deventer 76
Deweyl, Kilian 70
Diel, Johann 70
Diez 16
Döring, Kunigunde 91
Domitian 4, 12
Donau 4
Dorfelden, Epch v. 54
—, Friedrich v. 50
—, Philipp v. 54
—, Walpurgis v. 54
Dorheim 21, 40, 50, 108
—, Marienkapelle 21
Dornberg, Adelheid v. 58 ff.
—, Eberhard I. v. 58, 60
—, Pauline v. 58, 60
Dortelweil 57, 61—64
Dreieich, Reichsforst 25, 55, 61 f., 68
Dreieichenhain 61, 68
Drusus 11
Dube, Henne 39
Düppeler Schanze 100
Dugel von Karben 62, 67 f., 110
—, Friedrich 61
—, Luckard 61

E

Echzell 1, 3—7, 14, 19, 24 f.
Eckart, Michael 69
Edschmid, Kasimir 118
Einhard 33
Eisenzeit 10
Eiternhain 69
Eizenhöfer, L. 16
Elbe 12
Elisabeth, SMS 79
Elz 16, 17
Engelbach, Johann Daniel 70

Vermögen bilden – Steuern sparen

KREISSPARKASSE

FRIEDBERG/HESSEN

Engelhard, Pfarrer 27
England 98
Eppelborn, Familie v. 93
Eppstein 103, 112
—, Grafen v. 108, 111, 113
Eppstein-Königstein s. Königstein
Eppstein-Münzenberg s. Münzenberg
Erfurt 75
Ernbracht, Siegfried 81
Eschbach 51

F

Falkenstein 103
—, Grafen v. 25, 34, 48 f.
—, Kirchenpatronat 26
Falkenstein, Philipp v. 26 f., 49, 59, 61
—, Philipp d. Ä. v. 48, 61
—, Philipp d. J. v. 48
—, Philipp II. v. 48
—, Werner v. 48, 61
Fauerbach v. d. H. 115 f.
Feldberg, Großer 103
Fortuna 6
Franken 14
Frankenstein, Herren v. 112
Frankfurt 11, 25, 58, 62, 64, 68, 103
—, Domstift 76
—, Eschersheim 40
—, Ginnheim 40
—, Höchst 11
—, Oberrad 61
—, Praunheim, Heilmann v. 54
— — Sachsenhausen, Deuschordenshaus 40, 47, 61, 64
—, —, Hospital 55
Frankfurt, Joh. v. 59
Frankreich 102
Friedberg 11, 18, 22, 27, 38, 45, 50, 68, 73, 83, 88, 91 f., 97 ff., 101, 103 f., 107 f., 115, 120
—, Amtsgericht 100
—, Archipresbyterat 20
—, Augustinerkloster 101
—, Augustinerschule 100, 118
—, Bahnhof 102
—, Burg 22, 63, 89, 91, 95, 109, 113, 119
  —, Burggrafen 94
    Brendel v. Homburg 88, 90 f., 108
    Giselbert v. Heldenbergen 58
    Löw s. Löw zu Steinfurth
—, Burgkanzlei 95
—, Burgkirche 88, 95

—, Burgmannen 94
  Hermann Halber 57 ff.
  Löw s. Löw zu Steinfurth
—, Burgtor 95
—, Fuß 93
—, Georgsbrunnen 95
—, Haus Nr. 32 88, 91, 95
— — Fauerbach 22 f., 48
—, Gutleut- (Feldsiechen-) haus 46
—, Heilig-Geist-Hospital 54 f.
—, Kaiserstr. Nr. 82, Haus zur Reuse 99
—, — Nr. 114 99 f.
—, Kastell 13, 19
—, Lehrerseminar 102
—, Liebfrauenkirche 39, 49
—, Musikverein 115
—, Pfingstweide 101
—, Predigerseminar 78
—, Stadtmauer 100
—, Steinernes Kreuz 99
—, Wetteraumuseum 112
Friedrich I., Dt. Kaiser 58
— III., Dt. Kaiser 63 f.
Fritz, D., Bürgermeister 88
Frosch, Agnes 60, 63
—, Johann 60, 63
—, Wicker 63
Fulda 20, 24 ff., 28 f., 32, 34, 51, 61, 88, 113
—, Abt Berthous IV. 27
— — Heinrich 26, 28
— — Heinrich VI. 29
— — Hermann 30
— — Johann 30
— — Ratger 17
— — Reinhard 30
— — Schleifras 88
— — Sturmi 21
—, Abtei 26 f.
—, Propstei Frauenberg 17, 24, 30, 44
—, Stift 42, 47
—, — St. Peter 74

G

Gemmingen, Anna v. 63 f.
Genfer See 104
Georg-Büchner-Preis 120
George, Stefan 118
Germanen 7, 13
Germanien 4, 11 f.
Gerst, Hartmann 36
Gießen 9, 73, 78, 80 f., 120

127

FRIEDBERGER BANK
E G M B H
VOLKSBANK
HAAGSTRASSE 10

Wir empfehlen uns für alle

GELDANLAGEN

Sparpläne
Kontensparen   Investmentsparen
Prämiensparen   Bausparen
Wertpapiersparen Versicherungssparen

Sie werden bei uns fachkundig und diskret in allen Vermögensangelegenheiten beraten.

ZWEIGSTELLEN:
FRIEDBERG/GUTENBERGSTR.   OBER-ERLENBACH
BÖNSTADT   OBER-ROSBACH
GROSS-KARBEN   OBER-WÖLLSTADT

Sei nobel durch

nobel

SPEZIALHAUS FÜR HERREN-, DAMEN-, MÄDCHEN- UND KNABENKLEIDUNG

Friedberg-H., Kaiserstraße 49-51 · Telefon 56 39

Glaser, Johann 69
Glauberg 19, 23 f.
Gleiberg und Gießen, Grafschaft 110
Glockenbecherkultur 10
Göns, Herren v. 109
Gönser Mark 109
Goepfert 119
Gotthard, Hl. 114
Gräff, Michael 69
Grebenhain 115
Greiffenclau von Vollrads 47, 93
—, Anna 93 f.
—, Friedrich 93
—, Richard 93
Groh, Johann 70
Gronau 57, 62, 66
Gronauer Hof 66
Grooth, Gerhard 75
Groß-Karben 9, 69, 110
Gründau 23
Grüningen 11, 26
Güll, Hof 25
Günther, Henne 52
Gunderloch, Andreas 69
—, Christine 69
—, Johann 69
—, Konrad 69
—, Peter 69
Gunzert, Walter 107

H

Haag 23
Habbinger Mark 16
Hadrian 4, 7
Hagen, Reichsministerialen v. 58, 61 f., 68
—, Conrad I. v. 62
Hagen-Arnsburg s. Arnsburg
Hagen-Heusenstamm s. Heusenstamm
Hagen-Münzenberg s. Münzenberg
Halber, Hermann 57 ff.
Hallstattzeit 18
Hamann, Henne 40
Hanau 9, 30, 35, 41 f.
—, Grafen v. 25, 28, 32, 41 f., 48, 50, 53
—, Grafschaft 22, 47 f., 56, 108
Hanau, Agnes 49
—, Else 49
—, Irmgard 28
—, Luitgard 49
—, Philipp 30, 41, 50, 52 ff.
—, Philipp d. J. 40
—, Philipp Ludwig 56

—. Reinhard 26 ff., 41, 49 f., 59
—, Reinhard d. J. 47
—, Ulrich 27 f., 48 f.
—, Ulrich II. 49, 61
—, Ulrich V. 49
Harheim 108
Harvard Universität, New York 73
Hasselhecke, Hof 18
Hattersheim 103
Hatzfeld, Familie v. 91
Hausberg b. Butzbach 18
Hausen b. Offenbach 32
Heegheim 23
Heidelberg 75, 80, 120
Heinemeyer, W. 16
Heinrich II., Dt. Kaiser 17
— VI., Dt. Kaiser 55, 58
Heldenbergen 109
—, Reichsministerialen v. 62
—, Giselbert v. 58
Helmstedt, Benedikt v. 81
Herborn 35
Hercules 6
Hermunduren 9
Hertten, Hermann 55
Hessen 73, 83, 85, 100, 105, 107, 112, 115, 120
—, Großherzogtum 35, 64
—, Kurhessen 35
—, Landgraf Ludwig IX. 78
—, — Wilhelm VIII. 37
Heusenstamm, Burg 58
—, Reichsministerialen v. 57 f., 64, 66, 91
—, Adelheid 59
—, Anna 63
—, Benigna 58 f.
—, Conrad II. 59
—, Conrad V. 59
—, Eberhard I. 58 f., 61, 63, 67
—, Eberhard Waro 58—61
—, Gewar 63
—, Hartmann 63, 67
—, Hartmud 63
—, Heinrich 63
—, Jutta 59
—, Kunigunde 58, 61
—, Luitgard 58
—, Martin 64
—, Metza 58 f.
—, Philipp 63
—, Siegfried I. 58 f.
—, Siegfried II. 59
—, Siegfried III. 57 ff., 61

—, Weickard 64
Hexpacher, Peter 81
Hindemith, Paul 116
Hochweisel, Catharina v. 90
Hock, Paulus 70
Hölderlin, Friedrich 115, 120
Hohenau 21
Hohenberg, Elisabeth v. 59, 61
—, Wortwin v. 59
Hohe Straße 45
Holland 73, 75
Hollar 22
Holzburg 22
Holzhausen 11
Holzhausen, Rau von s. Rau v. Holzhausen
Holzheim 11
Holzheimer, Engel 50
—, Grete 50
Honau, Beatus v. 21
Honorius IV., Papst 27
Horaz 105
Horn, Elisabeth 99
Hüftersheim 22
Huelsenbeck, Richard 119
Humbracht, J. M. 89, 93

I

Icarus 6
Ilbenstadt 14
Ilbeshausen 115
Iphofen, Konrad, Pfarrer in 38
Isenburg, Grafen v. 25
Isenburg zu Büdingen, Karl v. 105
Italien 7

J

Japan 97
Johannes der Evangelist 36, 74
Johannes der Täufer 20 f., 36, 110
Johannesberg b. Fulda 88
Johannisberg s. Bad Nauheim
Jorns, W. 1
Junckhausen, Wigel 52
Jungsteinzeit 10

K

Kämmerer von Worms s. Dalberg

Kaichen 109 f.
—, Freigericht 63
Kalteisen, Henne 47, 54
Kap der guten Hoffnung 97
Kapersburg 11, 18
Kapstadt 98
Karben 57, 61—64, 68
—, Dugel v. s. Dugel v. Karben
—, Herren v. 45
—, Emmerich 92
—, Mechthild 59
Karolinger 23 f.
Kassel 69
Kassner, Rudolf 119
Katharina, Hl. 74
Katharinenorden vom Berg Sinai 91
Katzenelnbogen, Philipp v. 76
Keipff, Pfarrer 88
Kellerberg b. Ober-Rosbach 55
Kelten 12
Kiel 97, 105
Kinziger Mark 15
Kirch-Göns 107, 109
Klassik 118 f.
Kleen, Henne v. 52
—, Konrad v. 28
Klein-Karben 57, 64, 69 f., 107, 110
—, Dugel-Burg 67
—, Rittergasse 67
Knaus, H. 15
Knoblauch, Guda 60
Knodt, Hermann 107
Koblenz, Karthäuserkloster 40
Köln 75
—, Weidenbach, Brüder vom Gemeinsamen Leben zu 74
Königstein 73 f., 81, 103
—, Grafen v. 76
—, Eberhard III. 73 ff.
—, Philipp 74
Köppern 103
Kofler, Friedrich 1, 4
Kondor, SMS 97 f.
Konrad IV., Dt. König 55
Konradsdorf 28
Krachenburg 67 ff., 71
Krakatoa 97
Kransberg 22
—, Kraniche v. 46
—, Erwin 33, 38, 55
Krüger, Paul 98
Kugelherren s. Brüder vom Gemeinsamen Leben

L

Lahn 9, 25
Lahnstein 15
Landeen 73
Langenhain 22
Lantz, Johannes 69
Latènezeit 10, 18, 42
Laufach 100
Leipzig, SMS 97
Lesch, Henne 47, 52, 54
Leustadt 23
Lich 73
—, Grafen v. 76
Lichtenberg, Grafen v. 41
Limburg 29
—, Junge v. 38
—, Weiß v. 63
—, Weiß v. Regula 60
Limes 1 f., 4, 12, 19, 25, 103
Limpurg s. Limburg
Lindheim 92
Lochmühle 103
Löw zu Steinfurth, Familie 87, 89, 91, 93
—, Anna v. 93
—, Anna Zeitlosa 93
—, Aug. Heinr. Leopold 95
—, Blasius 94
—, Carl Gg. Hermann 95
—, Caspar 94
—, Conrad 89—92, 94 f.
—, Dieter 94
—, Dorothea 93 f.
—, Eberhard 35, 94
—, Eberhard IV. 94 f.
—, Eberhard V. 89, 94 f.
—, Eberhard VI. 90
—, Egidius 94
—, Franz Carl August 95
—, Friedrich Ludwig 95
—, Friedrich Wilhelm 95
—, Georg 90, 94
—, Georg II. 93
—, Georg Philipp 87
—, Jörg 89, 94
—, Johann 92 ff.
—, Johann d. Ä. 94
—, Johann d. J. 94
—, Johann Adolf 95
—, Johann Carl 95
—, Joh. Friedr. Ferdinand 95
—, Joh. Hugo Wilhelm 95
—, Lothar Franz 95
—, Ludwig 94
—, Philipp 94
—, Philipp Friedrich 95
—, Philipp Georg 95
—, Sigmund Christoph Gustav 95
—, Wilhelm 88, 92
Lorsch, Kloster 33, 51, 63
Lothar, Dt. Kaiser 62
Lotz, Heinrich 54
—, Jakob 54
Ludwig d. Fromme 24, 33, 51
Lumpp, Hans 70
Luther, Martin 75, 78
Lyetzsch s. Lesch

M

Maar/Kr. Lauterbach 115
Magellanstraße 97
Main 9, 11, 25, 103
Maingau 15
Mainz 1, 6, 9, 24, 28, 75, 102, 120
—, Archidiakonat Maria ad gradus 20, 27
—, Bürger Humbert 28
—, Dekan Johann 34
—, Dom 34, 74, 80
—, Domkapitel 21, 26, 33 ff.
—, Dompropst Werner 34
—, Domscholast Emmerich 28
—, Domstift 28 ff., 34 f., 37, 42
—, Domvikar Prusser, Johann 35
—, Erzbischof Adolf v. Nassau 40, 75
—, — Albrecht 36
—, — Diether v. Isenburg 40, 75
—, — Gerhard 34, 39
—, — Gerlach 26
—, — Konrad 39
—, — Otgar 33
—, — Peter 29
—, — Sebastian 41
—, — Werner v. 37
—, Kurfürstentum 110 f., 113
—, St. Gangolf 36
—, Weihbischof Seyfrit 74
Mainzlar 115
Maiß, Johann 69
—, Martin 69
Mallarmé, Stéphane 119
Marckel, Philipp 42
Maria, Hl. 36, 74
Marienthal/Rheingau 73 ff., 80 f.
Maximilian I., Dt. Kaiser 54
Melbach 24

STROM
UND
WASSER
DURCH DEN

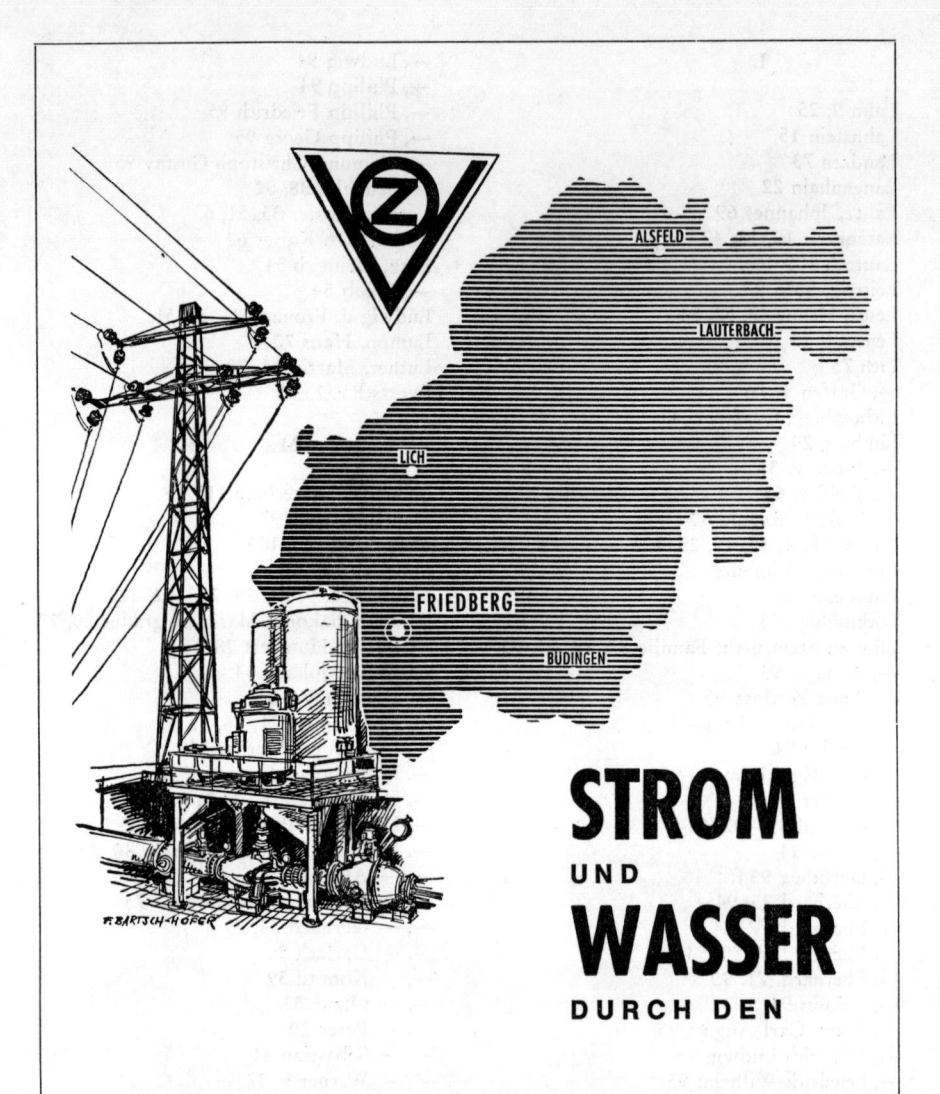

Zweckverband Oberhessische Versorgungsbetriebe

Überlandwerk Oberhessen — Wasserwerk Inheiden

FRIEDBERG/HESSEN

Merowinger 19
Mertz, Johann 70
Messerschmied, Gottfried 81
Mettenheimer, Pfarrer 88
Metz 116
Metzler, August 88
Michael, Hl. 36, 74
Michael, Heinrich 70
Michelsberger Kultur 10
Michelstadt 32
Mierendorf, Carlo 119
Milchling, Schutzbar v. 47
Minotaurus 6
Mittel-Gründau 115
Mittelmeer 13
Mockstadt, Donatuskirche 23
Mockstadt, Joh. Heinr. Ernst 88
Möller, W. 89, 91
Mörlen 20, 24
—, Wigel Hermann v. 54
Mörler Mark 22 f., 55
Moller, Hartmann 76
Mombert, Alfred 119
Mondigler, Maria Ursula 101
Monis, Eilchen 60, 63
Moxter, Hans 70
—, Velten 70
München 120
Münster b. Butzbach 115
Münzenberg 18, 25, 27
—, Grafen v. 25 f., 32
—, Adelheid v. 59
—, Conrad II. v. 59, 61
—, Cuno I. v. 58—61
—, Gottfried v. 74
—, Isengard v. 59
—, Johann v. 74
—, Ulrich v. 26—29, 59, 61
—, Ulrich II. v. 26
Murer, Peter 74
Muschenheim 26, 89, 91
—, Conrad v. 90
—, Johann v. 90
—, Margarethe v. 90, 92

N

Nassau 113
—, Wilhelm v. 41
Nauheim b. Darmstadt 34
Nauheim s. Bad Nauheim
Nay, E. W. 119
Nidda 57, 61 f., 66 f.

Nidder 57, 62, 66
Nidderstraße 19
Nieder-Erlenbach 11, 110
Nieder-Florstadt 23 f., 88
Nieder-Mockstadt 23
Nieder-Mörlen 19, 21 f., 32, 45, 110
Nieder-Mühlheim 33
Nieder-Rosbach 22
Nieder-Weisel 50, 52, 83
Nieder-Wöllstadt 111
Nikolaus, Hl. 74
Nikolaus IV., Papst 28
Nil 98
Niobe, Schulschiff 105
Nordeck 20
Nordmeyer, Heinrich 70
Nürings, Grafen v. 25, 62
Nürnberg 64

O

Oberau 23
Ober-Erlenbach 111
Ober-Eschbach 61
Oberhessen 25
Ober-Hörgern 9, 11
Ober-Mockstadt 23
Ober-Mörlen 11, 19, 21—24, 111
Ober-Mühlheim 33
Ober-Rosbach 11, 22, 55
Ober-Wöllstadt 11
Ockstadt 22, 30, 52, 100, 112
Offenbach 120
Ohl, Paulus 42
Oppershofen 11
Ortenberg 23
Ossenheim 21 f.
Ostheim 11, 107, 112
Ostia 6

P

Pannwitz, Rudolf 119
Paris 98 f., 101, 103 f.
Patershausen, Kloster 49, 61
Paul s. Peter und Paul
Pazifik 97
Permzeit 9
Peter, Johann d. Ä. 69
—, Johann d. J. 69
Peter und Paul, Hl. 74
Petri, Meb(i)us 69
—, Peter Velten 69

Petterweil 11, 112
Pfaffenwiesbach 38
Pfahlgraben s. Limes
Pius II., Papst 75
Pohlgöns 74
Pompeji 6
Portugal 78
Preußen 100
Prusser, Johann 35

R

Radheim 32
Rau von Holzhausen 20
—, Catharina 90
—, Luckel 90
Rausch, Albert H. s. Benrath
Reichelsheim 14, 113
Reinberg, Herren v. 47, 49, 88
Remigius 22 f.
Rendel 14, 57, 61 ff., 66—71, 113
—, Hohenberg 68
—, Scharrmühle 62, 64, 68, 70
Rendel, Conrad v. 62
Renkhoff, Otto 107
Rhein 9, 11, 25, 102
Rheinstein, Pankratius v. 40
Riederhof 58, 62
Riedesel, Gilbrecht 52
Riedesel von Bellersheim, Johann Eberhard 92
Riedesel zu Eisenbach, Catharina v. 90, 92
Rieneck 114
Rimroth, Johann 70
Ritt, H. 107
Ritter, Johann 70
Rockenberg 11, 52, 83 ff., 113
—, Marienschloß 54 f.
Rockenberg, Johann v. 52
Roddewig, Marcella 118
Rodenstein, Jorge zu 64
Rodheim v. d. H. 48, 114
Rödgen 11, 40
Römer 4 f., 11 f., 19, 67
Römerstraße 13, 64
Rössener Kultur 10
Rom 27, 39
Romantik 119
Roßbach, Konrad 32
Roth, Hermann 99
Rothenburg 104
Runkel, Siegfried v. 29
Ruprecht, Dt. König 63, 67

S

Saalburg 103
Salzberg b. Ober-Rosbach 55
Sao Paulo 120
Sartor, Philipp s. Weißenau
Saturninus, L. Antonius 4
Schäfer, Conrad 70
—, Hartmann 70
—, Johann 70
—, Velten 70
Scheibel, Albert 102
—, Amélie 101—104
—, Augustine 101
—, Christine 99
—, Georg 98, 101
—, Georg Friedrich 97
—, Gottfried 98, 101, 103
—, Maria Ursula 101
—, Marie 101—104
—, Martin 98
—, Sophie 99
Schelm v. Bergen 88
—, Hermann 57, 59
Schiebelhuth, Hans 119
Schleswig-Holstein 100
Schmidt, Hans Jacob 70
Schneider, Hans 70
—, Hans Jakob 70
—, Katharina Elisabeth 120
Schönberg, Anna v. 93
Schönberger, H. 1
Schönborn, Grafen v. 57, 64, 66, 93
—, Philipp Erwein v. 64
Schönbusch 81
Schulle, Gilbrecht 39
Schwalheim 21, 40, 114
Schwarzbachtal 103
Schwindt, Hans Jacob 70
—, Johann 70
Selbold, Herren v. 49, 54
—, Heinrich v. 47
Seligenstadt, (Abtei) 14 f., 16 ff., 21, 25, 32 ff., 37—42, 44 f., 47—51, 53
—, Abt Arnold v. 33
—, — Georg v. 41
—, — Ignatius Fackel v. 41
—, — Lumpo v. 49
—, — Marcellinus v. 41
—, — Paulus v. 41 f.
—, — Philipp Merckel v. 42
—, — Reinhard v. 40
—, — Starkrad v. 33

—, Evangeliar 14, 53
—, Hof in Bad Nauheim 46
—, Konrad v. 38
—, Schultheiß Volknand 38 f.
Sickingen, Beatrix v. 91
Sieck, Christine 99
—, Elisabeth 99
—, Friedrich 99 f., 104
Sigmund, Dt. König 61
Sinai 91
Sixtus IV., Papst 40
Södel 11, 83
Solms, Grafen v. 25, 109, 111, 114
Solms-Braunfels, Otto v. 74 ff.
Solms-Lich, Reinhard v. 41
Solms-Wildenfels, Herren v. 111
Spanien 78
Specht von Bubenheim, Elisabeth v. 94
Speyer 75
Spoler, Katharina 76
—, Peter 76
Staden 88
Starke, C. A. 107
Steinbach, Heinrich 76
—, Wendelin 76, 80 f.
Steinfurth 10 f., 21, 87 ff., 93
Steinhaus, Jost im 60, 63
Steinzeit 18
Stengel, E. E. 20
Stockheim 83
—, Melchior v. 91
—, Philipp v. 91
Stockstadt 38
Storck, Johann 70
Straßheim 22 ff., 34
Stromberg 93
Sunda-Inseln 97

T

Taunus 9, 11 f., 18, 55, 103
Terra sigillata
    mittelgallisch 4
    ostgallisch 4
    südgallisch 4
Theseus 6
Tivoli 7
Tölde, Johann 33
Trabandt, Hans Georg 69
Trais-Münzenberg 26
Trajan 4
Treudt, Pfarrer 88

Tübingen 76 f., 81
Turnau, Albrecht v. 64

U

Urach 77, 81
Urff, Familie 94
—, Anna Zeitlosa v. 93
—, Christoph v. 94
—, Dorothea v. 94
—, Friedrich v. 93
Urnenfriedhof 10
Usa 9, 11, 13, 19, 21, 45 f., 56, 115
Usener s. Usinger
Usingen, 24, 108, 115
Usinger, Barbara 115
—, Friedrich 115
—, Fritz 115—120
—, Johann 115
—, Johann Heinrich 115
—, Katharina Elisabeth 120
—, Sebastian 115
Usinger Becken 11

V

Valentin, Hl. 74
Valentin von Passau, Hl. 89
Valentin von Terni, Hl. 89
Venator, Pfarrer 88
Villars sur Olonne 104
Völkerwanderung 13
Vogelsberg 9, 25, 104, 115

W

Waas, Chr. 89
Wagner, Georg 70
Walldorf, Benno 119
Wallenstein, Hans v. 30
—, Gottfried v. 30
Wanscheid, Koethe v. 47
Weigel, Hermann 54 f.
Weil, Johann 70
—, Johann Georg 69
Weilnau, Heinrich v. 28
—, Gerhard v. 28
—, Irmgard v. 28
—, Margarethe v. 28
—, Reinhard v. 28
Weinstraße 18
Weise, Eberhard 21
Weisel 26

Oberhessische Bank
Aktiengesellschaft

Friedberg (Hessen)
Ludwigstraße 36, Telefon: 4031

Zweigstellen in Groß-Karben und Rodheim v. d. H.

FAHRKARTEN, SCHIFF- und FLUG-SCHEINE

Gesellschaftsfahrten mit Bahn und Bus

Reisebüro Messerschmidt

Friedberg/H., Haagstraße 11, Tel. 5355 · Bad Nauheim, Kurstr. 13

Weißenau, Philipp Sartor v. 81
Wendelin, Hl. 74
Wernborn 22
Werra 9, 25
Westerburg 28
—, Heinrich v. 28 f.
—, Margarethe v. 28
—, Siegfried v. 28
Wetter 11, 45
Wetterau 1, 4, 9—14, 17—20, 23—26, 48, 51, 57, 62, 83, 112
Wettertal 11
Wicker, Bürgermeister in Ffm. 60
—, Notar in Ffm. 77
—, Frosch Regula 63
Wiesentheid 66
Wigel s. Weigel
Wildenburg, Familie 91
Wiltrud (Konradinerin) 16 f.
Windecken 32, 50
—, Amtmann v. 41
Winterstein 103
Wisselsheim 9, 30, 39, 51
Wißmann, Hermann 98

Wohnbach 114
Wolff a. d. Mosel 81
Wolff, Johann 71
—, Johann Ruprecht 71
Wolfram, Schultheiß in Ffm. 58, 62
Wolfskehl, Karl 118
Worms 102
—, Kämmerer v. s. Dalberg
—, Lutherdenkmal 102
Württemberg, Eberhard im Barte v. 81

Z

Zechsteinmeer 9
Ziegenberg 22
Ziegenhain, Else v. 49
Zinn, Barbara 115
Zinndorf, Christian 71
—, Johann 71
—, Kaspar 71
—, Peter 71
—, Philipp 71
Zülpich 14
Zwolle 74

Ein Konto bei uns bietet Ihnen viele Vorteile: bargeldlos zahlen ist sicher, bequem und wirtschaftlich.

Wir beraten Sie gern und ausführlich darüber, wie Sie Ihre Ersparnisse gut und sicher anlegen können.

Und wenn Sie einmal Geld brauchen: Wir helfen Ihnen mit Persönlichen Krediten für alle Zwecke.

Wenn Sie mehr wissen möchten...?

Fragen Sie
die **DEUTSCHE BANK**

FILIALE FRIEDBERG, Kaiserstraße 71, Telefon: 06031/4006-7